Tarif Khalidi
Der muslimische Jesus

Tarif Khalidi

Der muslimische Jesus
Aussprüche Jesu in der arabischen Literatur

Aus dem Englischen übersetzt von
Claudia Krülls-Hepermann

Patmos

Für Hasib

Titel der Originalausgabe:
The Muslim Jesus. Sayings and Stories in Islamic Literature

© 2001 by the President and Fellows of Harvard College
Harvard University Press
Cambridge, Massachusetts
London, England

Die Deutsche Bibliothek – CIP-Einheitsaufnahme
Ein Titeldatensatz für diese Publikation ist bei
Der Deutschen Bibliothek erhältlich.

© 2002 Patmos Verlag GmbH & Co. KG
Alle Rechte, einschließlich derjenigen des auszugsweisen Abdrucks sowie der
fotomechanischen und elektronischen Wiedergabe, vorbehalten.
Umschlagmotiv: Die Erhebung Jesu zu Gott, türkische Miniatur, 1583
Umschlaggestaltung: Groothuis, Lohfert, Consorten (Hamburg)
Satz: Fotosatz Moers, Mönchengladbach
Druck und Verarbeitung: Clausen & Bosse, Leck
ISBN 3-491-70355-7
www.patmos.de

Inhalt

Einführung: Das muslimische Evangelium 7
   Der Stellenwert 9
   Der Hintergrund 12
   Ein Entwurf des koranischen Jesus 15
   Jesus im muslimischen Evangelium 24
   Der frühe Kontext 29
   Entstehung und Entwicklung 37
   Die frühesten Aussprüche: Wesen und Funktion 40
   Spätere Aussprüche und Erzählungen 46
   Schlussbemerkungen 52

Aussprüche und Erzählungen 57

Ein Wort zu den Kommentaren 59

Anmerkungen 217

Literaturverzeichnis der arabischen Quellen 225

Danksagungen 229

Die Geburt Jesu, Miniatur von Qisas al-Anbia, 16. Jh. (vgl. Koran Sure 19)

*Einführung:
Das muslimische Evangelium*

Der Stellenwert

Die arabisch-islamische literarische Tradition der Vormoderne enthält mehrere hundert Aussprüche und Erzählungen, die Jesus zugeschrieben werden. Der Titel *Der muslimische Jesus* ist bezogen auf eine Sammlung dieser Aussprüche und Erzählungen. In ihrer Gesamtheit bilden sie das umfangreichste Korpus von Jesus zugeschriebenen Texten in einer nicht-christlichen Literatur. Im Folgenden bezeichne ich dieses Korpus als »muslimisches Evangelium«.

Die vorliegende Sammlung zielt vor allem darauf ab, die Aufmerksamkeit westlicher Leser auf ein Jesusbild zu lenken, das außerhalb der arabisch-islamischen Kultur kaum bekannt ist. Dieses Jesusbild könnte insbesondere für Leser von Interesse sein, die verstehen wollen, wie Jesus von einer religiösen Tradition wahrgenommen wurde, die ihn zwar sehr verehrt, gleichzeitig jedoch seine Göttlichkeit bestreitet. Der hier vorgestellte Jesus ähnelt in mancher Hinsicht dem Jesus der christlichen Evangelien, in anderer hingegen nicht. Die Einleitung befasst sich mit der Frage, wie und warum das muslimische Evangelium entstand.

Das muslimische Evangelium ist als Gesamtkorpus nicht in einer einzigen arabisch-islamischen Quelle zu finden. Vielmehr sind die einzelnen Elemente in ethischen Werken, der populären Frömmigkeitsliteratur, innerhalb der »schönen Literatur« sowie in Sufi-Werken, muslimisch-mystischen Texten, Weisheitsanthologien sowie Propheten- und Heiligengeschichten verstreut. Die verschiedenen Quellen reichen chronologisch vom zweiten / achten bis zum zwölften / achtzehnten Jahrhundert.* Sie zirkulierten in der arabisch-islamischen Literatur und Lehre von Spanien bis nach China, und einige sind gebildeten Muslimen auch heute noch bekannt.[1]

Die Jesus zugeschriebenen Aussprüche und Erzählungen weisen aus literarischer wie linguistischer Sicht fast alle ein sehr

---

* Durchgängig beziehen sich Zeitangaben vor dem Querstrich auf die islamische Zeitrechnung A. H., *anno hegirae*, und Zeitangaben hinter dem Querstrich auf die christliche Zeitrechnung A. D., *anno domini*.

hohes Niveau auf. Zweifellos haben ihre Überlieferer große Sorgfalt darauf verwendet, sie in einer Form weiterzugeben, die der Gestalt gerecht wird, die im Koran und in der muslimischen Tradition als »Geist Gottes« oder »Wort Gottes« bekannt ist.

Aussprüche wie »Selig ist, wer mit seinem Herzen sieht, aber dessen Herz nicht in dem ist, was er sieht« oder »Verkehre ungezwungen mit anderen, aber nicht mit dir selbst« hätte durchaus auch der Jesus der christlichen Evangelien tun können.

Woher stammen diese Aussprüche und Erzählungen? Sie gehören, so eine erste einfache Antwort, zum uralten Weisheitsschatz der reichen nahöstlichen Kulturtraditionen. Wie nachfolgend und detaillierter in den Kommentaren gezeigt werden wird, verweisen einige auf die kanonischen und nicht kanonischen Evangelien des Christentums zurück, aber viele wurzeln möglicherweise auch in dem, was im weitesten Sinn als hellenistische Zivilisation bezeichnet werden kann. Es ist meine Absicht, möglichst viele Aussprüche und Erzählungen bis zu ihren Ursprüngen zurückzuverfolgen. Angesichts der Fülle des Materials erweist sich eine erschöpfende Analyse allerdings als schwierig. Andere Forscher werden sicherlich weitere Zusammenhänge aufdecken und so unser Wissen bereichern.

Die genaue Zahl der Aussprüche und Erzählungen ist unbekannt. Zwar sind sie mindestens seit dem achtzehnten Jahrhundert von westlichen Forschern kommentiert worden. Jedoch veröffentlichte erst 1896 der englische Orientalist David Margoliouth eine Sammlung von siebenundsiebzig Beispielen, die er zu einem überwiegenden Teil aus einer Quelle übersetzt hatte. 1919, dreiundzwanzig Jahre später, veröffentlichte der spanische Orientalist Asín y Palacios 225 Aussprüche, die er ins Lateinische übersetzt und mit kurzen lateinischen Kommentaren versehen hatte. Asín hatte sechsundfünfzig klassische arabische Quellen untersucht. Seine Sammlung ist bis heute der grundlegende Bezugstext geblieben.[2]

Als ich vor einigen Jahren damit begann, die Aussprüche zu sammeln, ging ich von drei zentralen Beobachtungen aus: Erstens hatten weder Margoliouth noch Asín eine Reihe von Aussprüchen und Erzählungen in frühen islamischen Texten untersuchen können, die erst vor kurzem entdeckt wurden. Hervorzuheben sind in diesem Zusammenhang insbesondere Texte aus dem Bereich der Frömmigkeitsliteratur, von denen einige auf das zweite / achte Jahrhundert zurückgehen. Diese Texte enthalten die frühesten bis heute bekannten Aussprüche des muslimischen Jesus. Ihre Kenntnis eröffnet die Möglichkeit, die Ursprünge und Geschichte des muslimischen Evangeliums sorgfältiger als je zuvor nachzuzeichnen.[3]

Zweitens haben weder Margoliouth noch Asín noch irgendein späterer Forscher den literarischen Aspekten des muslimischen Evangeliums große Aufmerksamkeit geschenkt. Ebenso wenig hat ihr Interesse der historischen Rolle dieses Evangeliums gegolten. Und auch seine Bedeutung für die Entwicklung des muslimischen Glaubens im Allgemeinen hat kaum Beachtung gefunden. Das muslimische Evangelium enthält literarisch und theologisch interessante Porträts eines Jesus, der in einer Umgebung »auferstanden« ist, in der er zu einem muslimischen Propheten wird, gleichzeitig aber eine Identität beibehält, die sich mit der der kanonischen Evangelien deckt. In dieser neuen Umgebung sollte Jesus eine entscheidende Rolle bei der Formulierung und Bekräftigung muslimischer Glaubensdefinitionen, religiöser Pflichten und Einstellungen gegenüber der Politik spielen.

Trotz der umfangreichen modernen Literatur zu den Beziehungen zwischen Christen und Muslimen, den Jesusbildern im Koran, im Hadith (den muslimischen »Traditionen«) und in anderen islamischen Texten ist drittens überraschend wenig Aufmerksamkeit dem umfassenden Einfluss gewidmet worden, den diese Aussprüche und Erzählungen auf die Art und Weise ausgeübt haben, wie Muslime das Christentum wahrnehmen.[4] Zumindest die gebildeten Muslime der Vormoderne wussten, dass sie der Jesusgestalt (neben dem Koran und dem Hadith) vorrangig im muslimischen Evangelium beggnen. Keine Studie, die sich mit dem Stellenwert Jesu für die muslimische Tradition beschäftigt, darf deshalb die herausragende Bedeutung des muslimischen Evangeliums ignorieren. Wenn wir nach der Bedeutung dieses Evangeliums für den gegenwärtigen und zukünftigen

Dialog zwischen Christentum und Islam fragen, so ist insbesondere sein Beitrag zur historischen und theologischen Versöhnung und zur langen Suche nach einer Gemeinschaft von Zeugen hervorzuheben. In seiner Gesamtheit ist dieses Evangelium die Geschichte einer Liebesbeziehung zwischen dem Islam und Jesus. Insofern dokumentiert es auf einzigartige Weise, wie eine Weltreligion die zentrale Figur einer anderen übernahm und sie als wichtigen Bestandteil ihrer eigenen Identität anerkannte.

Das vorliegende Buch richtet sich gleichermaßen an Spezialisten wie an Neugierige. Es ist in zwei Teile gegliedert. Der erste Teil, die Einführung, bettet die Aussprüche und Erzählungen in einen übergreifenden historischen und literarischen Zusammenhang ein. Der zweite Teil stellt das muslimische Evangelium vor. Die Aussprüche und Erzählungen sind nummeriert und in chronologischer Reihenfolge angeordnet. Die meisten sind mit biobibliographischen Hinweisen und Kommentaren versehen. Leser, die zunächst nicht an dem historischen und theologischen Kontext interessiert sind, können sich auch gleich dem zweiten Teil, der das muslimische Evangelium enthält, zuwenden und die literarischen und theologischen Verdienste dieser Sammlung eigenständig würdigen.

Der Hintergrund

Das islamische Jesusbild gewinnt im Koran, von dem es herrührt, erste Konturen. Der Jesus des muslimischen Evangeliums nimmt zwar eine anders geartete Identität als der koranische Jesus an; dieser bleibt jedoch wichtiger Bezugspunkt für die späteren Ausprägungen. Da viel über den koranischen Jesus geschrieben worden ist, erheben die Abschnitte dieser Einleitung, die sich mit ihm noch einmal beschäftigen, keinen besonderen Anspruch auf Originalität. Dennoch ist es wichtig, das muslimische Evangelium zunächst in seinen islamischen Kontext einzuordnen und erst dann die Sammlung selbst zu untersuchen.

Es besteht heute ein allgemeiner Konsens darüber, dass der Islam in einer Zeit und einer Region entstand, in der die Jesusgestalt weithin bekannt war. Inschriften, syrische, äthiopische und byzantinische Quellen, moderne Analysen der vorislamischen Poesie und neu entdecktes frühislamisches Material lassen Rückschlüsse auf ein vorislamisches Arabien zu, in dem verschiedene christliche Gemeinschaften, in Arabien selbst oder in unmittelbarer Nachbarschaft, vielschichtige Jesusbilder verbreiteten. Man sollte sich dessen bewusst sein, dass der Islam die Bühne der Geschichte zu einem Zeitpunkt betrat, als die Kirche der Großen Konzilien ihre Dogmen noch nicht geltend gemacht hatte. Der Islam entstand also inmitten vieler, häufig verfeindeter Gemeinschaften und nicht im Schoß einer Universalkirche.

Neben einem facettenreichen Christentum gab es auch die Präsenz von Arabern und Juden mit unbestimmter doktrinärer Ausrichtung. Das in Arabien verbreitete Judentum war ein diffuses Amalgam aus Schrift, Lehre und Mythos. Das vorislamische Arabien, eine Randregion der hellenistischen Welt, ist als Heimat vielfältiger religiöser Traditionen anzusehen, von denen die christlichen und jüdischen in der modernen Forschung am sorgfältigsten untersucht worden sind.

Der Ausgangspunkt für die Untersuchung des muslimischen Evangeliums ist aber der Koran und nicht das vorislamische Arabien.[5] Als Gründungstext leitet er eine neue Synthese und eine neue Entwicklung der religiösen Sprache und des Glaubens ein. Die westliche Forschung hat im Allgemeinen dazu tendiert, Einflüsse zu erforschen, die das koranische Jesusbild untermauern. Weniger Beachtung hat dagegen die formale Analyse der Bezugnahmen auf Jesus im Koran selbst gefunden.

Im Rückblick auf die Geschichte der westlichen Forschung zum koranischen Jesusbild ist festzustellen, dass das Interesse durchgängig dem Versuch gegolten hat, die Ursprünge des Jesusbildes auf christliche apokryphe Schriften, christliche und christlich-jüdische Sekten zurückzuverfolgen. Dieses Interesse führte zu Beginn des 20. Jahrhunderts im Allgemeinen dazu, dass die Analyse nicht frei von Polemik war. So wurde von Mohammed (sehr selten vom Koran) behauptet, er habe eine konfuse und / oder häretische Vorstellung vom Christentum. Die koranischen Erzählungen und Aussprüche Jesu, von denen »er« erzählte, galten als Fabeln und Phantasien oder bestenfalls als apokryphe Stoffe, die sich in den Randzonen der byzantinischen

Welt leicht verbreiteten. Wenn diese Erzählungen nicht sicher bis zu einem Ursprung zurückverfolgt werden konnten, wurden sie gelegentlich als Produkt einer »fruchtbaren orientalischen Einbildungskraft« charakterisiert. Einige Forscher räumten Jesus einen besonderen Platz unter den koranischen Propheten ein. Andere bestritten dagegen, dass er stärker als andere wichtige koranische Propheten wie z. B. Abraham, Mose, Josef oder David hervorgehoben wird. In der Theologie vertreten manche Wissenschaftler die Ansicht, dass die christliche Erlösungsvorstellung dem Jesus des Koran fern sei und dass deshalb eine echte und vollkommene Versöhnung zwischen Islam und Christentum problematisch sei.[6]

Einige Faktoren haben diese Bilder und Interpretationen des koranischen Jesus in der westlichen Forschung jedoch relativiert, wenn nicht sogar völlig verändert.

Erstens haben das Wiederaufleben des wissenschaftlichen Interesses an ethnologischen Studien und die radikale Neubewertung des Stellenwerts und der Funktion von Mythen in Glaubenssystemen zu einer toleranteren und sogar wohlwollenden Einstellung gegenüber den »Fabeln« des Koran und frühislamischer Literatur im Allgemeinen geführt. In einigen Fällen wird eingeräumt, dass diese tatsächlich von erheblicher Bedeutung sind, weil sie christliche und jüdische Stoffe bewahren, die sonst wohl verloren gegangen wären.

Zweitens haben die Entdeckung und Veröffentlichung der Nag Hammadi-»Bibliothek«, einer Sammlung gnostischer und anderer früher Schriften, die 1945 in Ägypten gefunden wurden, unser Wissen über Form und Verbreitung früher christlicher Texte und sektiererischer Glaubensvorstellungen radikal verändert. Heute weiß man wesentlich mehr über das östliche Christentum als noch vor einem halben Jahrhundert. Kurz vor der Entdeckung der Nag Hammadi-»Bibliothek« hatte bereits die Veröffentlichung religiöser Texte des syrischen, koptischen und äthiopischen Christentums – wenn auch auf weniger spektakuläre Weise – die Möglichkeit eröffnet, die Formen des Christentums, die in Regionen mit engem Kontakt zum vorislamischen Arabien vorherrschten, genauer zu erfassen.[7]

Drittens (und zum Teil als Ergebnis der beiden zuerst angeführten Punkte) sind die apokryphen Schriften des frühen Christentums mit größerer Sorgfalt als je zuvor gesammelt, übersetzt und untersucht worden. Zu den wichtigsten Ergebnissen dieser neueren Forschung zählt die Erkenntnis, dass die apokryphen Schriften in den östlichen (und auch in den westlichen) Gemeinschaften trotz ihres formalen Ausschlusses aus dem neutestamentlichen Kanon durch die Kirchenkonzile des vierten und fünften Jahrhunderts aktiv in Gebrauch waren.[8] Diese Erkenntnis ist von weit reichender Bedeutung. Wenn nämlich die koranischen Bilder von Jesus und den Christen zum Teil aus den apokryphen Schriften hergeleitet wurden, dann spiegelt sich im Koran ein lebendiges – und eben nicht nur imaginäres – Christentum wider.[9]

Schließlich hat die Verwendung moderner literaturkritischer Methoden bei der Analyse des Korantextes zu einem Akzentwechsel geführt. Denn nun geht es weniger darum, Einflüsse herzuleiten, als den Versuch zu unternehmen, die eigene Form und den eigenen Entstehungsort des Textes zu verstehen.[10] Die Ergebnisse dieses Bemühens sind zwar nicht alle überzeugend, aber sie stellen zumindest einen neuen Ausgangspunkt für die Analyse koranischer Jesusbilder dar, da heute weithin Einigkeit darüber besteht, dass Begriffe wie Einfluss und Herleitung etwas wesentlich Komplexeres bezeichnen, als bislang angenommen wurde.[11]

Ein Entwurf des koranischen Jesus

Der Koran führt eine große Anzahl von Propheten in einem Stil an, der sich vom Stil der Bibel deutlich unterscheidet. Dieser narrative Stil ähnelt in Rhythmus und Aufbau häufig mehr der Poesie als der Prosa und kann durchaus Gemeinsamkeiten mit dem Orakelstil vorislamischer Wahrsager aufgewiesen haben.[12] Gleichzeitig jedoch scheint mir die verbreitete Ansicht, dass die christlichen Evangelien von besonderer literarischer Qualität sind, auch auf den Koran zuzutreffen.[13] Der Koran hebt seine Einzigartigkeit in Inhalt und Form selbst häufig hervor: Er ist unvergleichlich, er hat geradezu umwälzende Bedeutung:

> *Wenn wir diesen Koran (statt auf dich) auf einen Berg hätten herabkommen lassen, hättest du ihn aus Furcht vor Gott demütig zusammensinken und sich spalten sehen. (Koran 59:21)*

Zwischen narrativen und nichtnarrativen Anteilen des Textes besteht kein wesentlicher stilistischer Unterschied. Die Sprache ist in einem grammatikalischen Tempus gehalten, das als ewiges Präsens bezeichnet werden kann. Vergangenheit, Gegenwart und Zukunft werden als Kontinuum dargestellt. Die im eigentlichen Sinn narrativen Abschnitte über die Propheten werden durch die Wendung *wa idh* (»und als«) eingeleitet, die die Aussagekraft von »errinnere dich, als« oder sogar »erinnerst du dich nicht, als« hat. Man schreitet in der koranischen Erzählung nicht weit voran, ohne auf einen oder mehrere eingeschobene Sätze zu stoßen, die Gottes Macht über das gerade Erzählte behaupten. Er wusste damals und er weiß jetzt, wie die Menschheitsgeschichte enden wird, weil er der Schöpfer-Erzähler der Geschichte ist und war. Daraus folgt, dass die Erzählung die »beste« und »wahrste« aller Erzählungen ist: die endgültige Version. Während frühere religiöse Gemeinschaften die Offenbarungen, die ihnen gesandt wurden, abgeändert oder in anderer Form entstellt haben, kündigt der Koran seine Absicht an, alle vergangenen Begegnungen zwischen den Propheten und Gott getreu zu erzählen und wiederherzustellen.

Die Wechselbeziehungen zwischen den koranischen Propheten sind sowohl auf der Ebene des Erzählstils als auch der eigentlichen Erfahrung des Prophetentums offenkundig. Das äußert sich vor allem darin, dass die verschiedenen Prophetenerzählungen nicht zusammenhängend vorkommen, sondern über den ganzen Korantext verstreut begegnen. Die prophetische Erzählung verstärkt sich selbst auf vielfältige Weise. Worte, die von Propheten gesprochen werden oder Gott zu ihnen spricht, kehren häufig, manchmal als wortwörtliche Wiederholungen bei anderen Propheten wieder. Das Gleiche trifft auf Handlungen oder Erfahrungen zu. Man kann in diesem Zusammenhang von einer Typologie koranischer Propheten sprechen, einer modellhaften Prophetie, die an der Art und Weise erkennbar ist, wie ein bestimmter Prophet seine Mission ausführt, eine hochmütige, höhnische oder unwissende Gemeinschaft zu warnen, wie seine Mission (häufig gewalttätig) zurückgewiesen und wie sie letztendlich von Gott in Form einer Vergeltung bestätigt wird. Diese Typologie wird durch den Koran selbst verstärkt, der verkündet, dass kein Unterschied zwischen den Propheten gemacht wird bzw. gemacht werden sollte und der wahre Glaube den Glauben an *alle* Propheten (Koran 4:150) einschließen muss. Der koranische Jesus sollte in den typologischen Kontext der Prophetie eingebettet werden. Oft geschieht aber gerade das nicht.[14]

Häufig wird die Frage gestellt, inwieweit Jesus durch den Koran eine besondere Wertschätzung erfährt bzw. inwieweit sein Ansehen dem entspricht, das alle koranischen Propheten genießen. Die Antwort auf diese Frage hängt wesentlich von der Interpretation zweier Epitheta ab, die Jesus im Koran zugeschrieben werden: von ihm heißt es, er sei »Wort Gottes« und »Geist Gottes«. Beziehen sich diese Epitheta auf einen besonderen Ehrenplatz in der Reihe der Propheten oder handelt es sich bei ihnen nur um rhetorische Wendungen? Und welchen Ursprung haben sie?[15] Eine ausführliche Auseinandersetzung mit diesen Fragen ist zwar für das Hauptanliegen dieses Buches nicht von Interesse. Da der koranische Jesus jedoch zentral für alle späteren islamischen Ausprägungen des Jesusbildes ist, sind einige Bemerkungen zu seiner singulären Rolle im Koran jedoch unumgänglich.

Einige Forscher haben versucht, die Zahl der Bezugnahmen auf Propheten als Indikator für ihr Ansehen auszuwerten.[16] Diese Methode scheint mir insbesondere für die Einschätzung des koranischen Jesusbildes nur von begrenztem Nutzen zu sein. Es ist gut möglich, dass Propheten wie Abraham, Mose oder Josef eine quantitativ größere Präsenz haben. Aber Aspekte wie Einfluss, Resonanz, Wirkung, indirekte Anspielung und vor allem Qualität und Kontext von Diskursen lassen sich nicht statistisch messen. Auf der Suche nach einer befriedigenderen Antwort empfiehlt es sich daher, die Aufmerksamkeit auf die Propheten des Alten und des Neuen Testaments zu konzentrieren.

Man wird feststellen, dass ein gläubiger Jude der Gegenwart keine theologischen Einwände gegen die Art, wie Mose, Josef oder David im Koran dargestellt werden, erheben würde, während ein gläubiger Christ durchaus Einwände gegen die Darstellung Jesu im Koran formulieren würde. Es besteht kein Zweifel daran, dass es *etwas* gibt, was das koranische Jesusbild deutlich unterscheidbar vom Jesus der christlichen Evangelien macht. Der Unterschied liegt weniger im Erzählton (obwohl auch der ein ganz anderer ist), zumal dies auch für den Ton gilt, in dem alle Prophetenerzählungen im Koran präsentiert werden. Vielmehr liegt der entscheidende Unterschied darin, dass der koranische Jesus ein umstrittener Prophet ist. Er ist der einzige Prophet im Koran, der sich selbst bewusst in Distanz zu den Lehren rückt, die die Gemeinde ihm zuschreibt. Der Begriff, den der Koran in diesem Zusammenhang wählt, lautet »reinigen« (3:55): Jesus wird von den pervertierten Glaubensvorstellungen seiner Anhänger gereinigt und darüber hinaus spielt er selbst eine aktive Rolle in diesem Reinigungsprozess. Jesus bestreitet Gott gegenüber ausdrücklich jegliche Verantwortung für ein Verfechten des Tritheismus. Gott indessen bestreitet den Kreuzestod. Im Gegensatz zu allen anderen Propheten besteht bei Jesus das Problem nicht nur darin, seine Geschichte genau weiterzuerzählen. Vielmehr gibt es auch erhebliche Unterschiede zur christlichen Darstellung und Deutung seines Lebens und seiner Lehren, auf die der Koran wiederholt zurückkommt. Zusammenfassend lässt sich feststellen, dass der koranische Jesus im Unterschied zu allen anderen Propheten in Kontexte religiöser Polemik eingebettet ist.

Kehren wir aber zunächst zu der Frage seiner Kreuzigung zurück, die Paulus als »für Juden ein empörendes Ärgernis, für Heiden Torheit« (1 Kor 1:23) beschrieben hat. Begegnete der Koran mit der Ablehnung der Kreuzigung denselben Schwierigkeiten? Übernahm er einfach eine doketische Form des Christentums? Das wäre vor allem deshalb eine attraktive Lösung, weil der Doketismus (vom lateinischen »doceo«, »ich erscheine«) das genaue Äquivalent zum koranischen *wa lakin shubbiha lahum* (»vielmehr *erschien ihnen* [ein anderer] ähnlich [sodass sie ihn mit Jesus verwechselten und töteten]« Koran 4:157), der Formulierung, mit der der Koran die Realität der Kreuzigung bestreitet, darstellt. Heute vertreten die meisten Forscher die Auffassung, dass zwar eine doketische Bildwelt möglich ist, sich der koranische Jesus von dem doketischen Jesus jedoch in allen anderen Hinsichten unterscheidet: der koranische Jesus ist ganz Fleisch und Blut; während er im Doketismus nur ein Schatten ist.[17] Mit der Ablehnung der Kreuzigung bestreitet der Koran, dass die Juden am Tod Jesu beteiligt waren, und erhebt ihn zu Gott als Teil seiner Rechtfertigung als Prophet. Auf diese Weise bringt der Koran Jesus mit der allgemeinen Typologie des koranischen Prophetentums in Einklang. Im Koran und in der gesamten muslimischen Tradition markiert nicht die Kreuzigung Jesu, sondern einzig seine Erhebung zu Gott den Höhepunkt seines Lebens.

Darüber hinaus verurteilt der Koran die Dreifaltigkeit nachdrücklich als Tritheismus. Die dramatischste Passage ist in die Form einer Befragung Jesu durch Gott gekleidet:

> *Und (damals) als Gott sagte: ›Jesus, Sohn der Maria! Hast du (etwa) zu den Leuten gesagt: »Nehmet euch außer Gott mich und meine Mutter zu Göttern!« Er sagte: ›Gepriesen seist du! (Wie dürfte man dir andere Wesen als Götter beigesellen!) Ich darf nichts sagen, wozu ich kein Recht habe. Wenn ich es (tatsächlich doch) gesagt hätte, wüsstest du es (ohnehin und bräuchtest mich nicht zu fragen). Du weißt Bescheid über das, was ich (an Gedanken) in mir hege. Aber ich weiß über das, was du in dir hegst, nicht Bescheid. Du (allein) bist es, der über die verborgenen Dinge Bescheid weiß. (Koran 5:116)*

Diese Passage stellt die Konfrontation am deutlichsten dar. Die Behauptung, der Koran sei geradezu besessen von dem Gespenst des Polytheismus, ist keine Übertreibung. Sehr viele Passagen, die häufig Zusammenhänge behandeln, die mit Jesus nichts zu tun haben, kommen auf den strittigen Punkt, dass Gott einen

Sohn bzw. Gefährten hat, zurück.[18] Eine Passage, die in einer kraftvollen Sprache gehalten ist, beschreibt die Reaktion auf ein solches Sakrileg:

Schier brechen die Himmel (aus Entsetzen) darüber auseinander und spaltet sich die Erde und stürzen die Berge in sich zusammen. (Koran 19:90)

Man kann also die Auffassung vertreten, dass Jesus und seine Anhänger eines der theologisch belastetsten Themen des gesamten Koran darstellen.

Dafür bietet der Koran eine Erklärung an: Die Christen sind zu Feindschaft und gegenseitigem Hass bis zum Jüngsten Gericht vorbestimmt (5:14). Deshalb entfaltet er ein Glaubensbekenntnis, das sich gegen die ständigen Streitereien und Auseinandersetzungen der »Leute der Schrift« richtet – frühere religiöse Gemeinschaften, die göttliche Schriften besaßen, welche sie vorsätzlich und zu ihrem persönlichen Vorteil oder auf Grund von Missverständnissen pervertiert haben. Die koranischen Prophetenerzählungen sind also keine unabhängigen Erzählungen, sondern intertextuelle Mahnreden über ein moralisches Verhalten, das in einem eklatanten Widerspruch zum Verhalten und Glauben ihrer Anhänger steht. Die *wahren* Nachfolger dieser Propheten waren und werden immer »Muslime« sein.

Unter formalen Gesichtspunkten lassen sich die Bezugnahmen auf Jesus in vier Gruppen unterteilen: (1) Erzählungen über Geburt und Kindheit, (2) Wunder, (3) Gespräche zwischen Jesus und Gott oder zwischen Jesus und den Juden und (4) göttliche Verkündigungen über sein Menschsein, seine Dienerschaft und seinen Platz in der Reihe der Propheten, die bestimmen, dass »fanatische« Meinungen über ihn aufgegeben werden müssen. Was die ersten beiden Gruppen angeht, so gibt es wenig Anlass, ihre enge Beziehung zu bestimmten apokryphen Evangelien und der syrischen, koptischen und äthiopischen Literatur in Zweifel zu ziehen.[19] Jesu sündenfreie Geburt, die sich dem Koran zufolge unter einer Palme ereignet, und die Worte, die

Jesus als Kind spricht, sind alle *ayat* (»Zeichen«), Manifestationen der ihm und seiner Mutter bezeugten göttlichen Gunst. Seine Wunder werden weniger erzählt als zur Erinnerung an die Macht, die ihm von Gott geschenkt wurde, um Kranke zu heilen und Tote aufzuerwecken, aufgezählt. Im Unterschied zu den kanonischen Evangelien bezieht sich der Koran auf die wunderbare Geburt Jesu, ohne auf dessen Passion vorauszuschauen. Deshalb wird häufig auf ihn als »Sohn der Maria« Bezug genommen, und deshalb erscheinen er und seine Mutter auch gemeinsam. An seiner Seite bestätigt sie seine wunderbare reine Geburt. Aber sein »Tod« ist ebenso wunderbar: Er wird zu Gott erhoben, wo er nach einer späteren islamischen Tradition am Leben bleibt und darauf wartet, seine vorgesehene Rolle am Ende der Zeit zu erfüllen. Auf diese Rolle wird im Koran nur angespielt (»Und er [d. h. Jesus] ist ein Erkennungszeichen der Stunde [des Gerichts]: Koran 43:61).[20] Er selbst wird als ein *aya* beschrieben, ein Zeichen und ein wunderbarer Beweis der Allmacht Gottes; und obwohl andere Propheten diese Eigenschaft teilen und natürlich auch die Fähigkeit Wunder zu wirken, ist Jesus einzig, insofern der Koran sich im Blick auf das Ziel, die endgültige Wahrheit über Jesus festzuhalten, zu großer Anstrengung herausgefordert sieht.

Seine Reden und die göttlichen Verkündigungen, die ihn betreffen, scheinen den Weg des Propheten Mohammed selbst zu reflektieren oder jedenfalls zeigen zu sollen, dass er »nur« ein Diener Gottes – also ein Mensch – ist und diesen Status nicht verachtet. Im Koran gibt es keine Bergpredigt, keine Gleichnisse, keine Lehren über das Gesetz, und natürlich keine Passionsgeschichte. Stattdessen hat Jesus treue Jünger, die an ihn glauben, ist er demütig und ehrfürchtig seiner Mutter gegenüber und überbringt er die Botschaft von Gottes Einheit, die frühere prophetische Botschaften bestätigt. Die meisten Bezugnahmen auf Jesus sind jedoch in die Form göttlicher Verkündigungen gekleidet, die über ihn oder in seinem Namen sprechen, Passagen, die Jesus selbst oder die Menschheit im Allgemeinen daran erinnern, dass Gott der Schöpfer und Herr über Leben und Schicksal Jesu wie aller Kreatur ist: Das ist der wahre Jesus, der von den

»Verirrungen« seiner Anhänger »gereinigt wurde«, ein Prophet, der seinem Schöpfer völlig gehorcht und als wahre Alternative zu dem Jesus der Inkarnation, Kreuzigung und Erlösung erscheint. Der koranische Erzählton ist keineswegs einheitlich kämpferisch geprägt. Jesus und die christlichen Gemeinschaften werden vielmehr in unterschiedlichen Stimmungslagen angesprochen: versöhnlich, ermutigend, diplomatisch, aber auch drohend. Die Tore zu göttlicher Gnade sind stets halb geöffnet. Mit jeder Verurteilung des Unglaubens der Christen wird eine Ausnahme für »die wenigen« wahren Gläubigen, die weisesten und gebildetsten Christen gemacht (4:162). Das Vermächtnis Jesu ist Güte, Mitgefühl und Demut. Der »Friede« Jesu wird ihm wie folgt in den Mund gelegt:

> ›Heil sei über mir am Tag, da ich geboren wurde, am Tag, da ich sterbe, und am Tag, da ich (wieder) zum Leben auferweckt werde!‹ (Koran 19:33)

Die Christen werden wiederholt dazu aufgefordert, ihre Schriften auf Anzeichen für die Ankunft Mohammeds hin zu untersuchen, und Jesus wird dabei die Ehre zuteil, dessen Kommen ausdrücklich anzukündigen. Auf diese Weise wird eine besondere Nähe zwischen den beiden Propheten hergestellt (»Und [damals] als Jesus, der Sohn der Maria, sagte: ›Ihr Kinder Israels! Ich bin von Gott zu euch gesandt, um zu bestätigen, was von der Thora vor mir da war [oder: was vor mir da war, nämlich die Thora], und einen Gesandten mit einem hoch löblichen Namen zu verkünden, der nach mir kommen wird.‹ Als er dann mit den klaren Beweisen zu ihnen kam, sagte sie: ›Das ist offensichtlich Zauberei.‹« Koran 61:6). Der Koran verkündet, dass die Christen die Gemeinschaft bilden, die der muslimischen am nächsten steht, denn unter ihnen befinden sich Priester und Mönche, die sich Gott demütig hingeben und deren Augen von Tränen überfließen, während sie den Koran hören und geneigt sind, seine Wahrheit anzuerkennen (5:82–85).[21]

Zusammenfassend lässt sich feststellen, dass es schwirig ist, aus all den gegensätzlichen Bildern zu einer einzigen lebendigen

Synthese, zu einer Formel zu gelangen, die das Wesentliche des koranischen Jesusbildes erfasst. Zwischen dem Koran auf der einen Seite und bestimmten kanonischen und apokryphen Büchern des Alten und des Neuen Testaments auf der anderen Seite bestehen einige deutliche atmosphärische Kontinuitäten. Eine eingehende Lektüre des Korans, die den Schwerpunkt auf Aufbau und Ausdrucksweise legt, würde meiner Meinung nach den Eindruck von einem Text vermitteln, der in einem Umfeld von Argumenten und Gegenargumenten offenbart wurde, einem Text, der darum kämpft, seine Autorität gegen den Hohn und Spott der Ungläubigen und das Geschwätz streitsüchtiger Gruppen durchzusetzen. Gott ist allbarmherzig, sagt der Koran, aber gleichzeitig weiß er darum, dass auch viel Schaden durch religiöse Ignoranz und »Übertreibung« angerichtet und viel Leid durch Lügner und Heuchler zugefügt werden. »Der Mensch ist nunmal ganz besonders darauf aus, (mit Worten) zu streiten« (18:54), ist ein Urteil, das der Koran bekräftigt, indem er in die endlose Debatte über den Menschen eintritt, um einige Fragen selbst zu lösen, andere hinsichtlich ihrer Lösung aber Gott zu überlassen, und die Gläubigen zu lehren, wie sie Schmähungen und Anfechtungen ihrer Feinde begegnen sollen. Im Koran bilden die Anhänger Jesu ein treffendes Beispiel für die Neigung des Menschen, eine Botschaft, die Gott allen Propheten offenbart hat, zu verzerren oder zu übertreiben. Dementsprechend erscheint Jesus im Koran derart, dass er sich an seine widerspenstigen Anhänger wendet in der Absicht, die Ehrlichen zu überzeugen und die Reuelosen zu erschrecken. In dieser Hinsicht hat er wenig mit dem Jesus der kanonischen oder apokryphen Evangelien gemein. Vielmehr enthält das koranische Jesusbild seine eigene spezifische Botschaft, die eine frühere Offenbarung, welche bekanntlich Anlass zur Entstehung untereinander zerstrittener Sekten gab, berichtigt und wiederherstellt. Der koranische Jesus geht zweifellos sowohl aus der »orthodoxen« und kanonischen als auch der »unorthodoxen« und apokryphen christlichen Tradition hervor. Wie es häufig geschieht, wenn eine religiöse Tradition aus einer anderen hervorgeht, nimmt er später jedoch eine eigene Gestalt an.

In einem Text über *Den Hirten des Hermas* und seine Verbindungen zu früheren Traditionen führt der bekannte Exeget Martin Dibelius aus, was *mutatis mutandis* auch auf den koranischen Jesus und seine spirituellen Rückbezüge zutrifft: Aus der engen Beziehung der Schrift zur jüdischen Tradition könne nicht zwingend ein judenchristlicher Autor postuliert werden. Jüdische Anklänge seien in einem solchen Ausmaß im Christentum des zweiten Jahrhunderts vorzufinden, dass die Tatsache des jüdischen Erbes keine Rückschlüsse auf die Herkunft des Autors erlaube.[22] Entsprechend könnte man sagen, dass der koranische Jesus zwar Erbschaftsverwalter, aber kein Verwandter des Erblassers ist.

Jesus im muslimischen Evangelium

Der frühe Islam – oder der »primitive Islam«, wie er manchmal auch genannt wird – stellt gegenwärtig den umstrittensten Bereich der Islamforschung dar. Im Mittelpunkt der Kontroverse steht der traditionelle islamische Bericht vom Ursprung des Islams und seiner Entwicklung in der religiösen Literatur. Auf der einen Seite haben formkritische Analysen des Korantextes zu Ergebnissen geführt, die vom traditionellen Bericht seiner Abfassung, Verbreitung und seines erstmaligen Auftauchens als Gesamtkorpus radikal abweichen. Auf der anderen Seite hat die literaturkritische und -methodologische Untersuchung der frühen Schichten der muslimischen Tradition und der Geschichtsschreibung gezeigt, dass spätere Redakteure die ursprünglichen Stoffe manchmal bis zur Unkenntlichkeit umgearbeitet haben. Biblische Formkritik und Literaturkritik haben mittlerweile Eingang in die Islamwissenschaften gefunden. Allerdings haben sie mitunter zu grundverschiedenen Ergebnissen geführt.[23] Der Jesus, der im muslimischen Evangelium zu Tage tritt, scheint in den ersten anderthalb Jahrhunderten der islamischen Geschichte entstanden zu sein, seine Wurzeln also im »primitiven« Islam zu haben.

Die frühislamische Welt war eine durchlässige Welt. Die Eroberungen, die nach den Maßstäben der antiken Welt in dramatischer Geschwindigkeit vonstatten gingen, brachten die frühen

Muslime mit sehr verschiedenen kulturellen Traditionen in Berührung. Innerhalb von etwa zwei Generationen nach dem Tod des Propheten Mohammed im Jahr 632 A.D. waren muslimische Außenposten und Gemeinden im westgotischen Spanien, im buddhistischen Afghanistan, in den verschiedenen christlichen und jüdischen Gesellschaften Nordafrikas und des Nahen Ostens zu finden, ganz zu schweigen von den einflussreichen samaritischen, sabistischen und zarathustrischen Gruppen in Syrien, im Irak und im Iran. Entsprang der Islam voll entwickelt der Geschichte wie die bewaffnete Göttin Athene dem Kopf des Zeus? Sicherlich nicht, auch wenn einige polemische Muslime, zweifellos beeindruckt von der epiphanen Unmittelbarkeit des Korans *ab origine*, so sprechen, als sei genau das der Fall. Doch wurden in dem riesigen Eroberungsgebiet weder der Regierungsalltag noch die religiösen Gesetze noch die Gegenstände kultischer Verehrung einheitlich aufgefasst.[24]

Zwar ist nicht zu bestreiten, dass der Koran im ersten halben islamischen Jahrhundert in einer Form existierte, die der heutigen Textfassung sehr ähnelte.[25] Sein Status bei den Gläubigen dieser frühen Zeit ist jedoch nicht notwendigerweise mit dem zu vergleichen, den er später erhielt. Der Koran scheint zunächst kein Monopol als Quelle der Offenbarung innegehabt zu haben, sondern mit einem ständig expandierenden Textkorpus koexistiert zu haben, den wir im weitesten Sinn als Hadith, »Traditionen« bezeichnen können, von denen einige auch einen besonderen Stellenwert als Offenbarungen beanspruchten. Daher waren göttliche Offenbarungen an fromme Gestalten des frühen Islam, moralische Maximen unbestimmten Ursprungs und Erzählungen von früheren Propheten oder Heiligen gleichermaßen höchst bedeutsam für die Ausprägung einer islamischen Frömmigkeit und der gesellschaftlichen Bräuche. Gleichzeitig waren die Muslime dieses ersten Jahrhunderts im Allgemeinen recht empfänglich für die Lehren des Judentums, des Christentums und der anderen großen Religionen des neuen muslimischen Reiches.[26] Diese Empfänglichkeit sollte jedoch nicht als kritiklose Übernahme nicht islamischer kultureller Einflüsse missverstanden werden. Vielmehr hatte der frühe Islam bereits bestimmte grundlegende Denkstrukturen und Weisen der Wirklichkeitsdeutung entwickelt, welche diese Rezeption und den Austausch ermöglichen.

Aber ebenso wie wir die Durchlässigkeit der islamischen Welt im Auge behalten sollten, müssen wir auch berücksichtigen, dass das östliche Christentum des 7. und 8. Jahrhunderts A. D. von apokryphen Werken aller Art, von denen viele aus Autoritätsgründen wichtigen Personen der Anfangszeit zugeschrieben wurden, wie es einer der Pionierforscher formulierte, »buchstäblich überschwemmt« wurde.[27] In dieser frühen Phase wurde der Austausch zwischen Islam und Christentum nicht nur durch den Koran bestimmt, sondern hing auch entscheidend von den historischen Bedingungen gesellschaftlicher, geistiger und in der Tat auch militärischer Begegnungen ab. Was von der einen Gemeinschaft in die andere durchsickerte, war angesichts der engen geistigen Beziehungen zwischen beiden davon abhängig, welche Traditionen jeweils als wahr, komplementär oder lehrreich angesehen wurden. Für frühe Muslime gab es auf den ersten Blick keinen Grund, eine christliche Erzählung, Tradition, Maxime oder Homilie ablehnen, sofern sie in dem konzeptionellen Rahmen lag, den der Islam für sich schon entwickelt hatte.

Der Koran bezieht sich wiederholt auf die »Thora«, das »Evangelium« und die »Psalmen« und bittet Juden und Christen, dem treu zu bleiben, was sie in diesen Texten finden. Wie viel aus der Bibel war im frühen Islam genau bekannt? Und in welcher Form? Wenn man die Aufmerksamkeit zunächst auf den Koran lenkt, so stellt man fest, dass es zwar, was Vorstellungen und Offenbarungen angeht, Gemeinsamkeiten mit jüdischen und christlichen Schriften, Traditionen und Lehren gibt, wortwörtliche Zitate aus dem Alten und dem Neuen Testament jedoch sehr selten sind. Zwei Passagen bilden eine Ausnahme: das Gebot Auge um Auge, und der Ausspruch Jesu, nach dem ein reicher Mann ebenso wahrscheinlich ins Paradies kommt wie ein Kamel durch ein Nadelöhr. Das legt die Vermutung nahe, dass der Koran seine eigene Synthese aus unterschiedlichen biblischen Stoffen entwickelte und die Thora und das Evangelium als kanonische Texte anerkannte, wie die Ermahnung an Juden und Christen, sich diesen zur Bestätigung der Wahrheit der Prophetie Mohammeds zuzuwenden, deutlich macht. Was der Koran genau unter diesen Schriften verstand, bleibt allerdings ungewiss. Gleichzeitig führt der Koran das Argument an, dass diese Schriften entstellt worden sind, und nennt ein Beispiel für eine solche Entstellung (4:46), und er verurteilt Menschen, »die die Schrift mit ihrer Hand schreiben und dann sagen: ›Das stammt von Gott‹, um sie zu verschachern!« (2:79).[28] Wahrscheinlich hat der breite Vorstoß der koranischen Offenbarungslehre – die Aufforderung an die »Leute der Schrift« die Endgültigkeit des Korans zu erkennen und zu akzeptieren – alle anderen Überlegungen überschattet. Mit anderen Worten: der Koran ist der endgültige Prüfstein für die Beurteilung aller vorausgehenden Offenbarungen. In ihrer ursprünglichen Form müssen diese früheren Offenbarungen notwendigerweise Zeugnis von der koranischen Offenbarung ablegen. Wenn sie dies nicht tun, sind sie als verfälscht zu beurteilen.

Haben wir aber, wenn wir das Selbstverständnis des Koran und seine Beziehung zu früheren Schriften beiseite lassen, einen Beweis dafür, dass solche Schriften im frühmuslimischen Milieu in arabischer Sprache verfügbar waren? Den Ausgangspunkt für eine Beantwortung dieser Frage kann auch in diesem Fall der Koran selbst bilden. In einem Abschnitt, der auf Grund dessen bemerkenswert ist, was er über eine Beziehung zwischen Mohammed und einer ungenannten Quelle (bei der es sich am wahrscheinlichsten um eine christliche oder jüdische handelt) offenbart, widerlegt der Koran die Behauptung, dass Mohammed von einem Menschen darin belehrt wird, was er zu sagen hat:

> *Wir wissen wohl, dass sie (d.h. die Ungläubigen) sagen: ›Es lehrt ihn (d.h. Mohammed) ja ein Mensch (was er als göttliche Offenbarung vorträgt).‹ (Doch) die Sprache dessen, auf den sie anspielen (?), ist nicht arabisch. Dies hingegen ist deutliche arabische Sprache. (Koran 16:103)*

Hier geht es nicht um die *Existenz* einer bestimmten Person, sondern um die *Sprache*, in der diese zu Mohammed oder zu einem anderen gesprochen haben mag. Die islamische Tradition bewahrt in sich nicht unwahrscheinliche Berichte von verschiedenen Arabern aus Mekka, die Kenntnis von jüdischen und christlichen Schriften hatten. Diese Personen haben nach muslimischer Auffassung enge Beziehungen zu Mohammed unterhalten und sogar seine geistige Entwicklung beeinflusst. *Bestritten* wird jedoch in der gesamten islamischen Tradition, dass diese Personen ihn unmittelbar zu seiner Offenbarung inspiriert, geschweige denn diese diktiert hätten. Des Weiteren lässt die Präsenz christlicher oder jüdischer Gelehrter in Mekka weder den Schluss zu, dass Teile der Bibel ins Arabische übersetzt worden sind, noch dass es nicht geschah. Es gibt weder sprachliche Zeugnisse – arabische Begriffe im Koran mit eindeutig biblischen Vorläufern – noch Anhaltspunkte für oder gegen die Existenz einer arabischen Bibel, denen Beweiskraft zugebilligt werden könnte. Es spricht also wenig dafür, dass Begriffe aus einem arabischen Bibeltext oder arabischen Bibelfragmenten in den Koran aufgenommen wurden. Wahrscheinlicher ist, dass der Koran unter Berücksichtigung der Bibeltradition Begriffe in sein arabisches Vokabular übernahm, die seinem Publikum vertraut waren.

Während der beiden ersten Jahrhunderte des Islam änderte sich nach gegenwärtigem Wissen über diese Zeit nichts Wesentliches an diesem Bild. Daher datiert die aktuelle Forschung das Auftauchen des frühesten arabischen Lektionars bzw. der frühesten arabischen Bibel etwa auf die Mitte des 3./9. Jahrhunderts. In welcher Form war dann aber die Bibel den Muslimen der beiden ersten Jahrhunderte zugänglich? Die Forschung, die sich mit dieser Frage beschäftigt, ist vor allem deshalb noch zu keinem schlüssigen Ergebnis gekommen, weil wichtige Texte aus der frühen arabisch-islamischen Tradition jedes Jahr in großer Anzahl als Editionen oder neu entdeckte Manuskripte ans Licht der Öffentlichkeit gelangen. Viele islamische Texte, die vor dem 9. Jahrhundert A. D. entstanden sind, Texte aus dem Bereich der Frömmigkeits- und Askeseliteratur im Besonderen, beziehen sich häufig auf die »Thora« oder auf »Weisheit« (*hikmah*) in Wendungen wie »Es heißt in der Thora oder Hikmah« (*ja´a fi´l tawrat; ja´a fi´l hikmah*), auf die eine moralische Maxime folgt. Die frühe westliche Forschung hat versucht, die Ursprünge dieser Maximen zu lokalisieren, und den Schluss gezogen, dass sich nur sehr wenige von ihnen auf die Bibel zurückführen lassen. Die spätere Forschung ist in dieser Hinsicht ebenso wenig zu einem schlüssigen Ergebnis gelangt. Die jüngste Forschung hat zumindest damit begonnen, allgemeine Quellen zur Diskussion zu stellen. Allerdings konnte die Herkunft auch nur teilweise lokalisiert werden.[29]

Diese aktuelle Forschung ist von unmittelbarer Bedeutung für das muslimische Evangelium, weil die hier in Rede stehenden islamischen Texte, die sich vage auf die »Thora« oder »Weisheit« beziehen, auch auf Aussprüche der Propheten abheben, unter denen das Jesus zugeschriebene Korpus hervorragt. In den Kommentaren habe ich, soweit ich dies vermochte, zu jedem Ausspruch mögliche Quellen oder Parallelen angegeben. Aber bevor dieses Evangelium selbst eingehend untersucht werden kann, muss etwas über den Kontext gesagt werden, in dem der muslimische Jesus zum ersten Mal auftauchte, und über die Gelehrten, die ihm sein Profil verliehen.

Der frühe Kontext

Wie wir gesehen haben, warf der frühe Islam seine Netze weit aus, um die ethischen Lehren des Korans zu ergänzen. Es gab triftige historische Gründe für solche Offenheit, Gründe, die mit dem Verlauf der islamischen Geschichte selbst zu tun hatten und die nicht die geistigen Kontinuitäten mit dem Judentum und dem Christentum betrafen. Das frühislamische Reich erlebte eine Reihe dramatischer siegreicher Eroberungen. Nicht minder dramatisch war aber auch die Abfolge mehrerer Bürgerkriege, in denen Muslime, Regionen, Stämme und in bestimmten städtischen Zentren sogar gesellschaftliche Schichten gegeneinander ausgespielt wurden. Mit den Eroberungen kam ein plötzlicher Wohlstand, dessen Dimensionen sich die Eroberer kaum hatten vorstellen können. Denn viele von ihnen waren in einer ärmlichen arabischen Umgebung am Rand des Existenzminimums aufgewachsen. Das frühe patriarchalische Kalifat, ein Regierungssystem, das zu Beginn der muslimischen Expansion ganz gut funktioniert haben mochte, war nicht mehr in der Lage, den ökonomischen und administrativen Anforderungen eines Reiches gerecht zu werden, das mit dem Reich Alexanders des Großen und dem Römischen Reich zu konkurrieren begonnen hatte. Es setzten tief greifende Wandlungsprozesse ein. Das politische Machtzentrum des Reiches verschob sich von Arabien nach Syrien und dann allmählich in den Irak und andere weiter östlich gelegene Regionen. Zunehmend umstritten waren Form und Organisation der Regierung. Um das Reich zusammenzuhalten, waren eine stärkere Zentralisierung und ein einheitlicher Regierungsstil notwendig. Der patriarchalische Kalif wurde allmählich durch einen Autokraten ersetzt, der bis zu einem gewissem Maß früheren byzantinischen und persischen Autokraten nachgebildet war.[30] Es entstand ein repressiver Staat mit seinem stehenden Heer, seinen Verfahren zur Steuereintreibung, seiner Bürokratie und (was uns in diesem Zusammenhang am meisten interessiert) mit Religionsgelehrten, die diesen Staat verteidigten. Der frühe Islam sah sich also mit tief greifenden, rasanten politischen Veränderungen und einem breiten Spektrum moralischer Optionen konfrontiert.

Das früheste Produkt islamischer Gelehrsamkeit nahm die Form des Hadith an. Dieser Begriff weist einen ziemlich weiten Bedeutungsspielraum auf: ein Bericht, eine Beschreibung, eine Erzählung, eine Tradition, auf die sich jemand bezieht, ein Diskurs. Ein Hadith konnte schriftlich oder mündlich formuliert sein. Er wurde in der Regel als eine in sich geschlossene Einheit, im Allgemeinen zusammen mit einer Liste seiner Überlieferer (*isnad*) tradiert. Frühe Hadithe waren in der Regel kurz. Sie bestanden meist aus nur zwei oder drei, selten aus mehr Zeilen. Inhaltlich kann das Korpus früher Hadithe mit einem aus bunten Fäden bestehenden Gewebe verglichen werden. Einige waren ethische Maximen, andere hatten rechtliche Implikationen, einige waren einfache Erzählungen von Ereignissen, einige waren eschatologische Beschreibungen vom Paradies und von der

Hölle, einige waren kultischer Natur, von einigen wurde behauptet, sie stammten von einer älteren Schrift etc. Für die beiden ersten islamischen Jahrhunderte müssen wir von einem Korpus von Hadithen ausgehen, der vermutlich als Ergebnis von Angebot und Nachfrage ständig wuchs. Die frühe Gemeinschaft hatte eine große Nachfrage nach Orientierung zu zahlreichen privaten und öffentlichen Themen, und der Hadith kam dieser Nachfrage nach. Als die ersten Bausteine muslimischer Gelehrsamkeit stehen die Hadithe im Mittelpunkt zahlreicher westlicher Forschungskontroversen, die uns hier nicht interessieren müssen. Es ist jedoch wichtig daran zu erinnern, dass der Hadith schnell zu einer Schatzkammer für die verschiedenen geistigen Strömungen des frühen Islam und zu dem Medium wurde, in dem sich Rechtsauffassungen, Sekten und Lehren herauskristallisierten.

Wer waren die »Autoren« der frühen Hadithe? Soweit dies ermittelt werden kann, wurden die Hadithe zuerst von Gruppen in Umlauf gebracht, die als »'ulama'« oder »fuqaha'« bekannt werden sollten, Religions- und Rechtsgelehrte, die mit ihren individuellen Fähigkeiten als geachtete Gelehrte oder als Mitglieder lose miteinander verbundener, ähnlich gesinnter Gruppen handelten, die sich selbst für die Bewahrer bestimmter Traditionen hielten, die mit bestimmten Regionen, Städten oder politischen »Parteien« assoziiert wurden. Von wem erzählten sie? Ihre Erzählungen stammten vom Propheten, von einem frommen Gefährten (*sahabi*) des Propheten, von hochangesehenen Geistlichen der frühen islamischen Geschichte, die als geistliche Nachfolger (*tabi'i*) der Gefährten galten, und aus alten Offenbarungsschriften oder der religiösen Lehre jüdischer und christlicher Herkunft.

Der frühe Islam war durch zwei widerstrebende geistige Strömungen gekennzeichnet. Die eine äußerte sich in einer ängstlichen Erwartung, die vorrangig unter dem Eindruck der dramatischen Ereignisse stand – der großen Hoffnungen, die durch die Eroberungssiege geweckt worden waren, und der baldigen Ernüchterung infolge der Bürgerkriege. Man begann, über die Geschichte nachzudenken und moralische Lehren zu ziehen.

Diese Strömung war oft mit einer asketischen Einstellung verbunden, die sich vom luxuriösen Leben der Elite distanzierte, das für die moralische Schwächung der Gemeinschaft verantwortlich gemacht und mit dem einfachen und bescheidenen Leben Mohammeds und seiner Generation kontrastiert wurde. Die andere Strömung war »realistischer«, da sie die Notwendigkeit einer starken Autorität anerkannte, die allein die Gemeinschaft einen, die Einheitlichkeit der Glaubenslehre und -praxis durchsetzen und die Gefahr von Bürgerkriegsunruhen abwenden konnte. Die erste Strömung war quietistisch, da sie die Betonung auf die innere Moral legte, die zweite unterstützte dagegen im großen Umfang die Regierung, weil sie davon überzeugt war, dass irgendeine Regierung besser ist als gar keine. Die Anhänger der ersten Tendenz waren überwiegend Prediger (*qussas*), Koranvorleser (*qurra´*) und Asketen (*zuhhad*), die Anhänger der zweiten Tendenz waren häufiger Rechtsgelehrte (*fuqaha´*) und Religionsgelehrte (*´ulama´*). Diese Unterscheidung sollte jedoch nicht zu eng verstanden werden, da alle Parteien öffentlich predigten. Für unsere Untersuchung von besonderem Interesse ist dagegen die politische Unterscheidung zwischen regierungsfreundlichen Gelehrten auf der einen und oppositionellen bzw. quietistischen Gruppen auf der anderen Seite. Die Hadithe, die diese Gruppen in Umlauf brachten, untermauerten ihre jeweiligen Einstellungen gegenüber der Einheit der Gemeinschaft, der Integrität des Herrschers, der Willensfreiheit, dem ewigen Ratschluss Gottes, dem Schicksal der Sünder und anderen politisch-theologischen Themen, die das islamische Denken während der beiden ersten Jahrhunderte beherrschten.[31]

Für uns sind vor allem zwei Formen des Hadith von Bedeutung, die als apokalyptisch und als »biblisch« bezeichnet werden könnten. In beiden sollte Jesus als Hauptgestalt in Erscheinung treten. Im Rahmen des apokalyptischen Hadith wurde Jesus schnell zu einer zentralen Gestalt im weit anerkannten muslimischen »Szenario« des Endes der Welt. Der eschatologischen Rolle Jesu, seiner Wiederkunft, scheint sich, obgleich sie in den Evangelien nicht sehr detailliert entfaltet wird, die Imagination der östlichen Kirchen in besonderer Weise zugewandt zu haben, von wo aus sie gut in die Hauptströmung muslimischer Lehre Eingang gefunden haben könnte.[32] Daneben ist festzuhalten, dass der koranische Jesus (wie z. B. in der bereits angeführten Sure 43:61) eine Hauptinspirationsquelle des eschatologischen Jesus war. Zwei Hauptakteure traten in der muslimischen Eschatologie in Erscheinung: der muslimische Mahdi (bzw. Messias) und Jesus. Die muslimische Tradition ordnete jedem eine Reihe von Aufgaben zu, nach deren Erfüllung die Welt an ein Ende gelangen würde. Als die Hadithtexte in verbindlichen, sorgfältig bearbeiteten und unterteilten Sammlungen ediert und standardisiert wurden, überlebte der Jesus des Eschaton, aber nicht der Jesus der »biblischen« Stoffe (also das muslimische Evangelium). Zu diesem Zeitpunkt hatte sich der Hadith spezialisiert und den Schwerpunkt auf Überlieferungen zu Mohammed gelegt. Ausgeschlossen wurden andere Stoffe, die natürlich ebenfalls weiterhin, wenn auch in anderen literarischen Gattungen, in Umlauf waren.

An diesem Punkt gabelten sich die Wege. Der Jesus des Eschaton fand Eingang in die verbindlichen Hadithsammlungen. Er wurde zu einer fernen Größe, die für die muslimische Frömmigkeit nicht von unmittelbarer oder praktisch-moralischer Bedeutung war. Der andere Jesus jedoch, der Jesus, der in der Frömmigkeits- und Askeseliteratur und einer Gattung vorkam, die »Erzählungen der Propheten« (*Qisas al-Anbiya'*) genannt wurde, entwickelte sich weiter. In dieser Gattung war er nicht nur eine lebendige moralische Kraft, sondern spielte auch eine Rolle in den innermuslimischen Auseinandersetzungen.[33] Dieser andere Jesus, der Jesus der Volksfrömmigkeit, dessen Aussprüche und Erzählungen wir hier als muslimisches Evangelium bezeichnet haben, begegnete in der arabisch-islamischen Literatur der ganzen vormodernen Zeit, also bis zum 18. Jahrhundert.

Zunächst muss hervorgehoben werden, dass Jesus in der Frömmigkeits- und Askeseliteratur nicht allein, sondern zusammen mit anderen koranischen Propheten auftauchte, denen ebenfalls Aussprüche und Erzählungen zugeschrieben wurden. Unter diesen Propheten treten vor allem Mose, David, Salomo,

Hiob, Luqman und Johannes der Täufer hervor. Darüber hinaus schloss diese frühe Literaturform auch Hadithe über den Propheten Mohammed, seine Gefährten und berühmte »Heilige« der frühen muslimischen Gemeinschaft ein. Das Ganze stellte eine Art Anthologie dar, die durch Kapitelüberschriften wie das Verdienst der Anbetung, Traurigkeit und Trauern, Kunde vom Diesseits und Jenseits, Gottesfurcht, Demut, die Tugenden des Schweigens und der Rechtschaffenheit, die Erinnerung an den Tod, das Verdienst der Armut, der Reue etc. unterteilt war. Diese und ähnliche Überschriften können in groben Umrissen als repräsentativ für die Themen angesehen werden, mit denen sich die frühe asketische Tradition beschäftigte.

In den »Erzählungen der Propheten« wurde eine größere Gruppe von Propheten dargestellt und jedem einzelnen ein eigener Abschnitt gewidmet. Die Erzählungen und Aussprüche von Adam, Noah, Abraham, al-Khidr, Jona, Jesaja und Esra zählen zu den bekanntesten.[34] Wahrscheinlich ging die Frömmigkeits- und Askeseliteratur den »Erzählungen« voraus, aber da diese Gattungen sich weiterentwickelten, kam es häufig vor, dass die Aussprüche und Erzählungen in zweifacher Form aufbewahrt wurden. Es gibt keinen zwingenden Grund, beide Stofftypen nicht auf das frühe zweite Jahrhundert A. H. (das späte siebte und frühe achte Jahrhundert A. D.) zu datieren. Zu berücksichtigen ist allerdings, dass die spätere Überlieferung eine zunehmende Tendenz zur literarischen Verfeinerung und Zurschaustellung dieses Korpus aufwies. Nicht nur im Koran kommt Jesus in der Reihe der Propheten ein besonderer Stellenwert zu, dies gilt auch im Blick auf das muslimische Evangelium. Zur Verdeutlichung dieser These wollen wir kurz den literarischen Charakter und die Entwicklung der Aussprüche, die den anderen Propheten zugeschrieben werden, untersuchen, um so die Kontraste deutlicher hervortreten zu lassen.

Der erste Eindruck, den wir von den frühen Sammlungen dieser Prophetenaussprüche und -erzählungen gewinnen, ist, dass jeder Prophet einen relativ eng gefassten moralischen Typ repräsentiert. David repräsentiert Reue, Hiob göttlichen Trost nach schwerer Arbeit, Noah Dankbarkeit, Adam das Beweinen der

Sünde, Luqman repräsentiert eine alte, möglicherweise persische Weisheit etc.[35] Diese Aussprüche und Erzählungen weisen insofern eine starke Abhängigkeit vom Koran auf, als sie einzelne seiner Passagen veranschaulichen oder erweitern. Mehrfach spricht Gott zu den Propheten in warnendem oder ermutigendem Ton oder zur Erbauung. Die Atmosphäre, die Sprache, die Rituale, die Moral etc. sind (typisch) islamisch. Gelegentlich wird zeitgenössisches geographisches Wissen zur Lokalisierung bestimmter Orte, die in den prophetischen Erzählungen vorkommen, eingebracht. In viele Erzählungen sind muslimische Hadithe, von Mohammed oder eines Gläubigen des frühen Islam, eingestreut. Insofern handelt es sich bei ihnen nicht um Erzählungen von Propheten, die allein für sich sprechen, sondern um vielfältig kommentierte, »aktualisierte« und glossierte Erzählungen, die Zahlen, Altersangaben und Daten enthalten, durch ständige Bezugnahmen auf den Koran untermauert werden und auf die Ankunft Mohammeds vorbereiten sollten. Häufig wird versucht, diese Erzählungen so aufzubereiten, dass sie den Eindruck erwecken, in Einklang mit den zunehmend strengeren Überlieferungsstandards des Hadith zu stehen: Deshalb präsentieren sie auch Ehrfurcht gebietende Überlieferungsketten (*isnad*).[36]

Als sich diese Tradition prophetischer Erzählungen herausbildete, wurde sie bald schon nicht nur vom Hadith, sondern auch von anderen intellektuellen Strömungen beeinflusst. So ist z. B. für die bekannte Sammlung prophetischer Erzählungen von al-Kisaʾi (unbekannten Entstehungsdatums, möglicherweise aus dem zehnten oder elften Jahrhundert A. D.) der Geist des Adab, der schönen Literatur, besonders bemerkenswert.[37] Die Aussprüche und Erzählungen gewinnen an literarischem Wert und Schliff, und in einigen Fällen nähern sie sich der Weisheitsliteratur an. Das wird am Beispiel von Luqman besonders deutlich. Einige etablierte Adab-Gattungen wie die Gattung *awaʾil* oder die »Ersten«, in denen an die »erste Person«, die etwas getan oder gesagt hat, erinnert wird, nehmen deutliche Konturen an. Von Bedeutung ist auch die Einführung von Versen, die Propheten oder ihren Zeitgenossen in den Mund gelegt werden. Die

Mission vieler Propheten beginnt im Alter von vierzig Jahren. Diese Konvention soll unterstreichen, dass Mohammed im Einklang mit dem Typ des Propheten steht. Charakteristische Züge eines Prophetenlebens kehren im Leben eines anderen wieder, sodass es bestimmte »Zeichen« sind, welche den Propheten ausweisen und die nur der Unvernünftige oder Verstockte nicht erkennt. Satan spielt die zentrale Rolle des Verführers, Heuchlers oder Zauberer, die der Handlung durchgängig eine dramatische Note verleiht. Die zentrale Zeugnisformel ist »Es gibt keinen Gott außer Gott, und Abraham (oder Salih oder Hud oder wer auch immer) ist Gottes Prophet.« Damit wird die Einheit des Bekenntnisses und das Verbleiben in der Tradition gesichert und in eine Linie mit koranischem Brauch und den Ansichten zur Kontinuität der Propheten gebracht.

Die bekannteste Sammlung prophetischer Erzählungen in der klassischen Literatur hat Tha'labi (gest. fünftes/elftes Jahrhundert) zusammengestellt. Durch die Verbindung von Adab und Sufismus (muslimische Mystik) gewinnen diese Erzählungen an stilistischer Raffinesse, und gleichzeitig spiegeln sie einen bestimmten moralischen Kode wider, der mit dem Sufismus assoziiert wird. Gegliedert sind die Erzählungen in *majalis al-dhikr*, sufische Sitzungen. Sufischer Geist durchdringt das Ganze: Die Sammlung legt den Akzent auf die Nichtigkeit des irdischen Lebens, die unendliche Gnade Gottes, Mohammed als Grund für die Existenz der Welt, die vielen sufischen Gestalten, die diese Erzählungen vorstellen, und die für alle Propheten charakteristischen asketischen Aussprüche. Diese Erzählungen werden zudem stark von den Begründern der sufischen Tradition kommentiert. Erkennbar ist sowohl ein Prozess der Redaktion als auch der Versuch, die Erzählungen mit einer speziellen muslimischen Denkweise in Einklang zu bringen. Tatsächlich ähneln sie mehr sufischen Homilien als prophetischen Erzählungen. Mit Tha'labi erreicht die Tradition prophetischer Erzählungen ein Niveau, das sie in der Vormoderne kaum mehr übertreffen sollte.[38]

Entstehung und Entwicklung

In dieser gesamten Literatur ragt Jesus auf Grund der Menge und vor allem der Qualität seiner Aussprüche und Erzählungen heraus. Denn während die Aussprüche und Erzählungen anderer Propheten einigen eng definierten moralischen Typen entsprechen, weist das kontinuierlich wachsende Korpus der Jesusaussprüche eine Breite auf, die in der muslimischen Tradition keine Entsprechung hat. In diesem Zusammenhang sollen zwei historische Faktoren näher erläutert werden.

Erstens konzentrierte sich der Koran, wie bereits ausgeführt, darauf, ein bestimmtes dogmatisches Jesusbild zu korrigieren, und machte nur wenige Aussagen zu seiner Berufung, seinen Lehren und seiner Leidensgeschichte. Das muslimische Evangelium entstand wahrscheinlich aus dem Bedürfnis heraus, den koranischen Bericht seines Lebens zu ergänzen und zu erweitern. Unter diesem eingeschränkten Blickwinkel kann die Entstehung des muslimischen Evangeliums mit der Entstehung der apokryphen und anderer Stoffe verglichen werden, die wahrscheinlich aus denselben Gründen nicht im christlichen Kanon enthalten sind.[39]

Zweitens ist der Entstehungsprozess des muslimischen Evangeliums weniger als Neuansatz denn als Ausstrahlung einer religiösen Tradition auf eine andere aufzufassen, die nicht nur in Texten ihren Niederschlag findet. Die starke Präsenz des Christentums in zentralen islamischen Regionen wie Syrien, Irak und Ägypten während der ersten drei Jahrhunderte des Islam bedeutete enge Begegnungen mit einem lebendigen Christentum, das mit bedeutungsvollen und mannigfaltigen Jesusbildern erfüllt war. Zweifellos spielte die langsame, aber stetige Zunahme der Zahl der vom Christentum Konvertierten eine wichtige Vermittlungsrolle, wie dies sowohl in der *isnad* einiger Aussprüche und Erzählungen als auch durch die mutmaßliche Herkunft verschiedener Überlieferer, die in ihren Namen zum Ausdruck kommt, bezeugt wird. Aber die koranische Faszination für Jesus muss auch ein starker Impuls für die Zusammenstellung und Verbreitung des Evangeliums in der muslimischen Umgebung gewesen sein.

Die jüngste Veröffentlichung verschiedener Texte zur muslimischen Frömmigkeit und Askese aus dem zweiten und dem dritten islamischen Jahrhundert (achten und neunten Jahrhundert A. D.) hat uns der Entstehungszeit des muslimischen Jesus näher als je zuvor gebracht. Während die Sammlungen, die westliche Forscher wie Margoliouth und Asín veröffentlicht haben, die meisten Texte von späteren islamischen Autoren übernehmen, in denen der *isnad* selten oder überhaupt nicht vorkommt, ist in den kürzlich veröffentlichten frühen Texten der ursprüngliche *isnad* des Jesuskorpus häufig erhalten geblieben, sodass wir die Möglichkeit haben, uns ein genaueres Bild von seinem frühislamischen Entstehungsort und seiner Verbreitung zu machen. An anderer Stelle habe ich die frühen Überlieferungsstränge dieses Korpus untersucht. Leser, die mit der Literatur vertraut sind und die dieser Frage intensiver nachgehen wollen, können dies dort tun.[40] Hier werde ich nur einige allgemeine Kommentare zu den frühesten Überlieferern des Evangeliums und seiner geographischen Ursprünge geben.

Die Untersuchung der Biografien der Überlieferer der frühesten Aussprüche Jesu legt die Vermutung nahe, dass die Lebenszeit der meisten auf die Mitte des ersten bis zur Mitte des zweiten Jahrhunderts der muslimischen Zeitrechnung fällt (ca. 700–800 A.D.). Nach traditionell islamischer Generationenangabe ist von »Nachfolgern« (*tabi´un*) bzw. »Nachfolgern von Nachfolgern« (*tabi´un al tabi´in*) die Rede. In vielen Fällen präsentieren sie die Aussprüche und Erzählungen unter Berufung auf ihre eigene Autorität, ohne sie einem früheren Gefährten (*sahabi*) Mohammeds zuzuschreiben, von dem der mohammedanische Hadith in der Regel hergeleitet worden ist. Ihre *isnad*-lose Form kann als Hinweis auf ihr hohes Alter gewertet werden. Die Aussprüche Jesu konnten also in der islamischen Welt relativ frei zirkulieren, ohne den zunehmend strengeren Standards entsprechen zu müssen, die die Hadithe über Mohammed erfüllen mussten.

Der Irak – genauer: die Stadt Kufa – war aller Wahrscheinlichkeit nach die ursprüngliche Heimat des muslimischen Evangeliums. Die Begründer der Tradition stammten nämlich alle aus Kufa. Allerdings waren auch andere Städte und Regionen wie Basra, Mekka, Medina, Syrien und Ägypten Ursprungsorte ehrwürdiger Überlieferer. Dass Kufa die ursprüngliche Heimat des muslimischen Jesus war, dürfte Kenner des frühen Islam nicht überraschen, die schon lange die grundlegende Bedeutung dieser Stadt für die Entstehung islamischer Gelehrsamkeit erkannt haben. Von Anfang an beschäftigten sich Gelehrte aus Kufa sowohl mit religiösen Themen wie dem Hadith, der koranischen Exegese, der Theologie und der Rechtswissenschaft als auch mit »weltlichen« Themen wie der Grammatik, der Geschichtsschreibung, der Genealogie und der schönen Literatur. Kufa war auch die Heimat der frühesten Traditionen und Interpretationen, die schließlich zur Ausprägung der beiden großen islamischen Richtungen führten: Sunna und Schi´a.[41]

Viele dieser Gründungsväter aus Kufa werden in den biographischen Quellen als Asketen (*zuhhad*) oder fromme Gottesanbeter (*´ubbad*) und als Prediger und Koranvorleser beschrieben, die eher zu den »volkstümlichen« als den »offiziellen« Gelehrten zählten. Viele von ihnen haben auch kurze moralische Epigramme und Predigten verfasst, und viele präsentieren unter Berufung auf ihre eigene Autorität eine Form des Hadith, die als *hadith qudsi* (heiliger Hadith, in dem Gott der Sprecher ist) bezeichnet wird. Dies zeugt von dem Ansehen, das sie in Gelehrtenkreisen genossen. Diese Prediger und Asketen waren ständig in Bewegung, reisten von einem Ort zum nächsten, belehrten Herrscher oder wandten sich von der Politik ab, weil sie schockiert über den Luxus und den moralischen Verfall der herrschenden Klassen waren und deshalb eine persönlichere Glaubensform predigten. Viele fühlten sich von der Art und Weise abgestoßen, in der die neu herausgebildete Klasse der *´ulama´* (Religionsgelehrte) mit dem Staat ihren Frieden schloss und ihr Wissen über islamisches Recht politisch zur Unterstützung ungerechter Herrscher und ungerechter politischer Praktiken nutzten und so ihre eigene Machtposition und ihr eigenes Ansehen unterstrichen. In den frühesten Schichten des muslimischen Evangeliums ist viel von denen die Rede, die religiöses Wissen pervertieren bzw. nicht das praktizieren, was sie predigen. In gewisser Weise ähnlich den Wüstenvätern des frühchristlichen Ägyptens, die kein spannungsfreies Verhältnis zur offiziellen Kirche hatten und häufig Ernennungen zu Bischöfen ablehnten, weigerten sich viele der frühen muslimischen Asketen, dem Staat als Richter und Rechtsexperten zu dienen. Für diese Asketen war der Konflikt zwischen Jesus und Pharisäern ein moralisches Paradigma. Kein Prophet konnte den Kampf zwischen dem Buchstaben und dem Geist, dem für den Sabbat erschaffenen Menschen und dem für den Menschen erschaffenen Sabbat, zwischen irdischen Königreichen und dem Reich Gottes besser veranschaulichen.

Die späteren Kompilatoren und Überlieferer des muslimischen Evangeliums lassen sich nicht so leicht charakterisieren wie die Gründerväter. Die Aussprüche und Erzählungen scheinen mit den geistigen Strömungen der muslimischen Zivilisation Schritt gehalten zu haben. Daher lassen sich Aussagen über Agenden und Motivationen späterer Überlieferer nicht verallgemeinern, auch wenn die biobibliographischen Kommentare in diesem Buch einige Rückschlüsse zulassen.

Die frühesten Aussprüche: Wesen und Funktion
Die frühesten Aussprüche und Erzählungen, etwa 85 an der Zahl, gehören zu einem überwiegenden Teil zu zwei größeren Sammlungen asketischer Texte: dem *Kitab al-Zuhd wa'l Raqa'iq* (dem *Buch der Askese und Sanftmut*) von Ibn al-Mubarak (gest. 181/797) und dem *Kitab al-Zuhd* (dem *Buch der Askese*) von Ibn Hanbal (gest. 241/855). Diese Aussprüche und Erzählungen lassen sich grob in vier Hauptgruppen unterteilen:

1. Aussprüche mit einer eschatologischen Bedeutung
2. Aussprüche mit einem Bezug auf die Evangelien
3. Asketische Aussprüche und Erzählungen
4. Aussprüche, die innermuslimische Auseinandersetzungen widerspiegeln

1. Die erste Gruppe reflektiert und erweitert die im Koran angedeutete Rolle Jesu am Ende der Zeit. Verschiedene Aussprüche

heben jedoch hervor, dass Jesus nicht besser als irgendein anderer Sterblicher darüber informiert ist, wann die »Stunde des Gerichts« kommen wird. Vielmehr ist das Nahen der »Stunde« für ihn noch Ursache der Angst und des erneuten Gebets: »Wann immer in Jesu Gegenwart die Stunde des Gerichts erwähnt wurde, jammerte er und sagte: Der Sohn der Maria kann nicht ruhig bleiben, wenn in seiner Gegenwart von der Stunde des Gerichts die Rede ist.« Am Jüngsten Tag wird er einen Sammelplatz für die Gläubigen bieten, die »mit unversehrtem Glauben der Welt entfliehen«, ein Schutzheiliger für alle, die aus Angst vor moralischer Unreinheit irdischem Streben entsagen. Seine messianische Rolle in den letzten Tagen ist in Hadithen wie »Jesus wird für zwanzig Jahre als gerechter Richter auf den Kanzeln Jerusalems sitzen« erhalten.[42]

2. Die zweite Gruppe besteht aus Aussprüchen und Erzählungen, die einen Bezug auf die Evangelien enthalten, aber so verändert sind, dass sie eine spezifisch islamische Identität angenommen haben. Die genannten Aussprüche scheinen ursprünglich zu einem Korpus von Aussprüchen Jesu, möglicherweise einem Lektionar oder einem anderen allgemeinen Fundus biblischer Stoffe gehört zu haben, die in gläubigen muslimischen Kreisen weit bekannt waren. Die Evangelien begegnen uns in Aussprüchen wie »Ihr seid das Salz der Erde« (Matthäus 5:13), »Seht euch die Vögel des Himmels an« (Matthäus 6:26), »Du aber salbe dein Haar, wenn du fastest« (Matthäus 6:17), »Deine linke Hand soll nicht wissen, was deine rechte tut« (Matthäus 6:3), »Sammelt euch Schätze im Himmel« (Matthäus 6:19), »Selig die Frau, deren Leib dich getragen hat« (Lukas 11:27), »Lernt von mir, denn ich bin sanftmütig und demütig von Herzen« (Matthäus 11:29). In erster Linie wird auf die so genannte Bergpredigt bei Matthäus zurückgegriffen.[43]

Diese Bezugnahme auf die Evangelien wurde auf unterschiedliche Art und Weise islamisiert. Denn während z.B. der Jesus im Lukasevangelium der Frau, die ihn selig preist, erwidert »Vielmehr sind selig, die das Wort Gottes hören und befolgen« (Lukas 11:28), gibt der Jesus des muslimischen Evangeliums eine präzisere Antwort: »Selig ist, wer den Koran liest und tut, was in ihm steht.«[44] Darüber hinaus werden Kommentare wie die folgenden in die Rede Jesu eingestreut, die die Authentizität des Gesagten hervorheben sollen: »Jesus sagte zu seinen Jüngern: ›Wahrlich, ich sage euch‹ und er pflegte häufig ›Wahrlich, ich sage euch‹ zu sagen.«[45] Aber wenden wir uns auch dem folgenden Beispiel zu: »Man fragte Jesus: ›Prophet Gottes, warum nimmst du dir nicht einen Esel, auf dem du nach deinen Bedürfnissen reiten kannst?‹ Jesus antwortete: ›Ich bin in Gottes Augen zu achtbar, als dass er mich mit etwas ausstattete, das mich von ihm ablenken könnte.‹«[46] Es ist schwierig zu entscheiden, ob ein solcher Ausspruch in einer Beziehung zum Einzug Jesu in Jerusalem und der muslimischen Absage an die gesamte Leidensgeschichte, von der es kaum Spuren im muslimischen Evangelium gibt, steht oder nicht.

3. Die dritte und größte Gruppe von Aussprüchen und Erzählungen präsentiert Jesus als Schutzheiligen der muslimischen Askese. Thematisiert wird eine absolute, kompromisslose Weltentsagung. Die Identifikation mit den Armen ist für die Mission Jesu von zentraler Bedeutung. Armut, Demut, Schweigen und Geduld sind die vier Kardinaltugenden. Die Welt ist eine »Ruine«, und irdische Güter müssen gemieden werden. Der Gläubige muss das Leben nach dem Tod ständig vor Augen haben; er ist ein »Fremder« bzw. »Gast« in dieser Welt. Betrachtet man diese Aussprüche unter stilistischen Gesichtspunkten, so fällt auf, dass Gleichnisse, eine der charakteristischsten Redeweisen des Jesus der christlichen Evangelien, fehlen. Stattdessen gibt es Erzählungen, in denen Jesus bestimmten Menschen und Situationen begegnet, und diese Erzählungen führen eher die Moral aus als sie in Form eines Gleichnisses zu präsentieren. Das Fehlen von Gleichnissen im muslimischen Evangelium kann mit der Seltenheit dieser literarischen Gattung im Koran in Zusammenhang gebracht werden. Damit würde ein weiteres Mal der Einfluss des Koran auf das muslimische Evangelium bestätigt. Hinsichtlich ihres Ursprungs und ihrer Verbreitung werden verschiedene Aussprüche, die zur dritten Gruppe zählen, auch Mohammed, Ali oder anderen angesehenen Persönlichkeiten des frühen Islam zugeschrieben.[47]

4. Allen drei Gruppen frühester Jesusaussprüche liegt ein Lehrinhalt zu Grunde, der für verschiedene frühe innermuslimische Kontroversen von Bedeutung ist. Der muslimische Jesus war nicht ein nur fernes ethisches Vorbild, sondern eine Autorität, die bisweilen bestimmte Parteien gegen andere in innermuslimischen Auseinandersetzungen zu unterstützen und Stellung zu so umstrittenen Themen wie der Rolle der Gelehrten in der Gesellschaft, ihrer Position gegenüber der Regierung, der Kontroverse über den freien Willen oder der Vorbestimmung (*qadar*), der Frage nach dem Glauben und der Sünde und dem Status sündiger Gläubiger und Herrscher zu beziehen scheint. Diese Konflikte spalteten die Gesellschaft tief, und viele von ihnen trugen entscheidend zu den Bürgerkriegen bei, die die islamische Geschichte der ersten anderthalb Jahrhunderte prägen. Lässt sich – bei aller gebotenen Vorsicht – ein Profil des frühen muslimischen Jesus zeichnen, das Auskunft über seine Stellung in religiösen Auseinandersetzungen gibt?

Die Positionen, die ich im Folgenden skizziere, habe ich zwar bereits an anderer Stelle näher erläutert, einige Kommentare mögen jedoch auch hier angebracht sein.[48] Das muslimische Evangelium als Gesamtkorpus spiegelte, in gewisser Hinsicht ähnlich dem Hadith über den Propheten Mohammed, nicht nur eine einzige Strömung und ein einziges Parteien- oder Gruppeninteresse wider. Die Gründerväter, die die frühesten Aussprüche Jesu überlieferten und in Umlauf brachten, verwandten wahrscheinlich großes Geschick darauf, Jesus bestimmte Ansichten zuzuschreiben. Daher ist es in vielen Fällen schwierig, die ursprüngliche Lehrmeinung oder polemische Absicht des Überlieferers genau zu bestimmen. In seinem muslimischen Lebensraum war Jesus jedoch nicht einfach eine Größe, der Polemik oder Weisheit aufs Geratewohl und ohne Absicht zugeschrieben wurde. Vielmehr war er dazu auserwählt, eine spezifische Form der Frömmigkeit und der Polemik zu repräsentieren, weil er bereits als moralische Kraft, als lebendige Person mit wohldefinierten Konturen, einen festen Platz im allgemeinen Bewusstsein hatte. Zu Recht ist davon auszugehen, dass die übergreifende Strömung, für die der frühe islamische

Jesus stand, mit einer Reihe muslimischer Lehrmeinungen übereinstimmte.

Erstens stand diese Strömung im Einklang mit *irja'*, einem bedeutungsreichen Begriff, der eine frühmuslimische Bewegung bezeichnete, die es generell vermied, in Bürgerkriege hineingezogen zu werden, und davon absah, einen Muslim auf Grund einer anderen Lehrmeinung als Ungläubigen zu brandmarken, sofern er den Glauben an den einen Gott nicht aufgegeben hatte. Die Murji'a bzw. die Partei von *irja'* war zwar keine ganz homogene Gruppe, tendierte jedoch in ihrer frühen Zeit dazu, die bestehende Regierung ungeachtet der persönlichen Moral des Herrschers zu unterstützen.[49] Politisch war die Gruppe quietistisch eingestellt und bereit, mit der herrschenden Dynastie Frieden zu schließen und ihr sogar zu dienen. Eine Reihe von Aussprüchen im muslimischen Evangelium entspricht dieser Strömung wie z. B. »So wie Könige euch Weisheit überlassen haben, sollt ihr ihnen die Welt überlassen.« »Überlasst den Königen ihre Welt, und sie werden euch die andere überlassen.« Der früheste bezeugte Ausspruch Jesu scheint die in dem Begriff *irja'* implizierte Auffassung zu unterstützen, das man das Schicksal des Sünders Gottes Urteil überlassen soll: »Jesus sah einen Menschen, der einen Diebstahl beging. Jesus fragte ihn: ›Hast du einen Diebstahl begangen?‹ Der Mann antwortete: ›Niemals. Ich schwöre bei dem der verehrungswürdiger als jeder andere ist.‹ Jesus sagte: ›Ich glaube an Gott und strafe meine Augen Lügen.‹« Die Verteidigung des Primats des Glaubens gegenüber der Verurteilung einer selbst *in flagranti* beobachteten Sünde wird in Aussprüchen bekräftigt wie »Siehst du nicht, wie Gott sich weigert, den Menschen wegen ihrer Sünden seine Gnade vorzuenthalten?«[50] Möglicherweise machte die Askese die Überlieferer auch im Voraus geneigt, sich aus weltlichen Angelegenheiten zurückzuziehen, die letztendliche Beurteilung menschlicher Sünden Gott zu überlassen und damit eine Art Arbeitsteilung zu akzeptieren, nach der die Könige herrschen durften, während die Frommen mit der göttlichen Weisheit zurückbleiben. Man könnte die Auffassung vertreten, dass dies in der Tat eine muslimische Überarbeitung des Gebots »Gebt dem Kaiser, was des Kaisers ist« darstellt. Asketische Kreise sahen wohl die Notwendigkeit zu dieser Interpretation, um eine Grenze zwischen privaten und öffentlichen Rechtssphären und Verantwortlichkeiten zu ziehen.

Zweitens (und in Übereinstimmung mit dieser Beschreibung moralischer Sphären) lässt eine Reihe früher Aussprüche einen großen Unmut gegenüber Gelehrten erkennen, die die Seite wechselten und mit der Regierung zusammenarbeiteten, also die Mission, die sie gegenüber der Gemeinschaft zu erfüllen hatten, zu Gunsten ihres eigenen Fortkommens verrieten. Hierfür lassen sich zahlreiche Aussprüche anführen: »Zieh aus dem Buch Gottes nicht deinen Lebensunterhalt« oder »Man fragte Jesus: ›Geist oder Wort Gottes, wer wiegelt die Menschen am stärksten auf?‹ Er erwiderte: ›Ein irrender Gelehrter. Wenn ein Gelehrter irrt, irrt seinetwegen eine Menge Menschen.‹«[51] Im Besitz religiöser Gelehrsamkeit zu sein, bedeutete eine besondere moralische Verantwortung, eine exklusive Berufung. Es muss betont werden, dass diese Vorstellungen von einem idealen Religionsgelehrten (*'alim*) zu den frühesten in der gesamten islamischen Tradition zählen. So wird z. B. in einem Ausspruch wie »Jesus sagte zu seinen Jüngern: ›Nehmt keinen Lohn von denen, die ihr unterrichtet, außer den Lohn, den ihr mir gabt‹« die Vorstellung eingeführt, dass religiöses Wissen kostenlos vermittelt werden muss. Dieses Ideal rief eine Kontroverse hervor, die im Islam eine lange Geschichte haben sollte.

Drittens waren die Aussprüche, die muslimische Auseinandersetzungen widerzuspiegeln scheinen, möglicherweise in Predigten oder anderen Texten homiletischen Gebrauchs eingebettet. In der politisch-theologischen Debatte stellte die Prädestination (*qadar*) eines der zentralen Themen dar. Die Qadariten, die Anhänger der Partei des freien Willens, wurden von einigen Mitgliedern der ersten Herrscherdynastie des Islam, den Omaijaden (661–750 A. D.) für eine potenziell gefährliche Oppositionsbewegung gehalten, die im Stande war, Herrscher für politische Untaten zur Verantwortung zu ziehen. Der muslimische Jesus scheint sich mit seiner Autorität hinter die Anti-Qadariten zu stellen, zu Gunsten einer ausgeprägt individuellen, nicht aber einer öffentlichen oder politischen Rechenschaftspflichtigkeit. Der expliziteste der Aussprüche Jesu zu diesem Thema lautet: »Jesus sagte: ›Qadar ist ein Mysterium (*sirr*) Gottes. Deshalb frage nicht nach dem Mysterium Gottes.‹«[52] Bezüglich der Sündhaftigkeit des Menschen (*ma'asi*), die in den frühen Auseinandersetzungen eng mit der Prädestinationsfrage verknüpft war, hebt der islamische Jesus nachdrücklich hervor, dass Gottes Gnade grenzenlos ist, dass Sünden verabscheuungs- und tadelnswert sind und die Lösung nicht in einer Rebellion, sondern in privater Frömmigkeit liegt. Vor allem darf man sich nicht zum moralischen Richter aufschwingen: »Jesus sagte: ›Untersucht die Sünden der Menschen nicht, als wäret ihr Herren (*arbab*), sondern untersucht sie, als wäret ihr Diener (*'abid*).‹«[53] Hier könnten wir eine versteckte Kritik an der kharidschitischen Bewegung entdecken, von der ein mächtiger Flügel für einen hundertjährigen Krieg verantworlich war, der im Namen der moralischen Integrität eines Herrschers gegen imperiale Autorität geführt worden war. Wenn wir also die Auffassung vertreten können, dass im Islam schon früh zwischen denen unterschieden wurde, die die Betonung auf die Legitimität und Integrität des Herrschers als wichtigstes politisches und moralisches Erfordernis legten, und denen, die die Einheit der Gemeinschaft als wichtigstes Erfordernis hervorhoben, dann können wir feststellen, dass die Aussprüche Jesu tendenziell die zweite Position unterstützen.

Spätere Aussprüche und Erzählungen

Das oben untersuchte ursprüngliche Korpus von Aussprüchen und Erzählungen wurde mehrfach erweitert und von Generation zu Generation überliefert. Einige Aussprüche wurden ergänzt bzw. glossiert, andere wurden gekürzt. In späteren Jahrhunderten sollten, wie wir im Folgenden sehen werden, andere intellektuelle Strömungen dieses Korpus beeinflussen. Das stilistische Niveau dieser Aussprüche war jedoch immer sehr hoch. Das lässt sich besonders deutlich für die Zeit veranschaulichen, als der Adab, die schöne Literatur, das muslimische Evangelium zu beeinflussen begann. Die umfangreichste Sammlung von Aussprüchen in einem frühen Adabwerk findet sich in einer literarischen Anthologie von Ibn Qutayba (gest. 276/889), die den Titel ʿUyun al-Akhbar trägt. Merkwürdigerweise überliefert Ibn Qutayba sowohl eine Reihe von Aussprüchen, die exakt aus den biblischen Evangelien übersetzt wurden, als auch Aussprüche, die zum muslimischen Evangelium gehören, ohne jedoch dieses Nebeneinander zu kommentieren.[54] Das asketische Element ist zwar noch vorhanden, in dieser Anthologie, eines der frühesten und bekanntesten Adabwerke der arabischen Literatur, stoßen wir jedoch zum ersten Mal auf Aussprüche wie »Der Messias (Friede sei mit ihm) sagte: ›Die Welt ist eine Brücke. Überquere diese Brücke, aber baue nicht auf ihr‹« oder »Seid in der Mitte, rechtgeleitet, aber vertretet einen gemäßigten Standpunkt.«[55] Solche Aussprüche deuten auf eine Akzentverschiebung von einer asketischen zu einer weitgefassten ethischen und Adab-Perspektive hin. Diese Akzentverschiebung fällt im dritten/neunten Jahrhundert mit der Blütezeit einer Gattung der Weisheitsliteratur zusammen, die Verhaltens- und Klugheitslehren vermittelte und ihre Ursprünge im vorausgehenden Jahrhundert in Werken von Autoren wie Ibn al-Muqaffaʿ (gest. um 139/756) hatte. Seinen berühmten Übersetzungen aus der persischen Weisheitsliteratur wurden nun Aussprüche und Erzählungen griechischer Weiser und Philosophen hinzugefügt. Viele von ihnen waren wie die Aussprüche Jesu islamisiert, also in Einklang mit muslimischer Frömmigkeit und Moral gebracht worden.[56] Jesus wird zunehmend neben seiner Rolle als Patron der Asketen zu einem Verhaltensmodell wie beispielsweise in der folgenden Szene: »Christus ging an einer Gruppe Menschen vorbei, die Beleidigungen gegen ihn ausstießen, und er antwortete mit Segenssprüchen. Er ging an einer anderen Gruppe vorbei, die ihn ebenfalls beleidigte, und er antwortete auf die gleiche Weise. Einer seiner Jünger fragte: ›Wie kommt es, dass du sie umso mehr segnest, je mehr sie dich beleidigen? Es ist, als würdest du das geradezu herausfordern.‹ Christus erwiderte: ›Ein Mensch kann nur hervorbringen, was in ihm ist.‹«[57]

Ebenfalls im dritten/neunten Jahrhundert wurde das muslimische Evangelium von dem beeinflusst, was als schiitische

Strömung bezeichnet werden kann. In unserer Sammlung sind verschiedene schiitische Werke vertreten, die einige eigenartige Züge am Jesusbild erkennen lassen. Zum Verständnis dieser schiitischen Bilder muss zunächst daran erinnert werden, dass Kufa, der wahrscheinliche Geburtsort des muslimischen Evangeliums, auch für die Entstehung der Schi´a von grundlegender Bedeutung war. In verschiedenen frühschiitischen Denkströmungen wurden zur Untermauerung theologischer Argumente Vergleiche zu Jesus gezogen. Einige schiitische Gruppen aus dem zweiten/achten Jahrhundert vertraten z. B. die Auffassung, dass, ebenso wie Jesus nach Aussage des Koran zu Gott erhoben wurde, auch ihre Imame nicht tot, sondern nur unsichtbar seien. Andere Gruppen verteidigten das vollkommene Wissen eines Imam im Kindesalter, indem sie ihn mit dem koranischen Jesuskind, das in seinen ersten Anfängen schon spricht, verglichen. Das Martyrium des Husain, des Enkelsohns Mohammeds – ein zentrales Ereignis im schiitischen Bewusstsein – brachte im späteren schiitischen Denken eine Reihe von Traditionen hervor, die Husain mit Jesus hinsichtlich der wunderbaren Geburt der beiden und der Ähnlichkeiten ihrer prophetischen und geistigen Genealogien verglichen, die sie beide von ihren Müttern geerbt hätten. Das an kosmogonischen Spekulationen überbordende schiitische Denken rückte verschiedene Erleuchtungsgrade und Abstiegslinien in den Vordergrund, und einige schiitische Sekten (wie z. B. die Ismailiten) waren aus der Sicht anderer Schiiten nahe daran, christliche Vorstellungen wie die von der Trinität aufzunehmen.[58] Auch wenn die schiitischen Jesusaussprüche einige eigenartige Züge erkennen lassen (auf die in den Kommentaren hingewiesen wird), unterscheiden sie sich im Geist nicht von den sunnitischen Aussprüchen.

In dem Maß, wie das muslimische Evangelium den Einfluss dieser unterschiedlichen Strömungen reflektierte, gewann die Form der Erzählungen zunehmend an Bedeutung. Nun begegnet Jesus Menschen, Tieren und Naturphänomenen. Manchmal wird eine Metapher oder ein Gleichnis aus den kanonischen Evangelien dramatisiert, d. h. sie werden zu einer Erzählung, in der Jesus vorkommt.[59] Häufiger stoßen wir auf Erzählungen ungewissen Ursprungs, die vielleicht ihre Wurzeln in der nahöstlich-christlichen Lehre haben. Diese Erzählungen beschreiben Jesus als einen Herrn der Natur, als jemanden, der sich mit Tieren und leblosen Naturgegenständen wie Bergen, Steinen oder Schädeln unterhält. Aus ihnen zieht Jesus eine kraftvolle, ergreifende Antwort, als würde er die Geheimnisse der von Gott erschaffenen Welt buchstäblich enthüllen. Jesus erscheint als Interpret und Zeuge der von der Natur verkündeten göttlichen Weisheit und des von der Natur verkündeten göttlichen Erbarmens: »Jesus kam an einer Kuh vorbei, die in großer Not kalbte. ›Oh Wort Gottes‹, sagte die Kuh, ›bete, dass Gott mich befreien möge.‹ Jesus betete: ›Oh Schöpfer der Seele von der Seele. Du, der du die Seele aus der Seele hervorbringst, befreie sie.‹ Die Kuh ließ ihr Junges auf den Boden fallen.« In verschiedenen Erzählungen verordnet er Mittel gegen Krankheiten: »Jesus kam in eine Stadt, in der ein Mann und eine Frau sich anschrieen. ›Was ist los mit euch?‹, fragte er. ›Oh Prophet Gottes‹, sagte der Mann, ›das ist meine Ehefrau. Sie ist eine gute und tugendreiche Frau, aber ich will mich von ihr trennen.‹ ›Aber sag mir auf jeden Fall, was mit ihr los ist‹, sagte Jesus. ›Ihr Gesicht ist verbraucht, obwohl sie nicht alt ist‹, sagte der Mann. Jesus wandte sich zu der Frau und sagte: ›Frau, möchtest du dein glattes Gesicht wiederbekommen?‹ ›Ja‹, antwortete sie. ›Wenn du isst‹, sagte Jesus, ›hüte dich davor unmäßig zu sein, wenn sich Essen im Magen übermäßig ansammelt, verliert das Gesicht seine Glätte.‹ Sie tat dies, und ihr Gesicht wurde wieder glatt.«[60] Erzählungen, in denen sich Jesus der Natur zuwendet, sind geprägt vom Ideal der sozialen Hingabe und Verantwortung, was ein Gegengewicht zur übermäßigen Askese und zum Rückzug aus der Welt darstellt, die er früher beispielhaft veranschaulicht hatte: »Jesus begegnete einem Mann und fragte ihn: ›Was tust du?‹ ›Ich gebe mich Gott hin‹, antwortete der Mann. Jesus fragte: ›Und wer kümmert sich um dich?‹ ›Mein Bruder‹, erwiderte der Mann. Jesus sagte: ›Dein Bruder ist Gott ergebener als du.‹«[61]

Zuerst ist Jesus der asketische Heilige, dann der Herr der Natur, der Wundertäter, der Heiler und das soziale und ethische Vorbild. In dem Maße, wie sich das Korpus erweitert, nimmt es unterschiedliche Jesusbilder und Strömungen auf. Nicht lange nach der Zeit des Ibn Qutayba begann die sufische Strömung, die u. a. die asketische Tradition der ersten beiden Jahrhunderte des Islam erbte, Jesus als eine ihr affine Gestalt von zentraler Bedeutung zu behandeln.[62] Die Mystik des Islam steht verwandten Erscheinungen im Judentum und Christentum nahe. Deshalb lässt sich im jüdisch-christlich-muslimischen Kontext die religiöse Identität einer zufällig ausgewählten Passage häufig nicht zurückverfolgen. Der Jesus des Sufismus ist vom Jesus der biblischen Evangelien nicht leicht zu unterscheiden. Ein Grund ist zweifellos die wachsende Vertrautheit muslimischer Gelehrter mit den biblischen Evangelien.[63] Außerdem fügte sich, wie die folgenden Beispiele deutlich machen, der Jesus der Evangelien gut in die Rolle eines Sufi-Predigers ein: »Jesus predigte zu den Israeliten. Sie weinten und begannen ihre Kleider zu zerreißen. Jesus sagte: ›Welche Sünden haben eure Kleider begangen? Wendet euch besser euren Herzen zu und tadelt sie.‹« »Jeder geschlagene Mensch wird am Tag des Jüngsten Gerichts gerächt werden, außer dem Menschen, der von der Welt geschlagen wird, die sich selbst an ihm rächen wird.«[64] Wenn einige moderne christliche Forscher des Westens davor warnen, den koranischen Epitheta Jesu als das »Wort« und den »Geist Gottes« übermäßige Bedeutung beizumessen, so ist zu betonen, dass diese beiden Epitheta in Sufi-Texten für die Struktur des Jesusbildes ohne Zweifel zentral sind. Und in der Tat erfindet der große Sufi-Meister Ibn ʿArabi (gest. 638/1240) einen neuen Ehrentitel für Jesus: »Das Siegel der Heiligen« (*Khatam al-Awliyaʿ*)[65].

So gewinnen die Aussprüche Jesu in klassischen Sufi-Texten wie *Qut al-Qulub* von Abu Talib al-Makki (gest. 386/996) und *Hilyat al-Awliyaʿ* von Abu Nuʿaym al-Isfahani (gest. 430/1039) eine neue Dimension. Zur Zeit Ghazalis (gest. 505/1111), dessen bedeutendes Werk *Ihyaʿ ʿUlum al-Din* (Die Wiederbelebung der Wissenschaften von der Religion) unter allen arabisch-islamischen Texten die größte Zahl von Jesus zugeschriebenen Aussprüchen enthält, wurde Jesus im sufischen Bewusstsein als Prophet des Herzens *par excellence* aufbewahrt. In den ethischen Abschnitten von *Ihyaʿ* vertritt Ghazali die Auffassung, dass ein volles Verständnis der Mysterien des Herzens und seiner innersten Natur den Rahmen des menschlichen Verstandes sprengt. Daher rührt das Bedürfnis nach Metaphern und Gleichnissen (*amthal*), um diese Mysterien auszudrücken. Von daher erklärt sich auch die herausragende Stellung der Aussprüche Jesu, die das menschliche Herz auf höchst intuitive Weise erfassen. Jesus ist für die Sufis selbstverständlich nicht allein maßgebend. Da ist zunächst einmal Mohammed, der erste Urheber des Sufi-Geistes. Es folgt Ali, der von Ghazali als der profundeste Interpret Mohammeds beschrieben wird.[66] Des Weiteren sind die großen Sufi-Heiligen al-Juanyd, Sahl al-Tustari, Ibrahim ibn Adham und andere zu nennen. Aber die Aussprüche Jesu sind dicht und rhythmisch und kehren ständig an zentralen Punkten der moralischen Argumentation Ghazalis wieder, die viele Hadithe miteinander verknüpft.

Zu einer genaueren Beschreibung dieses besonderen Bildes des muslimischen Jesus empfiehlt es sich, kurz die Kapitel aus seinem Werk *Die Wiederbelebung der Wissenschaften von der Religion* zu betrachten, die Ghazali der menschlichen Seele widmet. Ghazali folgt Platon im Blick auf die Struktur der Seele und Aristoteles, was deren Aktivität anbelangt. Aber die platonisch-aristotelischen Elemente sind nur die Bausteine. Intention als reine Absicht (*niyya*) auf der einen und göttliche Allwissenheit auf der anderen Seite bestimmen im Wesentlichen das Feld, in dem sich die Seele bewegt. In gleicher Weise wesentlich ist der nie endende Kampf der Seele mit dem Satan. An einer Stelle vergleicht Ghazali die Seele mit einer Zielscheibe, die von allen Seiten mit Pfeilen durchbohrt ist, an einer anderen Stelle vergleicht er sie mit einer Festung, die vom Satan belagert wird. Die große Versuchung stellt für die Seele nicht das Laster, sondern die Zerstreuung dar. Einflüsterungen Satans enden nie, selbst für den Heiligsten nicht. Das Heilmittel liegt in einem Gott ununterbrochen zugewandten Herzen, das ständig auf der Hut vor Hast und Sorglosigkeit (*al-´ajala wa´l khiffa*) ist.

Aus diesen und anderen Gründen eignete sich Jesus im Vergleich zu den anderen Propheten besonders gut als moralisches Vorbild. So kann z. B. sein Kampf mit Satan, der in den Evangelien an exponierter Stelle erscheint, entscheidend zur Ausbildung eines entsprechenden frühchristlichen Bewusstseins beigetragen haben, von wo aus es untergründig in den Sufismus Eingang gefunden haben mag.[67] Ghazali zitiert nicht nur in großer Zahl Jesusaussprüche und -erzählungen, sondern kommentiert sie auch: »Es wird berichtet, dass Jesus einmal seinen Kopf auf einen Stein gelegt hatte, um sich auszuruhen. Satan kam vorbei und sagte: ›Ich sehe, Jesus, dass du schließlich doch etwas gefunden hast, was du in dieser Welt begehrst!‹ Jesus nahm den Stein, der unter seinem Kopf lag, und sagte, als er ihn auf Satan warf: ›Nimm das und die Welt mit ihm!‹« Ghazali kommentiert nun folgendermaßen: »In der Tat besitzt der, der einen Stein besitzt, um ihn als Schlafkissen zu benutzen, schon etwas in der Welt, das Satan gegen ihn verwenden kann. Ein Mensch, der die Nacht mit Beten zubringt und in der Nähe einen Stein findet, auf den er seinen Kopf legen kann, mag immer versucht sein, zu schlafen und seinen Kopf auf ihn zu legen. Gäbe es keinen Stein, wäre ihm das nicht widerfahren. Und das alles wegen eines Steins! Kannst du dir die Lage eines Menschen vorstellen, der kostbare Kissen, Betten und schöne Gärten besitzt? Wann sollte ein solcher Mensch je das Bedürfnis verspüren, Gott zu verehren?«[68]

Schlussbemerkungen

In dieser Einleitung habe ich versucht, das muslimische Evangelium in einen weiten kulturellen und historischen Kontext einzubetten. Einige Punkte bedürfen allerdings noch der Klärung.

Der erste Punkt betrifft die islamischen Elemente in diesem Evangelium. Jesus wird immer als muslimischer Prophet identifiziert. Dessen muss man sich stets bewusst sein, denn schließlich gewinnt er in islamischer Umwelt Gestalt. In verschiedenen Erzählungen liest er aus dem Koran vor und erklärt ihn, betet er, wie es die Muslime tun, und pilgert er nach Mekka. Verschiedene Aussprüche unterstreichen nicht nur sein Menschsein, sondern auch seine Hilflosigkeit. Es gibt aber auch einige Aussprüche und Erzählungen, die wie die Geschichte von Jesus und dem Schwein nicht völlig mit dem durchschnittlichen muslimischen

Bewusstsein im Einklang stehen: »Ein Schwein ging an Jesus vorbei. Jesus sagte zu ihm: ›Geh in Frieden.‹ Man fragte ihn: ›Geist Gottes, wie kannst du das zu einem Schwein sagen?‹ Jesus erwiderte: ›Ich verabscheue es, meine Zunge an Böses zu gewöhnen.‹«[69] Es gibt sogar eine Erzählung, die das letzte Gebet Jesu am Kreuz wiedergibt, und eine andere, in der Jesus einem Mann in einem Traum bestätigt, dass er tatsächlich gekreuzigt worden ist. Es hat den Anschein, als bewahre der muslimische Jesus eine gewisse Distanz zur strengen Orthodoxie seiner Schöpfer. Traditionen aus der Zeit Mohammeds unterstreichen dessen besondere Nähe zu Jesus, denn es heißt, dass kein Prophet in der Zeit zwischen ihnen gesandt wurde. Eine bekannte Episode aus dem Leben Mohammeds berichtet, wie Mohammed, nachdem er triumphierend in Mekka eingezogen war und die Zerstörung aller Götzenbilder angeordnet hatte, in der Ka´ba auf ein Bild der Jungfrau Maria mit dem Jesuskind stieß. Er bedeckte es mit seinem Umhang und befahl, alle Bilder mit Ausnahme dieses einen Bildes zu zerstören. Diese Tat beschreiben die Quellen als Akt besonderer Verehrung.

Der zweite Punkt betrifft die Bedeutung des muslimischen Evangeliums für die Vergleichende Religionswissenschaft. Der islamische Jesus ist schließlich doch ein zusammengesetztes Bild, das in einer bestimmten Umgebung verarbeitet und überliefert wurde. Aber selbst wenn wir ihn als künstliche Schöpfung betrachten, scheint er ein ungewöhnliches Beispiel für die Art und Weise zu sein, in der eine Religion Anleihen bei einer anderen Religion macht, um den eigenen Glauben zu untermauern. Dieses Phänomen verdient es, unter religions- und ideengeschichtlichen Gesichtspunkten erforscht zu werden.

Neben den Kontakten zwischen Islam und Christentum, die es auf der historischen Ebene offenbaren mag, lehrt es uns möglicherweise auch heute noch etwas darüber, wie interagierende religiöse Kulturen einander bereichern und lernen zu koexistieren.

Dieser Interaktionsprozess scheint eine tiefere religiöse bzw. theologische Realität zu verdecken, nämlich das Bedürfnis des Christentums und des Islams nach Komplementarität. Der islamische Jesus des muslimischen Evangeliums mag eine Konstruktion sein. Uns mag es auch gelingen zu entdecken, wie es auf den vorausgehenden Seiten versucht wurde, wer ihn konstruiert hat und warum. Dennoch bleibt er eine überragende religiöse Gestalt aus eigenem Recht, die sich wie mühelos über zwei religiöse Welten erhebt: die eine, die ihn hegte, und die andere, die ihn sich zueigen machte. Angesichts der aktuellen Spannungen zwischen Christentum und Islam in einigen Regionen des Mittleren Ostens und der Welt ist es wohltuend, an eine Zeit zu erinnern, in der sich Christen und Muslime mit größerer Offenheit und Bewusstheit begegneten.

Daran soll das hier zusammengestellte muslimische Evangelium, das den Vorzug hat, von einiger Bedeutung und Neuheit zu sein, »erinnern« (ein Begriff, der dem Koran sehr am Herzen liegt). Auf der einen Seite ist Jesus der Christologie enthoben, auf der anderen Seite wird er mit Eigenschaften ausgestattet, die ihn zu einer übergeschichtlichen, sogar metareligiösen Instanz machen. In seiner muslimischen Umgebung wird Jesus sehr verehrt und geliebt. Er trägt das Kennzeichen der koranischen *nubuwwah*, der koranischen Prophetie, aber in dem Maß, in dem er in die islamische Tradition eingeht, hört er auf, ein Argument zu sein, und wird er zu einer lebendigen moralischen Stimme, die von allen gehört werden will, die nach einer Einheit im Bekenntnis suchen.

Jesus und der tote Hund, Miniatur von Talib-Lala, um 1665
(vgl. Ausspruch Nr. 127)

Aussprüche und Erzählungen

Ein Wort zu den Kommentaren

In der Regel habe ich die früheste Version jedes Ausspruchs und jeder Erzählung ausgewählt, aber ich habe auch Hinweise auf Zitate in späteren Quellen in ungefährer chronologischer Abfolge hinzugefügt. Darüber hinaus habe ich jeweils Hinweise auf drei große Sammlungen dieser Aussprüche und Erzählungen gemacht:

> *Miguel Asín y Palacios,* »*Logia et agrapha domini Jesu apud moslemicos scriptores, asceticos praesertim, usitata,*« Patrologia Orientalis, 13 (1919), 335–431 und 19 (1926), 531–624.

> *Hanna Mansur,* »*Aqwal al-Sayyid al Masih ῾ind al kuttab al-muslimin al-aqdamin*« *[Die Aussprüche Christi bei alten muslimischen Autoren],* Al-Masarra (1976), 45–51, 115–122, 231–239, 356–364; ibid. (1977), 107–113; ibid. (1978), 45–53, 119–123, 221–225, 343–346, 427–432, 525–528, 608–611.

> *James Robson,* Christ in Islam *(London: Allen and Unwin, 1929).*

Die Abkürzung EI 2 bezieht sich auf die *Encyclopaedia of Islam,* neue Ausgabe von H. A. R. Gibb et al. (Leiden: Brill, 1960–).

Wo Ausgaben oder Texte fehlerhaft waren, habe ich dies in den Hinweisen und Kommentaren angegeben.

Bei Jahresangaben wie »131/748« oder »erstes/siebtes Jahrhundert« bezieht sich die Zahl vor dem Querstrich auf die islamische Zählung (*anno hegirae* bzw. A. H.), während sich die Zahl hinter dem Querstrich auf die christliche Zählung (*anno domini* bzw. A. D.) bezieht.

Ich habe die Kommentare so kurz wie möglich gefasst und dabei vor allem versucht, die Aussprüche in ihren islamischen Kontext einzuordnen und der Frage nachzugehen, wie sie das muslimische Publikum rezipiert haben mag. Da wo es möglich ist, stelle ich Parallelen zu ihnen in den biblischen Evangelien, den Apokryphen und anderen literarischen Texten des Nahen Ostens und darüber hinaus zur Diskussion. In einigen wenigen Fällen habe ich auf Kommentare verzichtet, weil ich sie nicht für notwendig hielt. Wenn Leser den Ursprung eines dieser Aussprüche ermitteln können, werden sie, wie ich hoffe, umso interessierter an dem Gesamtkorpus sein.

Die Kommentare, die Asín im Anhang seiner Sammlung anbietet, sind in lateinischer Sprache verfasst und daher von begrenzter Zugänglichkeit. Das ist bedauerlich, zumal viele seiner Kommentare auch heute noch von hohem Wert sind. An verschiedenen Stellen habe ich den Leser auf diese Kommentare hingewiesen.

Den Ursprung von fünf Aussprüchen konnte ich nicht zurückverfolgen. In diesen Fällen habe ich entsprechende Hinweise auf Asín gegeben.

1

Jesus sah einen Menschen, der einen Diebstahl beging. Jesus fragte ihn: »Hast du einen Diebstahl begangen?« Der Mann antwortete: »Niemals. Ich schwöre bei dem der verehrungswürdiger als jeder andere ist.« Jesus sagte: »Ich glaube an Gott und strafe meine Augen Lügen.«

Hammam ibn Munabbih (gest. 131/748), *Sahifat Hammam ibn Munabbih*, S. 34, Nr. 41. Cf. Muslim, *Sahih*, 7:97; al-Turtushi, *Siraj al-Muluk*, S. 434; Ibn al-Salah, *Fatawa wa Masa´il ibn al-Salah*, 1:18; Majlisi, *Bihar al-Anwar*, 14: 702 (Variante); (Asín, S. 579; Mansur, Nr. 208; Robson, S. 59).

Hammam ibn Munabbih war der Bruder des Wahb, der bekannten, halblegendären Autorität auf dem Gebiet der vorislamischen Altertümer. Die Hadithsammlung, der diese Jesuserzählung entnommen wurde, ist nach Auffassung ihres modernen Herausgebers die älteste erhaltene Hadithsammlung. Demnach zirkulierten in muslimischen Kreisen Jesuserzählungen also bereits im ersten/siebten Jahrhundert.

Die Erzählung scheint den Vorrang des Glaubens vor jeder Sünde, selbst der *in flagranti* beobachteten, nahe zu legen. Möglicherweise legt sie aber auch nahe, sich zur Aufrechterhaltung des sozialen Friedens eines Urteils zu enthalten und damit im Zweifel für den Sünder zu entscheiden. Die Erzählung könnte daneben politische Implikationen gehabt haben: Herrscher sollten selbst dann Gottes Urteil überlassen werden, wenn sie offenkundige Sünder sind.

2

Jesus sagte: »Selig ist, wer seine Zunge hütet, wessen Haus seinen Bedürfnissen genügt und wer wegen seiner Sünden weint.«

´Abdallah ibn al-Mubarak (gest. 181/797), *Kitab al Zuhd wa al-Raqa´iq*, S. 40–41, Nr. 124. Cf. Ibn Abi al-Dunya, *Kitab al-Samt wa Adab al-Lisan*, S. 189–190, Nr. 15; Ibn Hanbal, *Kitab al-Zuhd*, S. 229, Nr. 850 (´Abdallah b. ´Umar an Stelle von Jesus); al-Qushayri, *al-Risala*, S. 68 (der Prophet Mohammed an Stelle von Jesus); Ibn ´Asakir, *Sirat*, S. 151, Nr. 158; al-Zabidi, *Ithaf al-Sada al-Muttaqin*, 7:456 (leichte Veränderung der Reihenfolge); (Asín, S. 597, Nr. 217; Mansur, Nr. 254; Robson, S. 61).

´Abdallah ibn al-Mubarak war ein bekannter Hadithgelehrter, der ein besonderes Interesse an asketischen Traditionen hatte. Zu seinem Leben und

Werk, aber auch zum problematischen Manuskript des Werkes, dem einige Aussprüche entstammen, vgl. die im Literaturverzeichnis zitierte Einleitung des modernen Herausgebers zu Ibn al-Mubaraks *Kitab al-Zuhd*.

Der Ausspruch erinnert an den Ton der Bergpredigt. Die Formulierung »Selig (gesegnet, glücklich) ist« (arabisch *tuba*), die in verschiedenen Aussprüchen vorkommt, zielt auf eine getreue Reproduktion des Redestils Jesu ab.

Jesus sagte zu seinem Volk: »Sprecht nicht viel, ohne Gottes zu gedenken, sonst werden eure Herzen hart; denn ein hartes Herz ist weit von Gott entfernt, aber ihr wisst es nicht. Untersucht die Sünden von Menschen nicht, als wäret ihr Herren, sondern untersucht sie, als wäret ihr Diener. Es gibt zwei Sorten von Menschen: die kranken und die gesunden. Seid gütig zu den Kranken, und dankt Gott für Gesundheit.«

'Abdallah ibn al-Mubarak (gest. 181/797), *al-Zuhd*, S. 44, Nr. 135. Cf. Abu Rifa'a, *Kitab Bad' al-Khalq*, S. 196; Ibn 'Abd Rabbihi, *al-'Iqd al-Farid*, 3: 313 (Asín, S. 541, Nr. 112; Mansur, Nr. 10; Robson, S. 51–52, zum Teil); siehe auch: al-Samarqandi, *Tanbih al-Ghafilin*, S. 139 (Asín, S. 558, Nr. 142; Mansur, Nr. 42; Robson, S. 55–56); Abu Nu'aym, *Hilyat al-Awliya'*, 6:58; Ibn 'Asakir, *Sirat*, S. 162, Nr. 178 ff.

Verschiedene Gebote werden hier miteinander verschmolzen: »schwatze nicht«, aber auch sehr deutlich »streite nicht«. Darin kommt eine koranische Haltung zum Ausdruck. Die Hartherzigen werden durch den Austausch von Argumenten und Gegenargumenten zu dem, was sie sind. Dies erzeugt Starrsinn und eventuell gar Häresie. »Aber ihr wisst nicht« (arabisch *walakin la ta'lamun*) ist ebenfalls eine koranische Wendung. Das nächste Gebot über Herren und Diener warnt vor einem moralischen Urteil und spielt möglicherweise auf frühe puritanische muslimische Sekten wie die Kharidschiten an, die gegenüber großen Sündern, die sie zu Ungläubigen erklärten, eine kompromisslose Haltung einnahmen.

Jesus sagte: »Wenn einer von euch einen Fasttag hat, dann lasst ihn sich seinen Kopf und seinen Bart einfetten und seine Lippen abwischen, damit die Leute nicht merken, dass er fastet. Wenn er mit der rechten Hand gibt, lasst es ihn mit der linken Hand verstecken. Wenn er betet, lasst ihn den Türvorhang herunterziehen, denn Gott teilt Lob zu, wie er es ist, der den Lebensunterhalt zuteilt.«

ʿAbdallah ibn al-Mubarak (gest. 181/797), *al-Zuhd*, S. 48–49, Nr. 150. Cf. al-Ghazali, *Ihyaʾ*, *ʿUlum al-Din*, 3:287; Ibn ʿAsakir, *Sirat*, S. 175, Nr. 201 (Asín, S. 389, Nr. 55; Mansur, Nr. 137; Robson, S. 46).

Der Ausspruch verweist auf das Matthäusevangelium (Matthäus 6:16–18 und 6:1–6). Hier wie dort werden Scheinheilige zur Zielscheibe der Kritik gemacht. Deutlich ist, dass die Evangelienzitate islamisiert werden. Der letzte Satz »denn Gott teilt Lob zu, wie er es ist, der den Lebensunterhalt zuteilt« erweckt den Eindruck, mit dem Vorausgehenden unverbunden zu sein, was wohl Folge des Islamisierungsprozesses ist.

Gabriel begegnete Jesus und sagte zu ihm: »Friede sei über dir, Geist Gottes.« »Und über dir Friede, Geist Gottes«, sagte Jesus. Dann fragte Jesus: »Oh, Gabriel, wann wird die Stunde des Gerichts kommen?« Gabriels Flügel rauschten, und er erwiderte: »Der Befragte weiß darüber nicht mehr als der Fragende. Sie lastet schwer im Himmel und auf der Erde; sie wird einmal (ganz) plötzlich über euch kommen.« Und außerdem sagte er: »Über sie weiß nur Gott Bescheid.«

ʿAbdallah ibn al-Mubarak (gest. 181/797), *al-Zuhd*, S. 77, Nr. 228. Cf. Quʾran 7:187; (Asín, S. 585, Nr. 198; Mansur, Nr. 244; Robson, S. 92).

Diese Erzählung scheint eine Umgestaltung des Koranverses 7:187 zu sein, in dem Mohammed die über die Stunde des Gerichts befragte Person ist. Die beiden Sätze »Sie lastet ... kommen« und »Über sie ... Bescheid« sind direkte Zitate aus diesem Koranvers. Die Erzählung macht deutlich, dass Jesus über keine besonderen übermenschlichen Kräfte und kein übermenschliches Wissen verfügt. Zu dieser Erzählung gibt es eine Parallele im Hadith, in der jemand Mohammed nach der Stunde des Gerichts fragt und den Satz zur Antwort erhält: »Der Befragte weiß darüber nicht mehr als der Fragende.«

6

Wann immer in Jesu Gegenwart die Stunde des Gerichts erwähnt wurde, jammerte er und sagte: »Der Sohn der Maria kann nicht ruhig bleiben, wenn in seiner Gegenwart von der Stunde des Gerichts die Rede ist.«

'Abdallah ibn al-Mubarak (gest. 181/797), *al-Zuhd*, S. 77–78, Nr. 229. Cf. Ibn 'Asakir, *Sirat*, S. 121, Nr. 100.

Diese Erzählung zieht aus der vorausgehenden die Lehre. Sie betont ebenfalls die menschliche Begrenztheit Jesu. Auch er kennt die Stunde des Gerichts nicht. Wie jeder andere Mensch ist er ihren Schrecken ausgeliefert.

7

Jesus sagte zu seinen Jüngern: »Nehmt keinen Lohn von denen, die ihr unterrichtet, außer den Lohn, den ihr mir gabt. Salz der Erde, werde nicht verdorben. Alles kann, wenn es verdorben wird, mit Salz behandelt werden, aber wenn das Salz verdorben wird, gibt es kein Heilmittel. Wisst, dass ihr zwei Merkmale der Dummheit besitzt: grundloses Gelächter und Schlaf bis in den Morgen hinein.«

'Abdallah ibn al-Mubarak (gest. 181/797), *al-Zuhd*, S. 96, Nr. 283. Cf. Ibn Hanbal, *al-Zuhd*, S. 144, Nr. 478, S. 147, Nr. 491; al-Samarqandi, *Tanbih*, S. 70 (Umstellung der Reihenfolge) (Asín, S. 553, Nr. 132; Mansur, Nr. 32; Robson, S. 54–55); Ibn 'Abd al-Barr, *Jami' Bayan al-'Ilm*, 1:185 (nicht Jesus); Ibn 'Asakir, *Sirat*, S. 190, Nr. 231.

Der Gedanke, dass ein wahrer Lehrer unentgeltlich unterrichtet, ist mindestens so alt wie Sokrates. Er ist auch in der jüdischen Tradition, den Evangelien und islamischen Ethiken anzutreffen. Der Satz »Ich verlange von euch keinen Lohn dafür [dass ich euch die Offenbarung verkünde]« kommt fünfmal in der 26. Sure des Korans vor. Das »Salz der Erde« stammt aus den Evangelien (Matthäus 5:13 parr.), aber hier wird die Lehre deutlicher ausgeführt. In der Tat führen viele Aussprüche im muslimischen Evangelium aus und interpretieren, was in den Evangelien als Allegorie in der Schwebe ist. Der letzte Satz »Wisst ... hinein« soll wahrscheinlich den Gläubigen dazu anhalten, die Nacht mit Gebeten zu verbringen. Vermutlich hat Ibn al-Mubarak drei verschiedene Aussprüche zu einem verschmolzen. Zu einer ähnlichen Verurteilung des Schlafes bis in den Morgen vergleiche den zur Mischna gehörigen Traktat *Pirkey Aboth* in J. H. Hertz, *Sayings of the Fathers* (London: East and West Library, 1952), S. 45, Nr. 14.

8

Jesus sagte zu seinen Jüngern: »So wie Könige euch Weisheit überlassen haben, sollt ihr ihnen die Welt überlassen.«

´Abdallah ibn al-Mubarak (gest. 181/797), *al-Zuhd*, S. 96, Nr. 284. Cf. Ibn Hanbal, *al-Zuhd*, S. 144, Nr. 475; al-Samarqandi, *Tanbih*, S. 190 (ausführlichere Version); Ibn ´Asakir, *Sirat*, S. 135, Nr.123. (Asín, S. 563, Nr. 147; Mansur, Nr. 48; Robson, S. 90).

Ein wichtiger früher politischer Ausspruch, der möglicherweise auf das Gebot der Evangelien »Gebt dem Kaiser, was des Kaisers ist« (Matthäus 22:21 parr.) verweist. Der Ausspruch weist auf einen Gegensatz hin, der für die islamische Geschichte von zentraler Bedeutung werden sollte: Könige versus ´ulama´. Der Ausspruch legt eine Art Arbeitsteilung zwischen Königen und Religionsgelehrten nahe. Die Welt den Königen zu überlassen ist politisch natürlich quietistisch, aber der übergeordnete historische Kontext ist der schwelende Streit zwischen frühen ´ulama´ und Kalifen, der sich am Beispiel des archetypischen Lebenswegs eines berühmten asketischen Gelehrten wie al-Hasan al-Basri (gest. 110/728) verdeutlichen lässt. Siehe für weitere Informationen *EI* 2. Verschiedene Jesusaussprüche werden, wie an entsprechender Stelle später angegeben, ebenfalls al-Hasan zugeschrieben.

9

Jesus sagte: »Sohn Adams, wenn du eine gute Tat tust, versuche sie zu vergessen, denn sie dauert fort mit dem, der sie nicht vergessen wird.« Dann trug er folgenden Koranvers vor: »›Wir vergessen nicht, demjenigen den Lohn zu geben, der eine gute Tat vollbringt.‹ Wenn du eine böse Tat verübst, halte sie dir immer vor Augen.« Ibn al-Warraq sagte: »In Augennähe.«

´Abdallah ibn al-Mubarak (gest. 181/797), *al-Zuhd*, S. 101, Nr. 301. Cf. Ibn ´Asakir, *Sirat*, S. 168, Nr. 190.

Der erste Satz zeugt von einer ähnlichen Haltung wie die Weisung des Evangeliums, Nächstenliebe im Verborgenen zu üben (vgl. Matthäus 6:1–4). Dass Jesus einen Koranvers vorträgt, ist in einem muslimischen Kontext nicht ungewöhnlich, schließlich ist der Koran *das* Buch und sind alle Propheten im Koran Muslime. Der Kommentar von Ibn al-Warraq ist eine spätere Glosse. Die beiden folgenden Aussprüche enthalten ebenfalls eine Glosse.

Zu weiteren Informationen über Ibn al-Warraq (gest. 378/988) siehe S. 21 der Einleitung des Herausgebers zu Ibn al-Mubaraks *Kitab al-Zuhd*.

10

Jesus sagte: »Oh Jünger, sucht die Liebe Gottes durch eure Abscheu vor Sündern; sucht ihm nahe zu sein, indem ihr [tut], was euch von ihnen entfernt; und sucht seine Gunst, indem ihr gegen sie aufgebracht seid.« Er (Malik) sagte: »Ich weiß nicht, mit welchem (Gebot) er begann.« Sie sagten: »Geist Gottes, wem sollen wir denn dann Gesellschaft leisten?« Er erwiderte: »Leiste dem Gesellschaft, dessen Blick dich an Gott erinnert, dessen Rede dein Wissen vermehrt, dessen Taten ein Leben nach dem Tod wünschenswert machen.«

´Abdallah ibn al-Mubarak (gest. 181/797), *al-Zuhd*, S. 121, Nr. 355. Cf. Al-Jahiz, *al-Bayan wa al-Tabyin*, 1:399 und 3:175; Ibn Abi´l Dunya, *Kitab al-Awliya´* in *Mawsu´at Rasa´il*, 4:17, Nr.25 (partiell, Mohammed zugeschrieben); Ibn ´Abd Rabbihi, *al-´Iqd*, 3:143 (nur der letzte Teil) (Mansur, Nr. 7); Ibn ´Abd al-Barr, *Jami´*, 1:126; al-Ghazali, *Ihya´*, 2:157; Ibn ´Asakir, *Sirat*, S. 179, Nr. 208 ff. (Asín, S. 358, Nr. 15; Mansur, Nr. 100; Robson, Nr. 43–44).

Dem Jesus der Evangelien, der mit Sündern verkehrt, begegnet man nicht häufig im muslimischen Evangelium, in dem Jesus deutlich asketischere Züge aufweist. Vergleiche aber Ausspruch Nr. 81.

»Malik« ist Malik ibn Mighwal (gest. 159/775–776), ein früher Traditionarier aus Kufa, der viele Jesusaussprüche überlieferte. Ein Teil dieses Ausspruchs kommt auch im mohammedanischen Hadith vor. Vgl. Ibn Abi´l Dunya, a.a.O. In der arabischen Weisheitsliteratur werden ähnliche Aussprüche Luqman, einem vorislamischen Weisen, zugeschrieben, dem die 31. Sure des Korans ihren Namen verdankt. Luqman ist vor allem für seine ausführlichen Ermahnungen an seinen Sohn bekannt, von denen zwei dem Ausspruch 10 ähneln; s. al-Mubashshir ibn Fatik, *Muktar al-Hikam*, S. 271, 275.

11

Jesus pflegte seinen Anhängern zu sagen: »Betrachtet Moscheen als euer Heim und Häuser als (bloße) Zwischenstationen. Esst von den Pflanzen der Wildnis und entflieht dieser Welt in Frieden.« Sharik sagte: »Ich erwähnte dies Sulayman gegenüber, der hinzufügte: ›und trinkt reines Wasser‹.«

<small>´Abdallah ibn al-Mubarak (gest. 181/797), *al-Zuhd*, S. 198, Nr. 563. Cf. Ibn ´Abd Rabbihi, *al-´Iqd*, 3:143; Ibn ´Asakir, *Sirat*, S. 138, Nr. 128 (Asín, S. 541, Nr. 111; Mansur, Nr. 9; Robson, S. 73).</small>

Dieser Ausspruch beinhaltet ein frühes Bild von Jesus als einem wandernden Asketen, der nichts besitzt, umherzieht und von Feldfrüchten lebt. Es wird in späteren Aussprüchen weiterentwickelt und sollte zum dominanten Porträt des Lebenswegs Jesu in der muslimischen Literatur werden. Der Gedanke, dass der Gläubige ein Pilger auf dieser Erde ist, entspricht den Evangelien, aber der Welt »in Frieden« zu entfliehen (oder vielleicht »unversehrten Glaubens«) ist ein hervorstechendes Merkmal des muslimischen Jesus. »Trinkt reines Wasser« ist wahrscheinlich metaphorisch als »haltet euch rein« aufzufassen. Die Verehrungsstätten der Muslime sind selbstverständlich Moscheen (arabisch *masajid*).

Sharik (gest. 177/794) war ein berühmter Richter und Traditionarier. Sulayman ibn al-Mughira (gest. 165/781–782) war ein Traditionarier aus Basra.

12

Jesus sagte: »Bei einem geduldigen Menschen führt Unglück bald zu Wohlsein, bei einem Sünder führt Wohlsein bald zu Unglück.«

<small>´Abdallah ibn al-Mubarak (gest. 181/797), *al-Zuhd*, S. 222, Nr. 627. Cf. Ibn ´Asakir, *Sirat*, S. 198, Nr. 241.</small>

Geduld ist in vielen religiösen Traditionen ein Merkmal der Askese. Die hier beschriebene Gesinnung ist für Weisheiten nahöstlichen Ursprungs charakteristisch, die nur schwer mit einer einzigen kulturellen Tradition zu identifizieren sind. Man kann sogar auch ein gewisses stoisches Element in diesem Ausspruch entdecken.

13

Jesus sagte: »Vier [Eigenschaften] sind es, die, begegnen sie in einer Person, Erstaunen machen: Schweigen, das den Beginn der Gottesverehrung darstellt, Demut vor Gott, Enthaltsamkeit gegenüber der Welt und Armut.«

´Abdallah ibn al-Mubarak (gest. 181/797), *al-Zuhd*, S. 222, Nr. 629. Cf. Ibn Abi al-Dunya, *al-Samt*, S. 573–574, Nr. 647; al-Samarqandi, *Tanbih*, S. 77 (leichte Variation); Ibn ´Asakir, *Sirat*, S. 142, Nr. 139 (Asín, S. 554; Mansur, Nr. 35; Robson, S. 55).

Eine solche Aufzählung von Eigenschaften ist typisch für den Stil des Adab (schöne Literatur); sie ist ein mnemotechnischer Kunstgriff, der zu erzieherischen Zwecken angewendet wird. Dieser Ausspruch wurde auch Mohammed zugeschrieben.

14

Jesus kam an Ruinen vorbei und sagte: »Ruine aus Ruinen!« Und außerdem sagte er: »Oh Ruine, wo sind deine Menschen?« Etwas aus den Ruinen antwortete ihm: »Geist Gottes, sie sind gestorben, bemühe dich also selbst um Gott.« Und außerdem sagte die Stimme: »Der Ratschluss Gottes war im Ernst (erfolgt), also musst auch du Gott im Ernst suchen.«

´Abdallah ibn al-Mubarak (gest. 181/797), *al-Zuhd*, S. 225, Nr. 640. Cf. Ibn Hanbal, *al-Zuhd*, S. 282, Nr. 1057 (´Abdallah b. ´Umar anstatt Jesus); Ibn ´Asakir, *Sirat*, S. 183, Nr. 215.

Im muslimischen Evangelium gibt es mehrere Erzählungen, in denen Jesus zu Ruinen spricht und die Natur befragt. Dies ist ein weiterer seltsamer Zug des muslimischen Jesus, der sowohl an Bilder von verfallenen Wohnungen im Koran als auch an ähnliche Begegnungen Mohammeds mit Ruinen im Hadith erinnert. Der Zusammenhang mit Askese ist deutlich; es kann aber auch die Absicht bestimmend gewesen sein, Jesus stärker mit Mohammed und dessen prophetischen Erfahrungen zu verbinden. Dies gilt insbesondere, wenn man den häufig zitierten Hadith über den Propheten Mohammed berücksichtigt, nach dem Jesus der Prophet ist, der ihm am nächsten ist. Siehe z. B. Ibn ´Asakir, *Sirat*, S. 54–55, Nr. 43.

15

Jesus sagte: »Strebt nach dem Wohl Gottes und nicht nach dem Wohl eurer Mägen. Seht die Vögel an, wie sie kommen und gehen. Weder säen sie noch pflügen sie, und Gott sorgt für sie. Wenn ihr sagt: ›Unsere Mägen sind größer als die Mägen von Vögeln‹, dann seht die großen Tiere an, wild oder zahm, wie sie kommen und gehen, die weder säen noch pflügen, und Gott sorgt auch für sie. Hütet euch vor den Ausschweifungen der Welt, denn die Ausschweifungen der Welt sind in Gottes Augen eine Schändlichkeit.«

ʿAbdallah ibn al-Mubarak (gest. 181/797), *al-Zuhd*, Anhang S. 291, Nr. 848. Cf. Ibn Abi al-Dunya, *Kitab al-Qanaʿa* in *Mawsuʿat Rasaʾil*, 1:71, Auszug Nr. 173; al Samarqandi, *Tanbih*, S. 168 (Variante); (Asín, S. 563, Nr.146; Mansur, Nr. 47; Robson, S. 72–73); Abu Hayyan, *al-Imtaʿ wa al-Muʾanasa*, 2:217; al-Ghazali, *Ihyaʾ*, 4:260 (leichte Variation) (Mansur, Nr. 163); Ibn ʿAsakir, *Sirat*, S. 166, Nr. 187.

Der Kern dieses Ausspruchs stammt aus dem Matthäusevangelium (6:26). Hier wird die Lehre jedoch explizit ausgeführt. Vergleiche Ausspruch Nr. 7. Die islamische Version umklammert den Ausspruch mit einem Satz am Anfang (»Strebt nach dem Wohl Gottes ...«) und einem weiteren am Ende (»Hütet euch vor den Ausschweifungen der Welt ...«).

16

Jesus wandte sich in der Nacht, in der er zum Himmel erhoben wurde, an seine Anhänger und sagte: »Bestreite deinen Lebensunterhalt nicht aus dem Buch Gottes. Wenn du es nicht tust, wird dich Gott (dereinst) auf Sitzplätze setzen, von denen ein einziger Stein besser ist als die Welt und alles, was in ihr ist.« ʿAbd al-Jabbar sagte: »Dies sind die Sitze, die Gott im Koran anspricht: ›Auf einem guten Sitzplatz in Gegenwart eines mächtigen Königs.‹« Darauf wurde Jesus zum Himmel erhoben.

ʿAbdallah ibn al-Mubarak (gest. 181/797), *al-Zuhd*, S. 507, Nr. 1147.

Vgl. Ausspruch Nr. 7. Zu der am Ende dieses Ausspruchs eingefügten Glosse siehe Koran 54:55. Die Sitzplätze, auf die hier Bezug genommen wird, befinden sich natürlich im Paradies. ʿAbd al Jabbar ibn Salman (gest. 112/730) war ein Hadithgelehrter, vermutlich christlicher Herkunft.

17

Man fragte Jesus: »Geist und Wort Gottes, wer wiegelt die Menschen am stärksten auf?« Er erwiderte: »Ein irrender Gelehrter. Wenn ein Gelehrter irrt, irrt seinetwegen eine Menge Menschen.«

<small>ʿAbdallah ibn al-Mubarak (gest. 181/797), *al-Zuhd*, S. 520, Nr. 1474. Cf. al-ʿAmiri, *al-Saʿada wa al-Isʿad*, S. 169; al-Makki, *Qut al-Qulub*, 1:174 (Asín, S. 545, Nr. 122; Mansur, Nr. 24; Robson, S. 52); al-Mawardi, *Adab al-Dunya wa al-Din*, S. 30; Ibn ʿAsakir, *Sirat*, S. 190, Nr. 232 (leichte Variante).</small>

Jesus wird hier wie auch in späteren Aussprüchen mit seinen koranischen Beinamen angesprochen. Dieser Ausspruch über Gelehrte ist von weitreichender politischer und theologischer Bedeutung: Gelehrte tragen eine sehr große öffentliche Verantwortung. In der frühabbasidischen Zeit entwickelten sie sich zu einer eigenen gesellschaftlichen Schicht. Die neuen Abbasidenkalifen warben in ihrem Bemühen, Unterstützung für die Dynastie zu finden, um Gelehrte. Diese nahmen sehr unterschiedliche Haltungen zum neuen Staat und seinen Legitimationsansprüchen ein. Der Ausspruch mahnt deutlich zu großer Zurückhaltung und enthält möglicherweise auch eine versteckte Kritik an Gelehrten, die sich freiwillig anboten, dem neuen Staat zu dienen, indem sie ihm ihr religiöses Wissen und ihr gesellschaftliches Ansehen allzu eifrig zur Verfügung stellten.

In der arabischen Weisheitsliteratur wird ein ähnlicher Ausspruch Hermes, der mit dem koranischen Propheten Idris identifiziert wird, zugeschrieben. Siehe Al-Mubashshir ibn Fatik, *Mukhtar al-Hikam*, S. 25 (»Der Irrtum eines Gelehrten lässt ein Schiff zerschellen; es sinkt und viele Menschen ertrinken.«). Siehe auch z. B. den zur Mischna gehörigen Traktat *Pirkey Aboth* in Hertz, *Sayings of the Fathers*, S. 60, N. 16.

18

Johannes, der Sohn des Zacharias, begegnete Jesus und sagte: »Sag mir, was bringt dem Menschen Gottes Gunst nahe und entfernt ihn von Gottes Zorn.« Jesus sagte: »Vermeide es, Zorn zu empfinden.« Johannes fragte: »Was weckt Zorn und was lässt ihn wiederkehren?« Jesus erwiderte: »Stolz, blinder Eifer, Hochmut und Verschwendungssucht.« Johannes sagte: »Lass mich eine andere Frage stellen.« »Frag, was du willst«, erwiderte Jesus. »Ehebruch, was erzeugt ihn und was lässt ihn wiederkehren?« »Ein Blick«, sagte Jesus, »der das Herz verleitet, sich dem Vergnügen und der Zügellosigkeit im Übermaß zuzuwenden, so dass Unachtsamkeit und Sünde zunehmen. Starre nicht auf das, was dir nicht gehört, denn das, was du nicht gesehen hast, könnte dich nicht weiser machen, und was du nicht hörst, wird dich nicht beunruhigen.«

´Abdallah ibn al-Mubarak (gest. 181/797), *al-Zuhd*, Anhang S. 12, Nr. 44. Cf. al-Turtushi, *Siraj*, S. 252; al-Ghazali, *Ihya´*, 3:168 (kürzere Version) (Asín, S. 366, Nr. 31; Mansur, Nr. 116; Robson, S. 45).

Im muslimischen Evangelium gibt es eine Reihe von Erzählungen mit Jesus und Johannes. Siehe auch die Aussprüche Nr. 39, 53, 54, 124, 236, 239 und 287 in diesem Band. Die Frage-und-Antwort-Form kommt in Adabwerken häufig vor. Das Motiv zweier weiser Männer, die Weisheitslehren austauschen, findet sich auch in der griechischen Literatur, in Erzählungen über Philosophen. Die Begegnung zwischen Jesus und Johannes erinnert an eine entsprechende griechische Begegnung. Siehe Ausspruch Nr. 124. Nach der islamischen Tradition waren Jesus und Johannes Vettern mütterlicherseits. Im Koran ist Unachtsamkeit (arabisch *ghafla*) häufig die Vorstufe zur Sünde.

19

Zu Lebzeiten Jesu gab es eine Dürre. Eine Wolke zog vorüber. Jesus schaute empor und sah einen Engel, der auf ihr schwebte. Er rief ihm zu: »Wohin?« »Zum Land, das dem So-und-So gehört«, erwiderte der Engel. Jesus ging weiter, bis er zu diesem Mann kam, der gerade Gräben mit einer Schaufel ausbesserte. Jesus fragte: »Wolltest du mehr?« – d. h. mehr Regen. »Nein«, sagte der Mann. »Wolltest du weniger?« »Nein«, sagte der Mann. »Was hast du mit deiner Ernte in diesem Jahr gemacht?« »Welche Ernte?«, sagte der Mann, »eine Seuche hat sie vernichtet.« »Was hast du im vergangenen Jahr gemacht?«, fragte Jesus. »Ich habe mein Land in drei Teile aufgeteilt: ein Drittel für Äcker, Vieh und Familie, ein Drittel für die Armen, Bedürftigen und Reisenden und ein Drittel für meinen eigenen Gebrauch.« Jesus sagte: »Ich weiß nicht, welches von diesen drei größere Belohnung verdient.«

ʿAbdallah ibn al-Mubarak (gest. 181/797), *al-Zuhd*, Anhang S. 32, Nr. 126. Der Text ist an mehreren Stellen fehlerhaft. Cf. Ibn Abi al-Dunya, *Kitab Islah al-Mal*, in *Mawsuʿat Rasaʾil*, 2:96, Auszug Nr. 322 (Variante).

Diese Erzählung, in der Jesus einem frommen geduldigen Bauern begegnet, ist die erste längere Erzählung. Die Art, wie der Bauer sein Vermögen verteilt, übertrifft die muslimischen Erfordernisse des Almosengebens und verdient deshalb sowohl die Belohnung durch den Engel als auch die Zustimmung Jesu. Ihrer Form nach zu urteilen, war diese Erzählung möglicherweise ursprünglich ein Gleichnis. Es wird jedoch nicht von Jesus erzählt, wie dies in den Evangelien der Fall ist, sondern in eine Erzählung umgewandelt, in der Jesus eine teilnehmende Figur ist, deren Aufgabe darin besteht, die Moral der Erzählung zu artikulieren. Das ist typisch für eine Reihe ähnlicher Erzählungen im muslimischen Evangelium.

Es gibt eine Erzählung über einen frommen christlichen ägyptischen Schäfer, die der Erzählung 19 sehr ähnlich ist. Siehe Benedicta Ward, Übers., *The Sayings of the Desert Fathers* (London: Mowbray, 1984), S. 60.

20

Die Jünger fragten Jesus: »Sag uns, wer ist Gott am ergebensten?« »Der, der sich um Gottes willen abmüht, ohne nach dem Lob der Menschen zu streben«, erwiderte Jesus. »Wer gibt einen aufrichtigen Rat um Gottes willen?«, fragten sie. »Der, der zuerst seine Pflichten Gott gegenüber erfüllt, bevor er seine Pflicht den

Menschen gegenüber erfüllt (und der) die Pflichten gegenüber Gott den Pflichten gegenüber den Menschen (vorzieht). Wenn er sich zwischen zwei Dingen entscheiden muss, den irdischen Dingen und dem Leben nach dem Tod, beginnt er mit dem, was das Leben nach dem Tod betrifft und lenkt seine Aufmerksamkeit erst danach auf diese Welt.«

ʿAbdallah ibn al-Mubarak (gest. 181/797), *al-Zuhd*, Anhang S. 34, Nr. 134. (Der Text wurde an einer Stelle rekonstruiert). Cf. Ibn ʿAsakir, *Sirat*, S. 171, Nr. 95.

Vgl. Nr. 4 und 9. Wie bereits erwähnt, verdankt die Frage-und-Antwort-Form viel dem Adab (vgl. zu Nr. 18).

21

Christus hielt sich mit einer Reihe von Jüngern bei einem lebendigen Fluss und einer verwesenden Schlange auf, als ihnen ein schöner bunter Vogel zuflog, der wie Gold glänzte und sich in ihrer Nähe niederließ. Als er sich schüttelte, warf er seine Federn ab und enthüllte den hässlichsten aller Anblicke – eine kleine kahle rote Stelle. Der Vogel gelangte zu einem Teich, wälzte sich im Schlamm und tauchte schwarz und hässlich wieder auf. Da erblickte er das fließende Wasser, wusch sich, kehrte zu seinen abgeworfenen Federn zurück, nahm sie wieder an und erlangte seine Schönheit wieder. So macht es auch der Sünder, wenn er seinem Glauben entsagt und in Sünde stürzt, und so ähnelt die Reue dem Wegwaschen des Schmutzes in leichter Strömung. Der Sünder kehrt zu seinem Glauben zurück, wenn er seine abgeworfene Haut und seine Federn wieder annimmt. Und diese sind Gleichnisse.

ʿAbdallah ibn al-Mubarak (gest. 181/797), *al-Zuhd*, Anhang S. 44–45, Nr. 171. Der Text ist an mehreren Stellen fehlerhaft, kann aber aus Ibn ʿAsakir, *Sirat*, S. 201, Nr. 247 rekonstruiert werden.

Dies ist eine seltsame Erzählung. Die Tatsache, dass der Text an mehreren Stellen unvollständig ist, macht eine plausible Rekonstruktion schwierig. Klar ist jedoch, dass sie von einer Begegnung mit der Natur handelt und die verschiedenen Elemente der Erzählung verschiedene moralische Eigenschaften und Seinszustände exemplarisch vor Augen führen: den Fluss des Lebens, die Schlange der Sünde und den Vogel-Mann dazwischen – hässlich, wenn er sündig ist, schön sauber und gefiedert, wenn er fromm ist. Wie in der Erzählung 19 ist Jesus auch in dieser Allgeorie zugleich Teilnehmer und Beobachter. Es ist, als müsse der muslimische Jesus den Jesus der (biblischen) Evangelien neu interpretieren, teilweise vielleicht, um ihn von der Fehlinterpretation seiner aus der Art geschlagenen Anhänger zu »reinigen«, wie es der Koran zu tun versucht. Unter anderem bedeutet das, dass die Gleichnisse nicht unkommentiert bleiben können, sondern vollständig erklärt werden müssen, indem ihr Inneres nach außen gekehrt wird, und sie nach dem Beispiel von Akbar zu quasi-historischen Erzählungen gemacht werden. Genau diese Absicht steht wahrscheinlich hinter dem letzten Satz »Und diese sind Gleichnisse«, der »So müssen Gleichnisse verstanden werden« bedeutet.

22

Jesus pflegte zu sagen: »Die Liebe zum Paradies und die Angst vor der Hölle erzeugen Geduld in widriger Lage und entfernen den Diener [Gottes] von irdischem Wohlsein.«

ʿAbdallah ibn al-Mubarak (gest. 181/797), *al-Zuhd*, Anhang S. 46, Nr. 175. Cf. al-Ghazali, *Ihyaʾ*, 4:180 (ausführlichere Version); Ibn ʿAsakir, *Sirat*, S. 136, Nr. 125 (Mansur, Nr. 152).

»Von irdischem Wohlsein«: »vom Sich-sicher-Fühlen in dieser Welt« ist eine alternative Lesart.

23

Die Jünger kamen zu Jesus und sagten: »Geist und Wort Gottes, zeig uns unseren Vorfahren Sem, Sohn des Noah, damit Gott uns in unserer Glaubensgewissheit stärken möge.« So begab er sich also mit ihnen zu Sems Grab und sagte: »Antworte mit Gottes Erlaubnis, oh Sem, Sohn des Noah!« Sem erhob sich mit Gottes Hilfe und stand aufrecht wie eine hohe Palme. Jesus sagte zu ihm: »Wie lange hast du gelebt, oh Sem?« Er erwiderte: »Ich habe viertausend Jahre gelebt. Zweitausend war ich ein Prophet, und ich lebte dann noch weitere zweitausend Jahre.« Jesus fragte ihn: »Wie war die Welt in deinen Augen?« Sem antwortete: »Sie war wie ein Haus mit zwei Türen. Ich ging durch die eine hinein und durch die andere hinaus.«

ʿAbd al-Malik ibn Hisham (gest. 218/833), *Kitab al-Tijan*, S. 27. Cf. Waqidi, *Maghazi*, 1:121; Ibn Abi al-Dunya, *Kitab Dhamm al-Dunya*, in *Mawsuʿat Rasaʾil*, 2:110–111, Auszug Nr. 229.

Ibn Hisham war der Autor und Herausgeber der frühesten erhaltenen Biografie Mohammeds. Das Werk, dem diese Erzählung entnommen ist, ist den Altertümern Arabiens gewidmet. An der Zuschreibung des Werkes und seiner Authentizität bestehen einige Zweifel. Zum Leben und Werk Hishams siehe *EI* 2. Zu einer anderen Erzählung über Sems Auferstehung vergleiche die bibliographischen Hinweise zu Nr. 59.

Es gibt verschiedene Orte im Mittleren Osten, an denen sich Grabstätten biblischer Gestalten wie Noah befinden sollen. Einige dieser Grabstätten sind fünfundvierzig Meter lang und mehr. In einer anderen Version der Sem-Geschichte versuchen die Jünger die Fähigkeit Jesu zu prüfen, nicht nur einen kürzlich Verstorbenen aufzuerwecken, sondern auch die Toten vergangener Zeiten. In der islamischen Tradition war Sem der Prophet, der am längsten gelebt hat. Siehe das oben zitierte Werk von Ibn Abi al-Dunya. – Die von Sem beschriebene Welt soll jedenfalls bestätigen, was Jesus über ihre Nichtigkeit sagt.

24

Es wurde Jesus offenbart: »Ein Land ist verflucht, wenn seine Herrscher kleine Jungen sind.«

Muhammad ibn Saʿd (gest. 230/845), *al-Tabaqat al-Kubra*, 6:29.

Muhammad Ibn Saʿd war ein Hadithgelehrter und Autor des frühesten biografischen Lexikons in der islamischen Literatur. Siehe *EI* 2. Diese Offenbarung (»durch die Zunge Jesu« im arabischen Original) hat offenkundig eine politische Bedeutung. Wenn man über den Kontext, in den sie einzuordnen ist, spekulieren möchte, kann man daran erinnern, dass die früheste Krise in der islamischen Geschichte, in der es um die Thronbesteigung eines Minderjährigen ging, Muʿawiya II., den Enkelsohn des ersten Muʿawiya betraf. Er war ein kränklicher Jugendlicher, der kurz nach seiner Thronbesteigung starb. Ihm folgte Marwan I., ein alter Mann, nach.

Diese Krise war das unmittelbare Vorspiel zum Zweiten Bürgerkrieg (682–695 A.D.) in der islamischen Geschichte, einem tief spaltenden Konflikt, der auch zahlreiche apokalytisch geprägte Hadithe hervorbrachte. Dieser Ausspruch ist auch im biblischen Buch Kohelet 10:16 zu finden: »Wehe dir, Land, dessen König ein Bube ist!« Diesen Hinweis verdanke ich Dr. Maria Ascher.

25

Gott offenbarte Jesus: »Oh Jesus, ermahne dich selbst. Einmal (selbst) ermahnt, ermahne die Menschen. Bleibe immer bescheiden mir gegenüber.«

Ahmad ibn Hanbal (gest. 241/855), *al-Zuhd*, S. 93, Nr. 300. Cf. al-Qushayri, *al-Risala*, S. 117; al-Ghazali, *Ihya'*, 1:68; ders., *Ayyuha al-Walad*, S. 140 (Asín, S. 352, Nr. 7; Mansur, Nr. 190; Robson, S. 78).

Ahmad ibn Hanbal war eine herausragende Persönlichkeit der frühislamischen Geschichte: Hadithgelehrter, Jurist, bedeutender Politiker seiner Zeit und namengebender Gründer der Hanbali-Rechtsschule, einer der vier wichtigsten Schulen des sunnitischen Islam. Zu weiteren Einzelheiten über sein Leben siehe *EI* 2. Die Beschaffenheit der Texte vieler seiner Werke ist unzulänglich. Die beiden hier benutzten Quellen, *Kitab al-Zuhd* und *Kitab al-Wara'*, sind unkritische Reproduktionen früherer ägyptischer Editionen, die zahlreiche typografische Fehler aufweisen. Bei der Übersetzung wurde jede Anstrengung unternommen, die Mängel des Textes zu beheben.

Dieser Ausspruch ist nach islamischer Terminologie ein *hadith qudsi*, ein göttlicher Hadith, weil Gott selbst spricht. Siehe William A. Graham, *Divine Word and Prophetic Word in Early Islam* (Den Haag: Mouton, 1977). Viele *hadith qudsi* wurden Mohammed, viele aber auch anderen Propheten offenbart. Der Ausspruch beinhaltet die göttliche Ermahnung an Jesus, das zu praktizieren, was er predigt. Er schließt auch die Vorstellung ein, dass Jesus ein Mensch ist, der ebenfalls ermahnt und, wenn nötig, sogar von Gott getadelt wird. All dies stimmt mit dem Gehalt der Worte, die Gott im Koran an Jesus richtet, überein.

26

Jesus stand mit seinen Jüngern oder, wie er sagte, mit einigen, die ihm nachfolgten, in der Nähe eines Grabes, in dem ein Toter bestattet wurde. Sie sprachen über die Dunkelheit, Einsamkeit und Enge des Grabes. Jesus sagte: »Ihr ward einmal an einem Ort, der enger war als dieser, im Leib eurer Mütter. Wenn Gott [seine Gnade] ausdehnen möchte, tut er es.«

Ahmad ibn Hanbal (gest. 241/855), *al-Zuhd*, S. 93, Nr. 301. Cf. Ibn ´Asakir, *Sirat*, S. 203, Nr. 250.

Das Motiv der Weisheitslehre an einem Grab ist in der griechischen und vermutlich auch der altpersischen Literatur verbreitet. Das berühmteste Beispiel dieser Gattung ist die Geschichte von den sieben weisen Männern, die am Totenbett Alexanders des Großen standen, eine Geschichte, die in verschiedenen klassisch-arabischen literarischen Anthologien zu finden ist. Die Worte des Trostes, die Jesus an seine Jünger richtet, weisen einige stilistische Ähnlichkeiten mit Koranversen auf, in denen die Muslime von Gott getröstet werden z. B. 3:103, 139; 7:86; 22:5.

27

Christus sagte: »Gedenkt häufig Gottes des Erhabenen, seines Ruhmes und seiner Herrlichkeit und gehorcht ihm. Es genügt für euch – und Gott wird wahrhaftig mit euch zufrieden sein –, wenn ihr betet, zu sagen: ›Oh Gott, vergib mir meine Sünden, ändere meine Lebensweise und halte mich von verabscheuenswerten Dingen fern, oh mein Gott.‹«

Ahmad ibn Hanbal (gest. 241/855), *al-Zuhd*, S. 93, Nr. 302.

Dieses ist eines von mehreren Gebeten, die Jesus zugeschrieben werden.

28

Jesus sagte: »Selig ist der Gläubige, und noch ein weiteres Mal selig, denn Gott wacht über seine Nachkommenschaft nach seinem Tod.«

Ahmad ibn Hanbal (gest. 241/855), *al-Zuhd*, S. 93, Nr. 304. Cf. al-Zabidi, *Ithaf*, 8:440 (Mansur, Nr. 256).

29

Jesus pflegte zu sagen: »Wenn einer von euch Almosen mit der rechten Hand gibt, lasst es ihn vor der linken verstecken. Wenn er betet, lasst ihn den Vorhang vor seiner Tür herunterziehen, denn Gott teilt ihm seine Gunst zu, wie er ihm sein Auskommen zuteilt.«

Ahmad ibn Hanbal (gest. 241/855), *al-Zuhd*, S. 94, Nr. 307.

Siehe den Kommentar zu Nr. 4.

30

Man fragte Jesus: »Prophet Gottes, warum nimmst du dir nicht einen Esel, auf dem du nach deinen Bedürfnissen reiten kannst? Jesus antwortete: ›Ich bin in Gottes Augen zu achtbar, als dass er mich mit etwas ausstattete, das mich von ihm ablenken könnte.«

Ahmad ibn Hanbal (gest. 241/855), *al-Zuhd*, S. 95, Nr. 313. Cf. Ibn Abi al-Dunya, *Kitab Dhamm al-Dunya*, in *Mawsu´at Rasa´il*, 2:69, Exzerpt Nr. 130; al-Ghazali, *Ihya´*, 4:320 (Asín, S. 414, Nr. 86; Mansur, Nr. 168; Robson, S. 73); Ibn ´Asakir, *Sirat*, S. 140, Nr. 114, 115; Ibn al-Jawzi, *Dhamm al-Hawa*, S. 64; al-Damiri, *Hayat al-Hayawan-al-Kubra*, 1:229.

Mit der an Jesus gerichteten Frage wird möglicherweise auf seinen Einzug in Jerusalem angespielt. Die Antwort Jesu steht jedoch in keiner Beziehung zu diesem Ereignis. Sie ist vielmehr die Antwort eines Asketen, der sich vollends Gott hingibt.

31

Jesus sagte zu seinen Jüngern: »Wahrlich, ich sage euch, ihr verlangt weder nach dieser Welt noch nach der kommenden.« Sie sagten: »Prophet Gottes, erkläre uns das, denn wir haben immer geglaubt, wir verlangten nach einer von ihnen.« Er sagte: »Hättet ihr nach dieser Welt verlangt, hättet ihr Gott, dem Herrn der Welt, der die Schlüssel zu ihren Schätzen in seinen Händen hält, gehorcht. Hättet ihr nach der anderen Welt verlangt, hättet ihr Gott, dem Herrn und Eigentümer dieser Welt, gehorcht, und er hätte sie euch gegeben. Aber ihr wollt weder die eine noch die andere.«

Ahmad ibn Hanbal (gest. 241/855), *al-Zuhd*, S. 94–95, Nr. 310.

Die Formulierung »Wahrlich, ich sage euch« ist eine bewusste Nachahmung des Redestils Jesu, die dem Ausspruch Autorität verleiht. Der Bezug auf den Menschen, der weder nach dieser noch nach der kommenden Welt verlangt, spiegelt die koranische Auffassung wider, nach der der Mensch seinem Wesen nach unbeständig und wankelmütig ist, zwischen verschiedenen Möglichkeiten schwankt und unfähig ist, eine Entscheidung zu treffen. Siehe z. B. Koran 3:152; 4:137; 30:7.

32

Jesus sagte: »Warum bemerke ich bei euch nicht die bestmögliche Gottesverehrung?« Sie sagten: »Was ist die bestmögliche Gottesverehrung, Geist Gottes?« Er antwortete: »Demut vor Gott.«

Ahmad ibn Hanbal (gest. 241/855), *al-Zuhd*, S. 95, Nr. 312.

Demut vor Gott ist der wichtigste Aspekt der Gottesverehrung. Sie steht im Gegensatz zu *kibr* oder Hochmut, einer hervorstechenden koranischen Sünde. Im Koran werden einige Christen für ihre Demut und ihren Mangel an *kibr* lobend erwähnt. Siehe Koran 5:82.

33

Jesus sagte: »Sammelt euch Schätze im Himmel, denn das Herz eines Menschen ist da, wo sein Schatz ist.«

Ahmad ibn Hanbal (gest. 241/855), *al-Zuhd*, S. 95, Nr. 313. Cf. Ibn Abi al-Dunya, *Kitab Dhamm al-Dunya*, in *Mawsu´at Rasa´il*, 2:25, Exzerpt Nr. 31; Ibn ´Asakir, *Sirat*, S. 184, Nr. 218; Ibn ´Arabi, *al-Futuhat al-Makkiyya*, 2:812 (Asín, S. 583, Nr. 192; Mansur, Nr. 223; Robson, S. 60).

Obwohl dieser Ausspruch eine eng dem Wortlaut folgende Übersetzung eines Evangeliumsverses (Matthäus 6:20 f.) ist, wird er hier wegen seiner historischen Bedeutung aufgenommen. Denn er ist ein früher Beleg dafür, dass Muslimen entweder ein ins Arabische übersetztes Evangelium oder aber ein Lektionar zugänglich war. Zu weiteren Details siehe die in der Anmerkung 29 der Einleitung aufgeführte Literatur.

34

Satan sagte zu Jesus, als er ihn nach Jerusalem mitnahm: »Du behauptest, Tote auferwecken zu können. Wenn du das wirklich kannst, bitte Gott, diesen Berg in Brot zu verwandeln.« Jesus sagte: »Leben alle Menschen von Brot?« Satan sagte: »Wenn du bist, was du zu sein behauptest, springe von dieser Stelle herunter, denn die Engel werden dich auffangen.« Jesus sagte: »Gott befahl mir nicht, mich dieser Prüfung auszusetzen, denn ich weiß nicht, ob er mich retten wird oder nicht.«

Ahmad ibn Hanbal (gest. 241/855), *al-Zuhd*, S. 95–96, Nr. 314. Cf. Ibn al-Jawzi, *Kitab al-Adhkiya´*, S. 37 (Variante) (Mansur, Nr. 212)

Im arabischen Original wird diese Erzählung, vermutlich um ihr Authentizität zu verleihen, von »einem Mönch« erzählt. Auch diese Erzählung ist auf das Evangelium bezogen, die Versuchung Jesu in der Wüste (Matthäus 4:1–11 parr.). Der letzte Satz »denn ich weiß nicht, ob er mich retten wird oder nicht« stellt eine islamische Umdeutung dar. Das scheint das Werk des muslimischen Vermittlers zu sein, der interveniert, um das Menschsein Jesu zu unterstreichen.

35

Die Jünger konnten ihren Propheten nicht finden. Daher machten sie sich auf, ihn zu suchen, und sie fanden ihn, als er gerade über Wasser ging. Einer von ihnen sagte zu ihm: »Prophet Gottes, sollen wir zu dir kommen?« »Ja«, erwiderte er. Als der Jünger einen Fuß nach vorne setzte und dann den nächsten, ging er unter. Jesus sagte: »Strecke deine Hand aus, du kleingläubiger Mann. Wenn der Sohn Adams auch nur einen Funken Vertrauen hätte, ginge er über das Wasser.«

Ahmad ibn Hanbal (gest. 241/855), *al-Zuhd*, S. 96, Nr. 315. Cf. Ibn Abi al-Dunya, *Kitab Dhamm al-Dunya*, in *Mawsuʿat Rasaʾil*, 1:22–23, Exzerpt Nr. 11; Ibn ʿAsakir, *Sirat*, S. 116, Nr. 94 (Asín, S. 568, Nr. 160; Mansur, Nr. 58; Robson, S. 90–91 [Variante]).

Vgl. eine Wundererzählung aus dem Evangelium: Matthäus 14:22–33. Sie enthält, der Norm des muslimischen Evangeliums entsprechend, keine weiteren Personen- oder Ortsnamen. Die Gründe für diese Anonymität sind nicht völlig klar, können aber vielleicht mit den ebenso gehaltenen Erzählungen von Jesus im Koran in Beziehung stehen.

36

Jesus pflegte zu sagen: »Nächstenliebe meint nicht, dem etwas Gutes zu tun, der dir Gutes tut, denn dies heißt Gutes mit Gutem zu erwidern. Nächstenliebe bedeutet, dass du dem Gutes tun sollst, der dir schadet.«

Ahmad ibn Hanbal (gest. 241/855), *al-Zuhd*, S. 96, Nr. 317 und S. 142, Nr. 469. Cf. Ibn ʿAsakir, *Sirat*, S. 155, Nr. 166.

Eine Umgestaltung von Evangelienversen: vgl. Matthäus 5:43–48; Lukas 6:32–35.

37

Gott offenbarte Jesus: »Oh Jesus, ich habe dir Liebe zu den Armen und Barmherzigkeit ihnen gegenüber gegeben. Du liebst sie, und sie lieben dich und nehmen dich als ihren geistlichen Führer an, und du nimmst sie als Gefährten und Anhänger an. Das sind zwei Charakterzüge. Wisse, dass wer immer mir am Tag des Jüngsten Gerichts mit diesen beiden Charakterzügen gegenübertritt, mit den reinsten und von mir am meisten geliebten Werken vor mir steht.«

Ahmad ibn Hanbal (gest. 241/855), *al-Zuhd*, S. 97, Nr. 320.

Ein göttlicher Hadith: vgl. Nr. 25. Die Beschreibung Jesu als »geistlichen Führer« (arabisch *imam*) der Armen ist ein rein islamischer Beiname und dient dazu, ihn von den anderen Propheten in der islamischen Tradition abzusetzen. Das Wort »Arme« (arabisch *masakin*) wurde auch zur Bezeichnung früher muslimischer Asketen und Sufis benutzt und deutet möglicherweise eine frühe Beziehung zwischen den Sufis und Jesus an, die später sehr eng werden sollte. Die Sufis nahmen Jesus als einen ihrer wichtigsten geistlichen Autoritäten an. Die beiden »Charakterzüge« sind Liebe zu den Armen und Barmherzigkeit ihnen gegenüber.

Sehr ähnliche Worte werden von Mohammed an ʿAli gerichtet; siehe Abiʾl Hadid, *Sharh Nahj al-Balagha*, 11:232.

Wann immer die Stunde des Gerichts erwähnt wurde, pflegte Jesus ängstlich wie eine Frau zu jammern.

Ahmad ibn Hanbal (gest. 241/855), *al-Zuhd*, S. 97, Nr. 321.

Siehe Ausspruch Nr. 6. Dass Jesus wie eine Frau weint, unterstreicht seine Hilflosigkeit und rückt ihn in größere Distanz zur Göttlichkeit. Im Koran ist die Stunde des Gerichts nur Gott bekannt. Siehe Koran 7:187.

Jesus begegnete Johannes und sagte zu ihm: »Ermahne mich.« Er sagte: »Vermeide es, Zorn zu empfinden.« Jesus antwortete: »Das kann ich nicht.« Johannes sagte: »Besitze keine Reichtümer.« Jesus erwiderte: »Das dagegen ist möglich.«

Ahmad ibn Hanbal (gest. 241/855), *al-Zuhd*, S. 97, Nr. 322. Cf. al-Ghazali, *Ihya'*, 3:161 (leichte Variation) (Asín, S. 366, Nr. 30; Mansur, Nr. 115; Robson, S. 64).

Siehe Nr. 18. Dieser Gedankenaustausch betont menschliche Schwächen Jesu. Er ist unfähig, seinen Zorn zurückzuhalten, ist aber bereit, keine Reichtümer zu besitzen.

40

Jesus ging vorüber und rief im Gehorsam Gott gegenüber aus: »Hier bin ich, dein Diener, Sohn deiner Dienerin, Tochter deines Dieners.« Vor ihm zogen siebzig Propheten vorbei, die auf Kamelen mit Halftern, die aus Fasern gemacht waren, ritten, bevor sie in der Moschee von Khayf beteten.

Ahmad ibn Hanbal (gest. 241/855), *al-Zuhd*, S. 97 –98, Nr. 324.

Dies ist eine seltsame Geschichte, aber es sollte daran erinnert werden, dass Jesus wie alle Propheten vor ihm natürlich ein Muslim war und neben der Ausführung anderer muslimischer Riten auch die besonders wichtige Pilgerreise unternahm, siehe z. B. Ibn Qutayba, *'Uyun*, 2:290. Zu Mose, der zur selben Moschee pilgerte, siehe Ibn Babuya, *'Ilal*, 2:104. Die Moschee von Khayf befindet sich in Mina außerhalb von Mekka. Halfter aus Palmenfasern wurden von Abordnungen benutzt, die Mohammed ihre Ehre erwiesen; siehe Ibn Hisham, *Sira*, 4:244. Das deutet möglicherweise darauf hin, dass frühere Propheten dem letzten und größten ihrer Linie ihre Ehre erweisen. Auf die Zahl siebzig trifft man sowohl in biblischen wie in islamischen Kontexten häufig, z. B. die siebzig Jünger in Lukas 10:1 (in anderen Lesarten ist von zweiundsiebzig Jüngern die Rede) ebenso wie die Abteilungen, in die der Islam im Hadith unterteilt wird.

41

Jesus sagte: »Oh Jünger, wer von euch kann ein Haus auf den Wellen des Meeres bauen?« Sie sagten: »Geist Gottes, wer kann dies tun?« Er sprach: »Nimm dich in Acht vor der Welt und mache sie nicht zu deiner Heimstatt.«

Ahmad ibn Hanbal (gest. 241/855), *al-Zuhd*, S. 98, Nr. 325. Cf. Ibn Abi al-Dunya, *Kitab*

Dhamm al-Dunya, in *Mawsu'at Rasa'il*, 2:156, Exzerpt Nr. 370; al-Ghazali, *Ihya'*, 3:201 (Asín, S. 373; Mansur, Nr. 124; Robson, S. 67).

Ein Widerhall von Matthäus 7:24–27 (vgl. Lukas 6:47–49). Hier wird jedoch das Gleichnis wieder in eine direkte rhetorische Frage umgewandelt. Auf diese Weise wird die Lehre explizit gemacht.

42

Jesus pflegte zu sagen: »Wahrlich, ich sage euch, Weizenbrot zu essen, reines Wasser zu trinken und mit Hunden auf Misthaufen zu schlafen ist dem mehr als genug, der das Paradies beerben möchte.«

Ahmad ibn Hanbal (gest. 241/855), *al-Zuhd*, S. 98, Nr. 326. Cf. Ibn Qutayba, *'Uyun al-Akhbar*, 2:363; Ibn Abi al-Dunya, *Kitab Dhamm al-Dunya*, in *Mawsu'at Rasa'il*, 2:75, Exzerpt Nr. 138; Ikhwan al-Safa', *Rasa'il Ikhwan al-Safa'*, 3:34; al-Ghazali, *Ihya'*, 4:180 (Asín, S. 400, Nr. 70; Mansur, Nr. 152; Robson, S. 70 [kürzere Version]).

Dies ist vielleicht der unter modernen, gebildeten Muslimen bekannteste Jesusausspruch. Vgl. die beiden späteren Versionen, die Aussprüche Nr. 67 und 113. Hier wird das asketische Ideal in seiner strengsten Form thematisiert. Die Welt als Misthaufen ist auch ein von Mohammed benutztes Bild. Siehe Ibn Abi al-Dunya, *Kitab Dhamm al-Dunya*, 2:21, Exzerpt Nr. 19.

43

Jesus sagte: »Es ist für euch von keinem Nutzen zu erfahren, was ihr nicht wisst, solange ihr nicht im Einklang mit dem handelt, was ihr schon wisst. Zu viel Wissen erhöht nur den Hochmut, wenn ihr nicht im Einklang mit ihm handelt.«

Ahmad ibn Hanbal (gest. 241/855), *al-Zuhd*, S. 98, Nr. 327. Cf. al-Ghazali, *Ihya'*, 1:69–70 (kürzere Version) (Asín, S. 353, Nr. 9; Robson, S. 43).

Wissen (*'ilm*) und handeln (*'amal*) werden in frühen Werken des Adab, der Askese etc. häufig miteinander verbunden. Auch einige frühe Hadithgelehrte vertreten die Auffassung, dass ein Anhäufen von Wissen (z. B. über den Hadith) nutzlos oder sogar gefährlich ist, wenn es nicht von guten Taten (*a'mal*) begleitet wird. Siehe z. B. Ibn Abd al-Barr, *Jami' Bayan al-'Ilm*, 2:4ff. Andere Jesusaussprüche enthalten dasselbe Argument. Viele ähnliche Aussprüche werden auch Mohammed, 'Ali oder anderen muslimischen Persönlichkeiten zugeschrieben. Siehe auch z. B. *Pirkey Aboth* in Hertz, *Sayings of the Fathers*; S. 51, Nr. 22.

44

Jesus sagte: »Die Zeit dreht sich um drei Tage: ein Gestern, das vergangen ist, und in dessen Verlauf du ermahnt worden bist, ein Heute, das deine Bedürfnisse stillt, und ein Morgen, von dem du nicht weißt, was dich erwartet. Alle Angelegenheiten drehen sich um drei Dinge: etwas, dessen Richtigkeit dir offenkundig wurde und an dem du dich orientieren musst, etwas, dessen Bosheit dir klar wurde und von dem du dich fernhalten musst, und etwas, das dir ungewiss erscheint und in dem du dich Gott überlassen musst.«

Ahmad ibn Hanbal (gest. 241/855), *al-Zuhd*; S. 98, Nr. 328. Cf. al-Jahiz, *al-Bayan*, 2:35; al-Mawardi, *Adab*, S. 127; al-Ghazali, *Ihya'*, 4:389; Ibn 'Asakir, *Sirat*, S. 158, Nr. 171 (Asín, S. 420; Mansur, Nr. 178; Robson, S. 49 [der zweite Teil]).

Das Thema der in drei Tage unterteilten Zeit ist in islamischen Werken des Adab, der Askese und *wasaya* (Testamente) anzutreffen, wo es mitunter vorislamischen Weisen zugeschrieben wird. Siehe z. B. Ahmad Zaki Safwat, *Jamharat Khutab al-'Arab* (Beirut, 1985), S. 119–120, 122.

45

Jesus sagte: »Tröste mich, denn mein Herz ist weich, und ich schätze mich gering.«

Ahmad ibn Hanbal (gest. 241/855), *al-Zuhd*, S. 98, Nr. 329. Cf. Ibn 'Asakir, *Sirat*, S. 71, Nr. 60.

Möglicherweise ein Widerhall von Matthäus 11:29. Erneut steht das Menschsein Jesu im Vordergrund.

46

Christus sagte: »Wer immer Wissen erlangt, nach ihm gehandelt und gelehrt hat, wird als groß im Himmelreich bezeichnet wird.«

Ahmad ibn Hanbal (gest. 241/855), *al-Zuhd*, S. 98–99, Nr. 330. Cf. Ibn ´Abd al-Barr, *Jami´*, 1:124; al-Ghazali, *Ihya´*, 1:17 (Asín, S. 349, Nr. 1; Mansur, Nr. 89; Robson, S. 42); Ibn ´Asakir, *Sirat*, S.186, Nr. 221 ff.; al-Abshihi, *al-Mustatraf*, 1:19.

Siehe Ausspruch 43. Der Ausdruck »groß im Himmelreich« stammt aus den Evangelien. Siehe z. B. den Streit darüber, wer der Größte ist, in Lukas 22:24 und in Matthäus 5:19, 18:1–4. Ich entscheide mich für die Lesart ´*allama*, »gelehrtes« Wissen, obwohl auch die Lesart ´*alima* »erworbenes Wissen« möglich ist.

47

Man fragte Jesus: »Wieso kannst du über Wasser gehen?« Er erwiderte: »Auf Grund von Glaubensgewissheit.« Sie antworteten ihm: »Auch wir haben einen sicheren Glauben.« Jesus fragte: »Sind für euch Steine, Schlamm und Gold gleich?« »Nein«, erwiderten sie. Er sagte (bzw. ich denke, er sagte): »In meinen Augen sind sie gleich.«

Ahmad ibn Hanbal (gest. 241/855), *al-Zuhd*, S. 99, Nr. 331. Cf. al-Makki, *Qut*, 1:263 (ausführlichere Version) (Mansur, Nr. 29); Asín, S. 378, Nr. 49; Mansur, Nr. 58; Robson, S. 69 (Variante und kürzere Version). Siehe auch Ibn Abi al-Dunya, *Kitab al-Yaqin*, in *Mawsu´at Rasa´il*, 1:37, Exzerpt Nr. 40; al-Qushayri, *al-Risala*, S. 118 (teilweise; Mohammed zugeschrieben).

Siehe Nr. 35. Die in Matthäus 14:22 ff. vorliegende Erzählung von Jesus, der über Wasser geht, ist hier in die Frage-und-Antwort-Form umgewandelt worden, um die praktische Bedeutung des Glaubens und ihre logische Konsequenz, die Verachtung der Welt, deutlich zu machen.

48

Ein Mann kam zu Jesus und sagte: »Lehrer des Guten, lehre mich etwas, das du kennst und ich nicht kenne, das mir nutzt und dir nicht schadet.« Jesus fragte: »Was sollte das sein?« Der Mann sagte: »Wie kann ein Diener wahrhaftig gottesfürchtig sein?« Jesus erwiderte: »Die Sache ist einfach. Du musst Gott in deinem Herzen wahrhaftig lieben und unter Aufbietung aller deiner Kräfte dein Leben in seinen Dienst stellen und Menschen deiner Rasse gegenüber so barmherzig sein, wie du auch Barmherzigkeit dir selbst gegenüber zeigst.« Er sagte: »Lehrer des Guten, wer sind die Menschen meiner Rasse?« »Alle Kinder Adams. Und was du nicht möchtest, das dir getan wird, tue auch nicht anderen. Auf diese Weise wirst du wahrhaftig gottesfürchtig sein.«

Ahmad ibn Hanbal (gest. 241/855), *al-Zuhd*, S. 99, Nr. 332.

Hierbei handelt es sich im Wesentlichen um eine Paraphrase der Matthäusverse 22:34–40 (parr.) Daneben wird Bezug genommen auf die goldene Regel: Matthäus 7:12; vgl. Lukas 6:31.

49

Jesus pflegte für seine Anhänger Essen zu bereiten, rief sie dann zum Mahl, wartete ihnen bei Tisch auf und sagte: »Das ist es, was ihr für die Armen tun müsst.«

Ahmad ibn Hanbal (gest. 241/855), *al-Zuhd*, S. 99, Nr. 333.

Zu Jesus als Schutzherrn der Armen siehe Nr. 37. Möglicherweise handelt es sich hierbei um eine muslimische Umdeutung des Letzten Abendmahls (Matthäus 26:18ff.; vgl. aber auch Matthäus 14:16; Johannes 13:1–20).

50

Wenn Jesus seine Boten aussandte, um die Toten aufzuerwecken, pflegte er zu ihnen zu sagen: »Sprecht dies und jenes, und wenn ihr ein Zittern oder eine Träne bemerkt, dann beginnt zu beten.«

Ahmad ibn Hanbal (gest. 241/855), *al-Zuhd*, S. 99, Nr. 334.

Die Belehrungen an die Jünger finden sich in Matthäus 10:5 ff. Zittern und Tränen werden im frühen Islam häufig Sufis und Asketen zugeschrieben. Sie gelten als Zeichen für das Erkennen der wahren Gläubigen.

51

Jesus sagte zu seinen Jüngern: »Wahrlich, ich sage euch«, und er pflegte häufig »wahrlich, ich sage euch« zu sagen, »die unter euch, die im Unglück am meisten klagen, sind die, die dieser Welt am meisten zugewandt sind.«

Ahmad ibn Hanbal (gest. 241/855), *al-Zuhd*, S. 100, Nr. 338. Cf. Abu Nu´aym, *Hilyat*, 4:67 (Mansur, Nr. 67).

Erneut wird der Redestil Jesu nachgeahmt. Es ist schwierig, Ursprünge dieses Ausspruchs zurückzuverfolgen, der eine moralische Haltung widerzuspiegeln scheint, die viele religiöse und asketische Traditionen teilen. Er könnte auch Parallelen zum Stoizismus aufweisen. In jedem Fall aber verstärkt dieser Ausspruch ein muslimisches Bild von einem Jesus, der deutlich asketischer erscheint als der Jesus der Evangelien.

52

Die Jünger sagten: »Oh Jesus, wer sind ›die Freunde von Gott dem Allmächtigen, die weder Angst haben noch traurig sein werden‹?« Jesus erwiderte: »Das sind diejenigen, die ins Herz dieser Welt schauen, während der Rest der Menschheit auf deren Oberfläche schaut, die dem Ende der Welt entgegensehen, während der Rest der Menschheit auf die flüchtige Gegenwart blickt. Sie töten von der Welt das, von dem sie fürchten, dass es sie töten könnte, und verlassen das, von dem sie wissen, dass es sie verlässt. Daher halten sie nun das für nebensächlich, von dem sie einst glaubten, es sei von großer irdischer Bedeutung. Wenn sie es erwähnen, tun sie es nur beiläufig, und ihre Freude über das, was sie daraus gewinnen, ist Traurigkeit. Sie lehnen jede Möglichkeit irdischen Gewinns ab und verachten jede Möglichkeit irdischen Ruhms ohne gerechte Ursache. In ihren Augen ist die Welt alt und verfallen, aber sie erneuern sie nicht. Sie ist um sie herum in Ruinen zerfallen, aber sie bauen sie nicht neu auf. Sie ist in ihren Herzen gestorben, aber sie lassen sie nicht wiederauferstehen. Sie zerstören sie, um mit ihr ihr Leben nach dem Tod aufzubauen. Sie verkaufen sie im Austausch für das, was bleibt. Sie lehnen sie ab und sind deshalb die wahrhaft Glücklichen in ihr. Sie schauen auf ihre Angehörigen, die tot und entstellt auf die Erde gesunken sind, und erneuern den Gedanken an den Tod und töten den Gedanken an das Leben ab. Sie lieben Gott und gedenken seiner, und sie suchen sein Licht und leuchten durch sein Licht. Wunder werden von ihnen erzählt, und sie erzählen von wunderbaren Dingen. Das Buch Gottes ist durch sie bekannt, und sie handeln im Einklang mit ihm. Das Buch Gottes lobt sie, wie sie das Buch Gottes loben. Das Wissen des Buches verbreitet sich durch sie, wie sie durch das Buch Wissen erlangen. Sie erwarten keinen Gewinn, der größer ist als das, was sie gewonnen haben, keinen anderen Frieden, als den, den sie erhoffen, keine andere Angst als die, die sie vermeiden.«

Ahmad ibn Hanbal (gest. 241/855), *al-Zuhd*, S. 100–101, Nr. 339. Cf. al-Jahiz, *al-Bayan*, 3:140; Ibn ´Abd Rabbihi, *al-´Iqd*, 3:144 (Mansur, Nr. 13); Abu Nu´aym, *Hilyat*, 1:10 (Mansur, Nr. 63); al-Mawardi, *Adab*, S. 112; Ibn ´Asakir, *Sirat*, S. 199, Nr. 245.

Der Begriff »Freunde Gottes« (arabisch *awliya´ Allah*) benutzten frühe Asketen und Sufis als *terminus technicus*. Die Formulierung »die Freunde ... traurig« stammt aus dem Koran 10:62. Jesus wird also veranlasst, diesen Koranvers zu kommentieren. Siehe Nr. 9. Im Arabischen weisen ausgewogene Formulierungen, Kontraste und Parallelismen auf eine große Sorgfalt bei der literarischen Fassung eines Textes hin. Dieser Ausspruch zeugt von einer Eloquenz, die eines Propheten, der nach dem Koran »Wort Gottes« heißt, würdig ist. Denn neben anderen Attributen wird Jesus das der

Eloquenz zugeschrieben. »Ruinen«, das »Abtöten der Begierde« und der »Schein und das Sein« werden im muslimischen Evangelium häufig thematisiert.

53

Johannes und Jesus begegneten sich, und Johannes sagte: »Bitte um Gottes Vergebung für mich, denn du bist besser als ich.« Jesus erwiderte: »Du bist besser als ich. Ich verkündete Heil über mir, während Gott Heil über dir verkündete.« Gott erkannte das Verdienst von beiden an.

Ahmad ibn Hanbal (gest. 241/855), *al-Zuhd*, S. 122, Nr. 392.

Eine weitere Jesus- und Johannes-Erzählung, die in einen koranischen Zusammenhang gerückt wird. Der Satz »Ich verkündete Heil über mir« verweist auf den Koranvers 19:33. Dass Gott Heil über Johannes verkündet, bezieht sich dagegen auf den Koranvers 19:15. Am Ende unseres Textes versöhnt Gott die beiden und verkündet Heil über ihnen, weil sie beide demütig sind.

54

Ein Mann, der Ehebruch begangen hatte, wurde zu Jesus gebracht, der befahl, ihn zu steinigen. Jesus sagte: »Wer aber von euch das Gleiche tat, werfe keinen Stein auf ihn.« Da ließen alle außer Johannes, Sohn des Zacharias, die Steine aus ihren Händen fallen.

Ahmad ibn Hanbal (gest. 241/855), *al-Zuhd*, S. 122, Nr. 394.

Hierbei handelt es sich um eine Version der Erzählung aus dem Johannesevangelium (8:2–11), in der Jesus mit einer Ehebrecherin konfrontiert wird. An deren Stelle tritt im muslimischen Evangelium ein Mann. Die Gründe für den Wechsel zum anderen Geschlecht sind unklar. Ebenso wenig eindeutig ist das Ende der Erzählung. Denkbar ist, dass es die Sündenlosigkeit von Propheten, in diesem Fall von Johannes dem Täufer, der auch in der hier voranstehenden Erzählung geehrt wird, unterstreichen soll.

55

Jesus sagte: »Gott liebt am meisten die Fremden.« Man fragte ihn: »Wer sind die Fremden?« Er erwiderte: »Die, die [der Welt] [unversehrten] Glaubens entfliehen. Sie werden gemeinsam mit Jesus am Tag des Jüngsten Gerichts auserwählt.«

Ahmad ibn Hanbal (gest. 241/855), *al-Zuhd*, S. 124, Nr. 402. Cf. al-Ghazali, *Ihya'*, 3:271; al-Suhrawardi, *'Awarif al-Ma'arif*, 1:265 (in beiden Mohammed an Stelle von Jesus).

Zum Satz »Die, die der Welt ... entfliehen« siehe den Kommentar zum Ausspruch Nr. 11. Das Bild des Gläubigen als eines Fremden wird in der christlichen Literatur des Nahen Ostens häufig verwendet. Es betont die einsiedlerische Lebensweise. Jesus wird hier zum Schutzherrn der Fremden, obwohl der Jesus der Evangelien keineswegs ein Einsiedler ist. Der islamische Intertext ist ein bekannter Hadith über den Propheten Mohammed, in dem dieser sagt, dass der Islam sein Leben als »Fremder« (*gharib*) begann und als »Fremder« beenden wird. Da der Ausspruch auch einer berühmten frühislamischen Gestalt, dem frommen 'Abdallah ibn 'Umar (gest. 73/693) zugeschrieben wird, enthält er möglicherweise auch eine versteckte politische Botschaft, welche die Haltung des Gläubigen in gesellschaftlichen Krisenzeiten betrifft.

56

Jesus sagte: »Diener dieser Welt, statt Almosen auszuteilen, seid gütig denen gegenüber, die ihr ungerecht behandelt.«

Ahmad ibn Hanbal (gest. 241/855), *al-Zuhd*, S. 141, Nr. 466.

Dieser Ausspruch ist möglicherweise ein Widerhall der Predigt Jesu über das Austeilen von Almosen in Matthäus 6:1 ff.

57

Jesus sagte: »Lasst die Menschen in Frieden leben. Sorgt euch um die Menschen, und sorgt euch nicht um euch selbst. Trachtet nicht danach, ihr Lob zu ernten oder ihren Tadel zu verdienen. Führt das aus, was euch geboten wurde zu tun.«

Ahmad ibn Hanbal (gest. 241/855), *al-Zuhd*, S. 142, Nr. 467. Cf. Ibn Abi al-Dunya, *al-Samt*, S. 615–616 (Nr. 743).

Die ethische Haltung, sich um andere zu sorgen und nicht um sich selbst, findet sich bei den Vorsokratikern.

58

Gott offenbarte Jesus: »Mach mich zu deinem einzigen Anliegen. Mach mich zu deinem Schatz für dein Leben nach dem Tod. Vertrau auf mich, und ich werde dir genug sein. Mach keinen anderen zu deinem Herrn, oder ich werde dich verlassen.«

Ahmad ibn Hanbal (gest. 241/855), *al-Zuhd*, S. 142, Nr. 468.

Dies ist eine weitere göttliche Offenbarung (*hadith qudsi*). Sie klingt wie ein Gebet, das in einem präzisen Adabstil formuliert ist.

59

Jesus machte sich auf, um einen seiner Brüder zu besuchen. Er begegnete einem Mann, der ihm sagte: »Dein Bruder ist gestorben.« Daher kehrte Jesus um. Als die Töchter seines Bruders hörten, dass Jesus umgekehrt war, gingen sie zu ihm und sagten: »Prophet Gottes, dass du uns den Rücken gekehrt hast, ist schwerer zu ertragen als der Tod unseres Vaters.« Er sagte: »Geht voran und zeigt mir sein Grab.« Sie gingen voran und zeigten Jesus das Grab. Er rief mit lauter Stimme zu ihm, und der Tote erschien; sein Haar war grau geworden. Jesus fragte: »Bist du nicht der Soundso?« »Ja«, erwiderte der Mann. »Was ist es, das ich sehe, das dir widerfahren ist?« »Ich hörte deine Stimme und dachte, es sei der Schrei [des Jüngsten Gerichts]«, erwiderte der Mann. Die ganze Zeit sah und hörte die Frau des Mannes, was Jesus getan hatte. Sie sagte: »Selig sind der Leib, der dich getragen hat, und die Brüste, die dich genährt haben.« Jesus sagte: »Selig ist, wem Gott sein Buch gelehrt hat und der stirbt, ohne hochmütig geworden zu sein.«

Ahmad ibn Hanbal (gest. 241/855), *al-Zuhd*, S. 142–143, Nr. 470. Cf. idem, S. 96–97, Nr. 318 und S. 97, Nr. 319; Ibn Abi al-Dunya, *Kitab man ʿAsha baʿda al Mawt*, in *Mawsuʿat Rasaʾil*, 3:53, Nr. 59 (der tote Mann ist Sem, Sohn des Noah); al-Samarqandi, *Tanbih*, S. 10 (leichte Variante); Ibn ʿAsakir, *Sirat*, S. 90, Nr. 80 und S. 152, Nr. 160, 161 (Variante) (Asín, S. 552, Nr. 131; Mansur, Nr. 31; Robson, S. 109); al-Ghazali, *Ihyaʾ*, 3:328 (teilweise) (Asín, S. 390, Nr. 56; Mansur, Nr. 138; Robson, S. 46).

Den Kontext der biblischen Evangelien könnten Lukas 7:1–17 und 11:27 oder Johannes 11 bilden. Islamische Elemente sind der *Sayha* bzw. der Schrei, von dem der Koran 11:67 sagt, er bringe die Welt zu ihrem Ende. In dieser Zeit wird Jesus eine wichtige eschatologische Rolle spielen. Auf die Segenswünsche der Frau antwortet Jesus mit einer Bezugnahme auf das Buch Gottes, den himmlischen Prototyp der Offenbarung, auf den im Koranvers 85:22 als »wohlverwahrte Tafel« (*al-Lawh al-Mahfuz*) Bezug genommen wird, von der alle göttlichen Offenbarungen herabkommen.

60

Jesus sagte: »Ich drehte die Welt um und saß auf ihrem Rücken. Ich habe kein Kind, das sterben könnte, kein Haus, das verfallen könnte.« Sie sagten zu ihm: »Wirst du nicht ein Haus für dich selbst nehmen?« Er erwiderte: »Baut mir ein Haus auf dem flutenden Wasser.« Sie sagten: »Ein solches wird nicht lange bestehen.« Sie fragten Jesus auch noch: »Wirst du dir nicht eine Frau nehmen?« Er erwiderte: »Was soll ich mit einer Frau, die sterben könnte?«

Ahmad ibn Hanbal (gest. 241/855), *al-Zuhd*, S. 143, Nr. 471. Cf. Ibn Abi al-Dunya, *Kitab Dhamm al-Dunya*, in *Mawsuʿat Rasaʾil*, 2:26–27, Exzerpte Nr. 32, 33, 34; Ibn ʿAbd Rabbihi, *al-ʿIqd*, 3:173 (teilweise); Ibn ʿAsakir, *Sirat*, S. 141, Nr. 136 (Variante) (Asín, S. 543, Nr. 118; Mansur, Nr. 17; Robson, S. 73–74).

Die Einstellung gegen die Ehe ist, obwohl sie nicht im Einklang mit der frühislamischen Ethik steht, nicht selten bei bestimmten Sufi-Autoren wie z. B. Abu Talib al-Makki (gest. 386/996) anzutreffen.

Zur Frage nach dem Haus siehe auch die Aussprüche Nr. 110 und 302. In der arabischen Weisheitsliteratur wird eine ähnliche Frage dem griechischen Philosophen Diogenes gestellt. Siehe al-Mubashshir ibn Fatik, *Mukhtar al-Hikam*, S. 75: »Weshalb erwirbst du nicht ein Haus, in dem du dich wohl fühlen kannst?« Er erwiderte: »Ein Haus wird gebraucht, weil man sich in ihm wohl fühlen kann, aber ich fühle mich wohl, weil ich kein Haus habe.«

61

Jesus sagte: »Die größte Sünde ist die Liebe zur Welt. Frauen sind die Seile Satans. Wein ist der Schlüssel zu allem Bösen.«

Ahmad ibn Hanbal (gest. 241/855), *al-Zuhd*, S. 143, Nr. 472. Cf. Ibn Abi al-Dunya, *Kitab Dhamm al-Dunya*, in *Mawsu´at Rasa´il*, 2:170, Exzerpt Nr. 416 (Malik ibn Dinar an Stelle von Jesus).

Dass Jesus als »muslimischer« Prophet das Weintrinken tadelt, ist nur zu verständlich. Derselbe Ausspruch wird auch Malik ibn Dinar, einem Asketen aus Basra zugeschrieben (gest. ca. 130/748).

62

Jesus pflegte zu sagen: »Die Liebe zur Welt ist die Wurzel aller Sünden. Irdischer Wohlstand ist eine schwere Krankheit.« Sie fragten: »Wie sieht diese Krankheit aus?« Er sagte: »Der, der sie hat, kann Hochmut und Eigendünkel nicht meiden.« Sie fragten: »Stell dir vor, er miede sie.« Jesus erwiderte: »Die Anhäufung von Wohlstand entfernt den Menschen von Gott.«

Ahmad ibn Hanbal (gest. 241/855), *al-Zuhd*, S. 143, Nr. 473. Cf. al-Jahiz, *al-Bayan*, 3:191; al-Makki, *Qut*, 1:263; al-Raghib al-Isfahani, *Muhadarat al-Udaba´*, 1:512; Ibn ´Asakir, *Sirat*, S. 145, Nr. 146.

Dieser Ausspruch in Frage-und-Antwort-Form, der Wohlstand beklagt, verweist ebenso wie der folgende Ausspruch auf die Bibel zurück.

63

Jesus sagte: »Wahrlich, ich sage euch, Reiche gibt es im Himmel nicht. Es ist leichter für ein Kamel durch ein Nadelöhr zu gehen, als für einen Reichen ins Paradies zu gelangen.«

Ahmad ibn Hanbal (gest. 241/855), *al-Zuhd*, S. 143, Nr. 474.

Die Analogie vom Kamel und dem Nadelöhr findet sich auch im Koranvers 7:40. Bei ihr handelt es um eine der wenigen Stellen aus den Evangelien, die im Koran wortwörtlich wiedergegeben werden. Vgl. Matthäus 19:24.

64

Jesus sagte zu seinen Jüngern: »Oh Jünger, werft keine Perlen vor die Schweine, denn das Schwein kann nichts mit ihnen anfangen. Offenbart nicht dem Weisheit, der sie nicht wünscht, denn Weisheit ist kostbarer als Perlen, und wer Weisheit ablehnt, ist schlechter als ein Schwein.«

Ahmad ibn Hanbal (gest. 241/855), *al-Zuhd*, S. 144, Nr. 477. Cf. al-Ghazali, *Ihya'*, 1:63 (leichte Variation) (Asín, S. 350, Nr. 4; Mansur, Nr. 92; Robson, S. 42–43).

Das Zitat aus den Evangelien (Matthäus 7:6) wird auch hier näher erklärt und in seinen Implikationen ausgeführt.

65

Christus sagte: »Wenn ihr euch ganz Gott hingeben und das Licht der Kinder Adams sein wollt, vergebt denen, die euch Böses getan haben, besucht die Kranken, die euch nicht besuchen, seid freundlich zu denen, die unfreundlich zu euch sind, und leiht denen [Geld], die euch nichts zurückzahlen.«

Ahmad ibn Hanbal (gest. 241/855), *al-Zuhd*, S. 144–145, Nr. 480. Cf. Abu Nu´aym, *Hilyat*, 5:238–239 (Mansur, Nr. 73).

Hier werden mehrere Evangelienverse miteinander verknüpft. Siehe Matthäus 5:16, 42 u. ö.

66

Jesus war gerade dabei, mit einem seiner Jünger über den Afiqpass zu gehen. Ein Mann kreuzte ihren Weg und hinderte sie daran weiterzugehen, indem er sagte: »Ich werde euch nicht weitergehen lassen, bevor ich nicht jedem von euch einen Hieb versetzt habe.« Sie versuchten, ihn davon abzubringen, aber er weigerte sich. Jesus sagte: »Hier ist meine Wange. Schlag auf sie.« Der Mann schlug auf sie und ließ ihn weitergehen. Dann sagte er zu dem Jünger: »Ich werde dich nicht weitergehen lassen, bevor ich nicht auch dich geschlagen habe.« Der Jünger weigerte sich. Als Jesus das sah, bot er dem Mann seine andere Wange an. Dieser schlug auf sie und gestattete beiden weiterzugehen. Dann sagte Jesus: »Oh Gott, wenn es dir gefällt, genügt mir dein Gefallen. Wenn es dir nicht gefällt, ist es deines gerechten Zornes wert.«

Ahmad ibn Hanbal (gest. 241/855), *al-Zuhd*, S. 145, Nr. 481.

Eine seltsame Umarbeitung von Matthäus 5:39 und des Gebots, die andere Wange hinzuhalten. Der Afiqpass ist nach Auffassung klassisch-arabischer Geografen ein Gebirgspass, der zur Ghaour genannten Jordansenke herunterführt. In einigen muslimischen Traditionen ist Afiq auch der Ort, an dem Jesus am Ende der Zeit den Anti-Christen töten wird. Siehe Ibn ´Asakir, *Sirat*, S. 266, Nr. 344. Mit den Worten, die er am Schluss an Gott richtet, rechtfertigt Jesus seine Selbstbeherrschung.

67

Jesus sagte zu seinen Jüngern: »Ich möchte, dass ihr Gerstenbrot esst und sicher und in Frieden der Welt entflieht. Wahrlich, ich sage euch, die Süße der diesseitigen Welt ist die Bitterkeit der jenseitigen Welt, und die Bitterkeit der diesseitigen Welt ist die Süße der jenseitigen Welt. Die, die Gott wahrhaftig verehren, sind nicht die, die ein behagliches Leben führen. Wahrlich, ich sage euch, der Schlechteste unter euch ist in der Tat ein Gelehrter, der das Diesseits liebt und es rechtem Verhalten vorzieht. Könnte er es, ließe er alle Menschen so handeln, wie er selbst handelt.«

Ahmad ibn Hanbal (gest. 241/855), *al-Zuhd*, S. 145, Nr. 482. Cf. Ibn Abi al-Dunya, *Kitab Dhamm al-Dunya*, in *Mawsu'at Rasa'il*, 2:153, Exzerpt Nr. 361; al-Makki, *Qut*, 1:256 (teilweise); Ibn 'Asakir, *Sirat*, S. 165, Nr. 184.

Gerstenbrot war das Essen der Armen. Das Gebot, Gerstenbrot zu essen, begegnet auch in verschiedenen anderen Aussprüchen. Siehe Nr. 113, 136 und 146. Ein ähnlicher Rat wird dem griechischen Philosophen Demokrit zugeschrieben. Siehe G. S. Kirk, J. E. Raven, M. Schofield, *The Presocratic Philosophers* (Cambridge: Cambridge University Press, ²1995), S. 433, Fn. 1. In diesem Ausspruch wird die Kritik an weltlich orientierten Gelehrten zusammengefasst und noch verschärft.

68

Jesus pflegte zu sagen: »Ich predige dir, damit du lernst. Ich predige dir nicht, damit du selbstgefällig wirst.«

Ahmad ibn Hanbal (gest. 241/855), *al-Zuhd*, S. 145, Nr. 483. Cf. Ibn 'Abd al-Barr, *Mukhtasar Jami' Bayan al-'Ilm*, S. 100 (ausführlichere Version) (Asín, S. 567, Nr. 156; Mansur, Nr. 87; Robson, S. 57).

Die Selbstgefälligkeit von Gelehrten wird im muslimischen Evangelium häufig zum Gegenstand der Kritik gemacht.

69

Christus sagte: »Nicht wie ich will, sondern wie du willst. Nicht wie ich es wünsche, sondern wie du es wünschst.«

Ahmad ibn Hanbal (gest. 241/855), *al-Zuhd*, S. 145–146, Nr. 484.

Diese Worte sind wohl eine Paraphrase des Matthäusverses 26:39.

70

Kein zu Jesus gesprochenes Wort war ihm lieber als »jener arme Mann«.

Ahmad ibn Hanbal (gest. 241/855), *al-Zuhd*, S. 146, Nr. 485. Cf. al-Makki, *Qut*, 1:263; al-Ghazali, *Ihya´*, 4:191–192 (ausführlichere Version) (Asín, S. 402, Nr. 73; Mansur, Nr. 155; Robson, S. 71).

Siehe die Aussprüche Nr. 37 und 49.

71

Die Jünger sagten: »Christus Gottes, schau auf das Haus Gottes, wie schön es ist!« Er erwiderte: »Amen, Amen. Wahrlich, ich sage euch, Gott wird nicht einen Stein dieser Moschee auf dem anderen lassen, sondern wird sie wegen der Sünden der Menschen völlig zerstören. Gott fängt nichts mit Gold, Silber oder diesen Steinen an. Lieber als alle diese Dinge sind Gott die Reinen im Herzen. Mit ihnen erbaut Gott die Welt, oder er zerstört sie, wenn diese Herzen eben nicht rein sind.«

Ahmad ibn Hanbal (gest. 241/855), *al-Zuhd*, S. 146, Nr. 486. Cf. al-Ghazali, *Ihya´*, 3:396 (Asín, S. 392; Mansur, Nr. 144; Robson, S. 47).

Der »Tempel« des Ausspruchs in Matthäus 24:1 wird hier zu einer »Moschee«. Siehe Ausspruch Nr. 11.

72

Jesus sagte: »Satan begleitet die Welt. Seine Falschheit begleitet den Wohlstand. Seine Verführungskraft begleitet die Launenhaftigkeit. Seine äußerste Macht begleitet die Begierden.«

Ahmad ibn Hanbal (gest. 241/855), *al-Zuhd*, S. 146, Nr. 487. Cf. Abu Nu´aym, *Hilyat*, 5:252; Ibn ´Asakir, *Sirat*, S. 148, Nr. 51 (Mansur, Nr. 75).

73

Jesus pflegte zu sagen: »Oh Jünger, sucht nicht die Welt, indem ihr euch selbst zerstört; sucht eure Erlösung, indem ihr aufgebt, was in der Welt ist. Nackt kamt ihr auf die Welt, und nackt werdet ihr von ihr gehen. Sucht nicht nach der Nahrung, die der morgige Tag euch bringen wird, lasst die Nahrung jeden Tages genug sein. Der morgige Tag wird seine eigenen Sorgen bringen. Bittet Gott, euch Tag für Tag Nahrung zu geben.«

Ahmad ibn Hanbal (gest. 241/855), *al-Zuhd*, S. 146, Nr. 488. Cf. Ibn Abi al-Dunya, *Kitab Dhamm al-Dunya*, in *Mawsu´at Rasa´il*, 2:68, Exzerpt Nr. 128.

Der Ausspruch zur Nacktheit begegnet in Hiob 1:21. Der Rest ist eine Umgestaltung des Matthäusverses 6:34.

74

Jesus pflegte zu sagen: »Mein Gott, ich kann mich nicht länger von dem frei halten, was ich verabscheue, noch das erreichen, nach dem ich verlange. Die Sache liegt nun in eines anderen Hand, und ich werde für mein Tun zur Rechenschaft gezogen. Es gibt keinen ärmeren Mann als mich. Lass meinen Feind sich nicht an mir weiden. Lass meinen Freund sich nicht von mir abwenden. Lass meinen Glauben nicht mein Verderben sein, und stelle niemanden über mich, der kein Erbarmen mit mir hat.«

Ahmad ibn Hanbal (gest. 241/855), *al-Zuhd*, S. 147, Nr. 490. Cf. ibid. S. 146–147, Nr. 489; Mikawayh, *al-Hikma*, S. 131; al-Ghazali, *Ihya´*, 1:324 (Asín, S. 355, Nr. 11; Mansur, Nr. 98; Robson, S. 81); Ibn ´Asakir, *Sirat*, S. 122, Nr. 103.

Der Ausspruch ist ein Widerhall der Klagen, wie sie z. B. in Hiob oder Micha zu finden sind. Ein sehr ähnlicher Ausspruch wird einem Gelehrten und Asketen aus dem achten Jahrhundert, Bakr al-Muzani in Ibn Sa´d, *Tabaqat*, 7:210–211, zugeschrieben.

75

Die Israeliten tadelten Jesus wegen seiner Armut. Er sagte zu ihnen: »Bedauernswerte Menschen, ihr seid von Reichen in die Irre geführt worden. Habt ihr jemals jemanden gesehen, der Armut suchend ungehorsam gegenüber Gott war?«

Ahmad ibn Hanbal (gest. 241/855), *Kitab al-Wara'*, Nr. 228. Cf. al-Jahiz, *al-Bayan*, 3:155.

Die Mahnung vor der Verführung durch Reiche verweist möglicherweise auf Matthäus 13:22 zurück.

76

Als Jesus umherzog, öffnete sich der Himmel, und Regen kam in Strömen herunter. Deshalb suchte er in einer Höhle Zuflucht. Dort traf er einen Hirten an. Jesus verließ die Höhle wieder und nahm in einem Dickicht Zuflucht. Er traf auf einen Löwen, der sich dort zusammengekauert hatte. Jesus erhob seinen Kopf und sagte: »Mein Herr, du hast jedem eine Zuflucht gegeben, nur mir nicht.« Gott offenbarte Jesus: »Oh Jesus, deine Zuflucht ist bei mir, im Schatten meines Thrones und in der Wohnung meiner Gnade. Ich werde dich mit tausend schönen jungen Frauen verheiraten und die Menschen auf deiner Hochzeit tausend Jahre speisen. Am Tag des Jüngsten Gerichts wird ein Herold ausrufen: ›Kommt und wohnt der Hochzeit des Freundes Gottes bei.‹«

Ahmad ibn Hanbal (gest. 241/855), *Kitab al-Wara'*, Nr. 318. Cf. Ibn 'Asakir, *Sirat*, S. 134, Nr. 121; al-Antaki, *Tazyin al-Aswaq*, 1:71; al-Zabidi, *Ithaf*, 8:87 (Variante) (Asín, S. 370, Nr. 37; Robson, S. 66).

Zu möglichen Ursprüngen dieser Erzählung siehe die Kommentare von Asín, der die Erzählung jedoch an zwei Stellen falsch übersetzt hat, da er sich für 'arsh (Thron) statt für 'urs (Hochzeitsfeier) entschieden hat.

Warum begegnen in dieser Erzählung ein Hirte und ein Löwe? Sind sie einfach nur Bewohner der Wildnis, sind sie von Bedeutung im Blick auf Jesu Wanderschaft? Die Worte, die Gott an Jesus richtet, besagen, dass sein enthaltsames Leben in dieser Welt in der nächsten reich belohnt werden wird.

Sein Lohn besteht in der Geborgenheit bei Gott. Auf der himmlischen Hochzeitsfeier endet das Junggesellendasein Jesu. Im Hintergrund steht die Vorliebe für Ehelosigkeit, die gewisse frühe asketische Sufis in einer Gesellschaft artikulierten, die die Ehe als verbindliches Lebensmodell vorsah.

77

Am Tag, an dem Jesus zum Himmel erhoben wurde, ließ er nichts anderes als ein wollenes Gewand, eine Steinschleuder und zwei Sandalen zurück.

Hannad ibn al-Sariyy (gest. 243/857), *Kitab al-Zuhd*, Nr. 553. Cf. Ibn ʿAsakir, *Sirat*, S. 134, Nr. 122 (Variante).

Hannad war ein bedeutender früher Übermittler asketischer Überlieferungen. Zu Informationen über sein Leben und Werk siehe die in der Bibliografie zitierte Einleitung zu seinen edierten Schriften.

Die Beschreibung der Dinge, die Jesus zurückließ, verweist möglicherweise auf Markus 6:7–9 zurück. Sie ist eine frühe Beschreibung des persönlichen Erscheinungsbildes Jesu und seiner Habseligkeiten. Die *midraʿa* war ein wollenes Gewand, das Asketen und Sufis gerne trugen. Zu einer ähnlichen Beschreibung der Habseligkeiten christlicher Asketen, die in der ägyptischen Wüste lebten, siehe Ward, *The Sayings of the Desert Fathers*, S. 18–19, Nr. 42.

78

Jesus ernährte sich von Pflanzen, kleidete sich in Gewänder von grobem Haar und schlief dort, wo immer ihn die Nacht erreichte. Er hatte kein Kind, das sterben könnte, kein Haus, das verfallen könnte, und er sparte sich weder sein Mittagessen für sein Abendessen noch sein Abendessen für sein Mittagessen auf. Er pflegte zu sagen: »Jeder Tag bringt seine eigene Nahrung mit sich.«

Hannad ibn al-Sariyy (gest. 243/857), *Kitab al-Zuhd*, Nr. 559. Cf. Kalabadhi, *al-Taʿarruf li-Madhhab Ahl al-Tasawwuf*, S. 7; al-Ghazali, *Ihyaʾ*, 4:220 (teilweise); al-Suhrawardi, *ʿAwarif*, 2:249 (Asín, S. 405, Nr. 77; Mansur, Nr. 158; Robson, S. 71); Ibn ʿAsakir, *Sirat*, S. 124, Nr. 108 ff.

Vgl. Nr. 60 und 73. Hier erfahren wir weitere Einzelheiten über den Alltag und die Kleidung Jesu. Das Thema des Lebens von einem Tag auf den anderen wird auch in Matthäus 6:25–34 behandelt.

79

Jesus traf auf eine Gruppe weinender Menschen. Er fragte: »Warum weinen diese Menschen?« Man antwortete ihm: »Sie fürchten sich vor ihren Sünden.« Er sagte: »Gebt eure Sünden auf, und euch wird vergeben werden.«

Abu ´Uthman al-Jahiz (gest. 255/868), *al-Bayan wa al-Tabyin*, 1:399 und 3:167. Cf. Ibn ´Abd Rabbihi, *al-´Iqd*, 2:268 (Mansur, Nr. 3); ibid., 3:181 (Asín, S. 543, Nr. 119; Mansur, Nr. 18; Robson, S. 52); Miskawayh, *al-Hikma*, S. 153.

Jahiz ist eine bedeutende literarische Persönlichkeit der klassisch-arabischen islamischen Kultur. Er hatte ein großes Interesse an praktisch allen Künsten und Wissenschaften seiner Zeit. Zu Informationen über sein Leben und sein Werk siehe *EI* 2.

Bisher stammten die Jesusaussprüche vorwiegend aus zwei Quellen, Ibn al-Mubarak und Ibn Hanbal. Diese Aussprüche und Erzählungen weisen vorrangig eine asketische Ausrichtung auf. Dies ist angesichts der Interessen, die mit diesen Quellen gegeben sind, nicht überraschend. Der ausgeprägt asketische – fast antisoziale – Charakter vieler dieser Aussprüche und Erzählungen weicht nun allmählich dem Geist des Adab. Jetzt hören wir mehr über moralisches Verhalten, gute Umgangsformen und sozialen Austausch. Die Sprache Jesu verändert sich auf subtile Weise; sie wird blumiger, metaphorischer und epigrammatischer. Die asketische Dimension wird zwar nicht aufgegeben. Ein großes Gewicht erhält nun jedoch auch ein vornehmes, umgängliches Verhalten. Jesus wird immer mehr zu einem muslimischen Adib (einem vornehmen Gelehrten, einem Weisen), wobei er einige seiner früher stark ausgeprägten asketischen Züge verliert.

In dieser Erzählung weist Jesus eine Gruppe von Menschen zurecht, die man als Büßer bezeichnen kann. In der islamischen Geschichte bildeten Büßermönche (*al-Tawwabun*) eine frühschiitische Gruppe, die betrauerte, dass sie sich von ´Ali und seiner Familie zurückgezogen hatte. ´Ali, Cousin, Schwiegersohn des Propheten und der vierte Kalif des Islam war zentraler Gegenstand schiitischer Loyalität und Verehrung. Möglicherweise enthält die Erzählung eine Anspielung auf solche Gruppen, zumal Jahiz religiösen Exzessen gegenüber, insbesondere solchen unter Schiiten, sehr feindselig eingestellt war. Die Worte Jesu schließen auch eine gewisse Ironie ein, die für die geistreich witzige, satirische oder in anderer Weise treffende Antwort eines Adib typisch ist.

80

Christus ging an einer Gruppe von Israeliten vorbei, die ihn beleidigten. Jedes Mal, da sie ein böses Wort sprachen, antwortete Christus mit einem guten. Simon der Reine sagte zu ihm: »Wirst du ihnen jedes Mal mit einem guten Wort antworten, wenn sie ein böses sagen?« Christus sagte: »Jeder Mensch gibt von dem, was er hat.«

Abu ʿUthman al-Jahiz (gest. 255/868), *al-Bayan wa al-Tabyin*, 2:177. Cf. Ibn Qutayba, *ʿUyun*, 2:370; Ibn ʿAsakir, *Sirat*, S. 156, Nr. 169.

Der Kontext hier ist eindeutig der von guten Manieren und Höflichkeit. Möglicherweise ist die Erzählung ein Widerhall von Matthäus 5:22. Sie endet mit einem *bon mot*; man kann sich gut vorstellen, wie Jesus lächelt, als er es ausspricht. Bemerkenswert ist auch, dass zu dieser Zeit immer mehr Aussprüche und Erzählungen die Namen anderer Akteure, z. B. Simon, enthalten, die ihnen vermutlich einen lebendigeren Charakter verleihen sollten. Im arabischen Original steht *al-safi* (»der Reine«), dabei handelt es sich aber wahrscheinlich um eine Verwechslung mit *al-safa* (»der Fels«), der Bedeutung des Namens Petrus.

Es ist vielleicht auch erwähnenswert, dass die ägyptischen Wüstenväter es als eine Tugend ansahen, Beleidigungen zu ertragen. Siehe Ward, *The sayings of the Desert Fathers*, S. 69, Nr. 1.

81

Jesus wurde gesehen, als er das Haus einer Dirne verließ. »Geist Gottes, was machst du in dem Haus dieser Frau?« »Es ist der Kranke, den der Arzt besucht«, erwiderte er.

Abu ʿUthman al-Jahiz (gest. 255/868), *al-Bayan wa al-Tabyin*, 3:140 (Asín, S. 537, Nr. 104; Mansur, Nr. 237; Robson, S. 50). Cf. Ibn Qutayba, *ʿUyun*, 2:370.

Siehe Matthäus 9:12 und 21:31.

82

Jesus sagte: »Die Welt ist Satans Gut, und die Menschen sind seine Ackersleute.«

Abu ʿUthman al-Jahiz (gest. 255/868), *al-Bayan wa al-Tabyin*, 3:140–141. Cf. Ibn ʿAbd Rabbihi, *al-ʿIqd*, 3:143 (Asín, S. 543, Nr. 117; Mansur, Nr. 8; Robson, S. 84–85).

Die Welt als Satans Gut ist ein ungewöhnliches Bild, das allerdings möglicherweise auf einige Jesusgleichnisse zurückverweist.

83

Jesus sagte: »Weh euch, Sklaven dieser Welt! Wie sehr eure Handlungen euren Grundsätzen widersprechen und eure Klagen eurem Verstand! Eure Worte sind Heilmittel, die Krankheiten heilen, aber eure Handlungen sind Krankheiten, die sich nicht heilen lassen. Ihr seid nicht wie der Weinstock, der feine Blätter und eine wohlschmeckende Frucht hat und leicht zu erreichen ist, sondern ihr seid in Wahrheit wie der Akazienbaum, der wenige Blätter und viele Dornen hat und schwer zu erreichen ist! Weh euch, Sklaven dieser Welt! Ihr habt das Gute geringgeschätzt, [in der Meinung] es könnte von jedem, der es möchte, erreicht werden, und ihr habt diese Welt hochgeschätzt, [in der Meinung] sie könne nicht erreicht werden. Ihr seid weder fromme Sklaven noch achtbare Freie. Weh euch, Lohnempfänger der Sünde! Ihr nehmt euren Lohn und verderbt die Arbeit. Ihr werdet dem begegnen, was ihr am meisten fürchtet, denn der Aufseher wird bald die Arbeit sehen, die ihr verdorben habt, und die Löhne, die ihr genommen habt. Weh euch, Schuldner des Bösen! Ihr beginnt, Geschenke zu machen, bevor ihr eure Schulden beglichen habt, ihr macht bereitwillig, was überflüssig ist, aber ihr macht nicht, was euch befohlen wurde. Der Gläubiger wird keine Geschenke annehmen, bevor seine Schulden nicht beglichen worden sind.«

Abu ʿUthman al-Jahiz (gest. 255/868), *al-Bayan wa al-Tabyin*, 3:157. Cf. Ibn ʿAbd Rabbihi, *al-ʿIqd*, 3:173 (Asín, S. 540, Nr. 110; Mansur, Nr. 15; Robson, S. 73).

Die hier formulierten Zurechtweisungen erinnern an die Zurechtweisungen, die Jesus in Matthäus 23:13ff. an Pharisäer richtet. Die Sätze sind sorgfältig konstruiert. Sie enthalten im Arabischen Reime und Parallelismen. Die islamischen Elemente kommen in Fachbegriffen wie *nawafil* (überflüssige Taten, bzw. Werke der Übergebühr) zum Tragen. Die Pharisäer aus den Evangelien werden zu »Sklaven der Welt«.

84

Jesus sagte: »Ihr bemüht euch um diese Welt, in der für euch gesorgt wird, ohne dass ihr euch um sie bemühen müsstet, wohingegen ihr euch nicht um die jenseitige Welt bemüht, in der für euch nicht gesorgt werden wird, außer wenn ihr euch um sie bemüht hättet.«

Abu ʿUthman al-Jahiz (gest. 255/868), *al-Bayan wa al-Tabyin*, 3:166. Cf. Ibn Abi al-Dunya, *Kitab Dhamm al-Dunya*, in *Mawsuʿat Rasaʾil*, 2:165; Exzerpt Nr. 401 (ausführlichere Version); Ibn ʿAbd Rabbihi, *al-ʿIqd*, 3:143 (Asín, S. 541, Nr. 113; Mansur, Nr. 11; Robson, S. 73); ibid., 3:209; al-Mawardi, *Adab*, S. 101; Ibn ʿAsakir, *Sirat*, S. 195, Nr. 237.

Dieser Ausspruch und die folgende Aussprüche, denen elegante Umstellungen der Wortreihenfolge zugrundeliegen, sind meisterlich formulierte Aussprüche, wie sie für den Adab typisch sind.

85

Christus sagte: »Wie unbedeutend diese Welt für Gott ist, wird daran deutlich, dass nur in dieser Welt Gott missachtet werden kann und dass seine Barmherzigkeit nur erlangt, wer der Welt entsagt.«

Abu ʿUthman al-Jahiz (gest. 255/868), *al-Bayan wa al-Tabyin*, 3:166.

86

Jesus sagte zu seinen Jüngern: »Der Mensch wurde in dieser Welt in vier Stufen erschaffen. In dreien von ihnen fühlt er sich sicher, und in der vierten ist er übelgelaunt und fürchtet er, dass sich Gott von ihm lossagt. In der ersten Stufe wird er in drei Dunkelheiten hineingeboren: in die Dunkelheit des Leibes, in die Dunkelheit des Schoßes und in die Dunkelheit der Plazenta. Gott sorgt für ihn in der Dunkelheit der Leibeshöhle. Wenn er aus der Dunkelheit des Leibes befreit wird, trifft er auf Nahrung, zu der er sich weder auf Füßen und Beinen hinbewegen noch die er mit seiner Hand erreichen kann. Sie wird ihm dargeboten, und er wird mit ihr belohnt, bis er herangewachsen ist. Wenn er von der Milch entwöhnt ist, erreicht er die dritte Stufe. Er bekommt feste Nahrung von seinen Eltern, die sie rechtmäßig oder unrechtmäßig verdienen. Wenn seine Eltern sterben, haben andere Menschen Mitleid mit ihm, einer gibt ihm zu essen, ein anderer gibt ihm zu trinken, wieder ein anderer beherbergt ihn, und noch ein anderer gibt ihm Kleidung. Wenn er die vierte Stufe erreicht und stark und aufrecht und ein Erwachsener ist, fürchtet er, dass nicht mehr für ihn gesorgt wird, und deshalb greift er Mitmenschen an, missbraucht ihr Vertrauen, raubt sie aus, trägt ihre Habe weg, obwohl er fürchtet, dass Gott der Allmächtige sich von ihm lossagen könnte.«

Abu ´Uthman al-Jahiz (gest. 255/868), *Al-Mahasin wa al-Addad*, S. 82–83. Cf. Abu Hayyan, *al-Imta´ wa al-Mu´anasa*, 2:127; al-Bayhaqi, *al-Mahasin wa al-Mawasi´*, S. 309 (Asín, S. 537; Mansur, Nr. 236; Robson, S. 50–51). Cf. Ibn Abi al-Dunya, *Kitab al-Qana´a wa´l Ta´affuf*, in *Mawsu´at Rasa´il*, 1:57, Exzerpt Nr. 126; Ibn ´Asakir, *Sirat*, S. 170, Nr. 193.

Eine elaborierte Rede über die verschiedenen Stufen des menschlichen Lebens und über die Frage, wie ein Mensch zum Verbrecher wird. Das Thema des in verschiedene Stufen eingeteilten Lebens ist universell. Das Verbrechen beruht auf der fehlenden Hoffnung auf Gottes Barmherzigkeit.

87

Gott sagte zu Jesus: »Ich sende nach dir eine Religionsgemeinschaft, die, wenn ich großzügig zu ihr bin, Dank sagt und lobpreist, und, wenn ich mich zurückhalte, geduldig und zufrieden ist, ohne selbst Milde und Wissen zu haben.« Jesus fragte: »Wie kann sie dies tun, oh Gott, ohne Milde und Wissen?« Gott erwiderte: »Ich gebe ihr etwas von meiner Milde und meinem Wissen.«

(Asín, S. 601, Nr. 224; Mansur, Nr. 238.)

Gott wendet sich an Jesus. Die Gemeinschaft, auf die hier Bezug genommen wird, ist offenkundig die islamische. Es gibt eine Stelle im Matthäusevangelium (23:34), in der Muslime möglicherweise einen passenden Hinweis auf die Ankunft Mohammeds und sogar auch auf seine Hidschra, seine Emigration von Mekka nach Medina, gefunden haben. Gott gibt der islamischen Gemeinschaft den Vorzug vor anderen Religionsgemeinschaften, und Jesus dient ihm als Zeuge. Mit seiner Frage an Gott bezieht sich Jesus möglicherweise auf das vorislamische arabische Zeitalter, in dem es Tugenden wie Milde (*hilm*) und Wissen (*'ilm*) vermutlich nicht gab. Daher erklärt sich auch das islamische Epithet zur Bezeichnung dieses Zeitalters: *jahili* – gewalttätig und blind.

88

Man stellte Jesus die Frage: »Welche deiner Taten ist die beste?« Er erwiderte: »Das aufzugeben, was mich nicht betrifft.«

Abu ´Uthman al-Jahiz (gest. 255/868), *Kitab Kitman al-Sirr*, 1:162. Cf. Abu Nu´aym, *Hilyat*, 1:227 (Mansur, Nr. 64).

89

Gott gab Jesus ein, Missionare zu den Königen der Erde auszusenden. Er sandte seine Jünger aus. Die, die in naheliegende Gebiete gesandt wurden, stimmten zu, aber jene, die weit weg geschickt wurden, waren nicht willens zu gehen und sagten: »Ich spreche nicht die Sprache derer, zu denen du mich gesandt hast.« Jesus sagte: »Oh Gott, ich befahl meinen Jüngern zu tun, was du mir befahlst, und sie haben mir nicht gehorcht.« Gott offenbarte ihm: »Ich werde dir diese Sorge nehmen.« Also ließ Gott jeden Jünger die Sprache derer sprechen, zu denen er gesandt wurde.

Ibn ʿAbd al-Hakam (gest. 257/870), *Kitab Futuh Misr*, S. 45.

Ibd ʿAbd al-Hakam, Historiker des frühislamischen Ägypten, entstammte einer vornehmen Familie, in der es viele Hadithgelehrte und Historiker gab.

Die Erzählung ist eine Umdeutung der Erzählung von der Aussendung der Zwölf (Matthäus 10) mit möglicher Bezugnahme auf die Pfingsterzählung (Apostelgeschichte 2:1–13). Hier ist jedoch die Machtlosigkeit Jesu die Ursache für das göttliche Eingreifen.

90

Jesus sagte zu seinen Jüngern: »Wenn Menschen euch zu ihren Häuptern ernennen, seid wie Schwänze.«

ʿAbdallah ibn Qutayba (gest. 271/884), *ʿUyun al-Akhbar*, 1:266.

Ibn Qutayba, ein jüngerer Zeitgenosse von Jahiz, war eine bekannte literarische Persönlichkeit, Herausgeber mehrerer Anthologien, Kritiker und Hadithgelehrter mit sehr vielfältigen Interessen an Geschichte und nichtmuslimischen Religionen. Seine Jesusaussprüche und -erzählungen nehmen in dem Gesamtkorpus einen wichtigen Platz ein. Denn er scheint der früheste muslimische Autor zu sein, der Aussprüche aus den Evangelien zitierte. Allerdings griff er auch auf andere Überlieferungen zurück, die hier berücksichtigt werden.

Zu diesem Ausspruch gibt es zwar kein genaues Äquivalent in den Evangelien. Eine ähnliche Haltung ist jedoch (beispielsweise) in den Matthäusversen 23:11–12 und 20:27 anzutreffen. Wahrscheinlich sollte eine politische Botschaft vermittelt werden, die muslimische Herrscher dazu ermahnen sollte, sich nach dem Beispiel der frühen Kalifen in Bescheidenheit zu üben. Das Bild des frühislamischen Zeitalters als eines Goldenen Zeitalters wurde von Rechtsgelehrten und Historikern aus der Zeit Ibn Qutaybas geprägt. Jesus wird hier vermutlich als eine Autorität angeführt, die dieses Bild untermauern soll.

91

Jesus begegnete einem Mann und fragte ihn: »Was tust du?« »Ich gebe mich Gott hin«, gab dieser zur Antwort. Jesus fragte: »Wer kümmert sich um dich?« »Mein Bruder«, erwiderte er. Jesus sagte: »Dein Bruder ist Gott ergebener als du.«

ʿAbdallah ibn Qutayba (gest. 271/884), ʿUyun al-Akhbar, 1:327. Cf. Ibn ʿAbd Rabbihi, al-ʿIqd, 2:371 (Asín, S. 539, Nr. 109; Mansur, Nr. 5; Robson, S. 51); al-Ghazali, Ihyaʾ, 2:64; Ibn ʿAsakir, Sirat, S. 202, Nr. 249.

In diesem Ausspruch wird gesellschaftlichem Zusammengehörigkeitsgefühl und Mitgefühl Vorrang vor individueller, einsamer Gottesverehrung eingeräumt. Jesus ist nicht mehr der einsame Asket, sondern ein besorgter Gefährte derer, die in Not sind; er ist nicht mehr der Schutzheilige derer, die der Welt unversehrten Glaubens entfliehen, sondern eine stärker gesellschaftlich engagierte Gestalt, die die Tugenden der Verantwortung für die Gemeinschaft preist.

92

Christus sagte: »Wie lange noch werdet ihr Reisenden in der Nacht den Weg beschreiben, während ihr selbst noch hinter den Verwirrten zurückbleibt? Es genügt ein nur geringes religiöses Wissen, aber eure Taten sollten zahlreich sein.«

ʿAbdallah ibn Qutayba (gest. 271/884), ʿUyun al-Akhbar, 2:127. Cf. Ibn ʿAsakir, Sirat, S. 185, Nr. 219.

Siehe Ausspruch Nr. 43 zum Gegensatz zwischen religiösem Wissen (ʿilm) und guten Taten (ʿamal). Der erste Teil dieses Ausspruchs ist möglicherweise ein Widerhall der Bibelverse Matthäus 15:14 und 23:16 ff, in denen Jesus Pharisäer zurechtweist.

93

Christus sagte: »Gott verabscheut den Gelehrten am meisten, der gerne andere verleumdet, der gerne einen Ehrenplatz in einer Versammlung einnimmt, sich zu Feiern einladen und sich Säcke voller Nahrungsmittel geben lässt. Wahrlich, ich sage euch, solche Männer haben ihren Lohn in dieser Welt erhalten, und Gott wird am Tag des Jüngsten Gerichts ihre Strafe um ein Vielfaches erhöhen.«

´Abdallah ibn Qutayba (gest. 271/884), ´Uyun al-Akhbar, 2:127. Cf. Miskawayh, *al-Hikma*, S. 125.

In Matthäus 23:5–6 sind es Schriftgelehrte und Pharisäer, die gerne einen Ehrenplatz bei Festmählern einnehmen. Hier wie an anderer Stelle ersetzen Religionsgelehrte Schriftgelehrte und Pharisäer als Zielscheiben der Kritik.

94

»Am Ende der Zeit wird es Religionsgelehrte geben, die Enthaltsamkeit predigen, selbst aber keine Enthaltsamkeit üben, die andere antreiben, sich nach dem Jenseits zu sehnen, sich selbst aber nicht nach ihm sehnen, die verbieten, Herrscher aufzusuchen, selbst aber nicht widerstehen, die die Nähe der Reichen suchen und sich von den Armen abwenden, die sich von einfachen Leuten zurückziehen und sich bei den Mächtigen einschmeicheln. Sie sind Tyrannen und Feinde des barmherzigen Gottes.«

´Abdallah ibn Qutayba (gest. 271/884), ´Uyun al-Akhbar, 2:129–30. Cf. Ibn ´Abd Rabbihi, *al-´Iqd*, 2:227 (Asín, S. 539, Nr. 108; Mansur, Nr. 2; Robson, S. 84). In Ibn Qutayba wird der Ausspruch vage »einem Ahnen« (*qala ba´d al-salaf*) zugeschrieben; in Ibn ´Abd Rabbihi wird er Jesus zugeschrieben.

Es gibt viele Hadithe über den Propheten Mohammed, das Ende der Welt und die »Zeichen« für das Ende der Welt betreffend. Viele von ihnen beschreiben Situationen am Ende der Welt, in denen die üblichen Sitten und Verhaltensweisen in ihr Gegenteil verkehrt werden. Hier sind die ´ulama´ erneut Zielscheibe der Kritik. Ihr Verhalten spiegelt das Verhalten der von Jesus nach Matthäus kritisierten Pharisäer wider. Es verdient einen scharfen Tadel, da die Gelehrten ihre Integrität preisgeben, um die Gunst der Herrscher zu erlangen. Damit wird die wahre Berufung der Gelehrten in ihr Gegenteil verkehrt.

95

Jesus sagte: »Wer spricht, ohne Gottes zu gedenken, stammelt nur. Wer nachdenkt, ohne sich selbst zu ermahnen, ist nur unachtsam. Wer schweigt, ohne nachzudenken, verschwendet nur seine Zeit.«

ʿAbdallah ibn Qutayba (gest. 271/884), ʿUyun al-Akhbar, 2:178. Cf. al-Samarqandi, *Tanbih*, S. 78 (ausführlichere Version) (Asín, S. 554, Nr. 136; Mansur; Nr. 36; Robson, S. 55).

Hierbei handelt es sich um ein typisches Beispiel für eine Adabweisheit, die einerseits vieles Asketen wie al-Hasan al-Basri und andererseits rationalistischen Intellektuellen wie Ibn a-Muqaffaʿ (gest. ca. 139/756) verdankt. Im arabischen Original ist der Ausspruch in Reimprosa (*sajʿ*), einem Stil verfasst, der mit den islamischen und nicht-islamischen Weisen und Propheten der Vergangenheit assoziiert wird.

96

»Wahrlich, ich sage euch: der, der Weises sagt, und der, der ihm zuhört, gehören zusammen, und der, der Weisheit praktiziert, verdient es mehr, weise genannt zu werden. Wahrlich, ich sage euch, wenn ihr in einer dunklen Nacht eine Öllampe fändet, würdet ihr trotz des übel riechenden Öls von ihrem Licht Gebrauch machen. Und deshalb solltet ihr auch von jedem Weisheit annehmen, der in ihrem Besitz ist.«

ʿAbdallah ibn Qutayba (gest. 271/884), ʿUyun al Akhbar, 2:268. Cf. Ibn ʿAbd al-Barr, *Mukhtasar Jamiʿ Bayan al-ʿIlm*, S. 96 (teilweise) (Asín, S. 567, Nr. 155; Mansur, Nr. 86; Robson, S. 56–57).

Eine teilweise Umdeutung der Matthäusverse 5:14–16 und möglicherweise der Matthäusverse 7:24–26. Neu sind das übel riechende Öl, das mit dem Licht der Weisheit kontrastiert wird (*hikmah*), und die Ersetzung des metaphorischen »Lichts« in Matthäus durch *hikmah*. Die Nachahmung des

Redestils Jesu verleiht dem Ausspruch »Authentizität«. Siehe Nr. 51. Es gibt verschiedene Hadithe über den Propheten Mohammed, in denen es darum geht, von allen Seiten her Weisheit zu erlangen. Im Koran ist *hikmah* das, was ein Mensch braucht, um den Glauben anzunehmen. Später erhält der Begriff eine rationalere und wissenschaftlichere Bedeutung und wird als Gegensatz zu ʿ*ilm*, zum religiösen Wissen, verwendet. In diesem Ausspruch erscheint Jesus ebenso sehr als Schutzherr der Intellektuellen wie derjenigen, deren gute Taten in der Dunkelheit leuchten.

Jesus sagte zu seinen Gefährten: »Wenn ihr wirklich meine Brüder und Freunde seid, gewöhnt euch an Feindseligkeit und Hass der Menschen. Denn ihr werdet nur dann erhalten, was ihr sucht, wenn ihr aufgebt, was ihr euch wünscht. Ihr werdet nur besitzen, was ihr liebt, wenn ihr ertragt, was ihr verabscheut.«

ʿAbdallah ibn Qutayba (gest. 271/884), ʿ*Uyun al-Akhbar*, 2:268. Cf. Ibn Abi al-Dunya, *Kitab Dhamm al-Dunya*, in *Mawsuʿat Rasaʾil*, 2:104, Exzerpt Nr. 214 (ausführlichere Version); Ibn ʿAsakir, *Sirat*, S. 178, Nr. 207.

Die beiden Teile dieses Ausspruchs scheinen nicht gut zueinander zu passen. Der erste Teil verweist vielleicht auf Matthäus 10:34–39 zurück. Der zweite Teil gehört wohl zu einer asketischen oder stoischen Richtung, die eine Verachtung der Begierden lehrt.

»Selig ist, wer mit seinem Herzen sieht, aber dessen Herz nicht in dem ist, was er sieht.«

ʿAbdallah ibn Qutayba (gest. 271/884), ʿ*Uyun al-Akhbar*, 2:268.

Ein gewählt formulierter Ausspruch, der zwar keine genauen Parallelen in den Evangelien hat, aber gleichwohl in seiner Tiefgründigkeit zur Jesusrede passt.

99

Christus sagte: »Die Welt ist eine Brücke. Überquere diese Brücke, aber baue nicht auf ihr.«

ʿAbdallah ibn Qutayba (gest. 271/884), ʿUyun al-Akhbar, 2:328. Cf. al-Mubarrad, al-Kamil, 1:98; Ibn ʿAbd Rabbihi, al-ʿIqd, 3:173 (leichte Variation) (Mansur, Nr. 16); al-Makki, Qut, 1:256; al-Ghazali, Ihyaʾ, 4:128 (Asín, S. 376, Nr. 46; Mansur, Nr. 128; Robson, S. 68); al-Zabidi, Ithaf, 9:332 (ausführlichere Version) (Mansur, Nr. 156).

Zu weiteren Details zu diesem berühmten, weit verbreiteten Ausspruch siehe Fußnote 55 der Einführung. Der Ausspruch wird von al-Mubarrad (gest. 285/898), einem Zeitgenossen Ibn Qutaybas, al-Hasan al-Basri zugeschrieben.

100

Christus ging an einer Gruppe Menschen vorbei, die Beleidigungen gegen ihn ausstießen, und er antwortete mit Segenssprüchen. Er ging an einer anderen Gruppe vorbei, die ihn ebenfalls beleidigte, und er antwortete auf die gleiche Weise. Einer seiner Jünger fragte: »Wie kommt es, dass du sie umso mehr segnest, je mehr sie dich beleidigen? Es ist, als würdest du das geradezu herausfordern.« Christus erwiderte: »Ein Mensch kann nur hervorbringen, was in ihm ist.«

ʿAbdallah ibn Qutayba (gest. 271/884), ʿUyun al-Akhbar, 2:370. Cf. Ibn ʿAbd Rabbihi, al-ʿIqd, 2:276 (Mansur, Nr. 4); al-Turtushi, Siraj, S. 257; al-Ghazali, Ihyaʾ, 3:175 (Asín, S. 367, Nr. 32; Mansur, Nr. 117; Robson, S. 45–46).

Siehe Nr. 80.

101

Christus sagte: »Seid in der Mitte, rechtgeleitet, aber vertretet einen gemäßigten Standpunkt.«

ʿAbdallah ibn Qutayba (gest. 271/884), ʿUyun al-Akhbar, 3:21. Cf. al-Jahiz, al-Bayan, 1:256 (ʿAli b. Abi Talib an Stelle von Jesus); al-Mubarrad, al-Kamil, 1:210 (Variante); Ibn ʿAsakir, Sirat, S. 149, Nr. 152 (Robson, S. 62).

Die Bedeutung dieses Ausspruchs ist nicht ganz klar. Unter Umständen könnte auch der Gedanke angezielt sein, dass man *in* dieser Welt, aber nicht *von* dieser Welt sein soll. Diese Interpretation verdanke ich einem meiner ehemaligen Studenten, J. M. Laing. Der Koran beschreibt die Muslime als eine »in der Mitte stehende Gemeinschaft«. Siehe Koran 2:143 und 68:28.

102

Christus sagte: »Ihr werdet solange keinen Ehebruch begehen, wie ihr eure Augen niederschlagt.«

ʿAbdallah ibn Qutayba (gest. 271/884), *ʿUyun al-Akhbar*, 4:84. Cf. Warram, *Majmuʿa*, 1:62 (Variante).

Eine Umgestaltung der Matthäusverse 5:26–29. Die Ausdrucksweise ist jedoch eine koranische. Siehe z. B. Koran 24:30–31.

103

Jesus kam an einer Kuh vorbei, die in großer Not kalbte. »Oh Wort Gottes«, sagte die Kuh, »bete, dass Gott mich befreien möge.« Jesus betete: »Oh Schöpfer der Seele von der Seele. Du, der die Seele aus der Seele hervorbringt, befreie sie.« Die Kuh ließ ihr Junges auf den Boden fallen.

ʿAbdallah ibn Qutayba (gest. 271/884), *ʿUyun al-Akhbar*, 4:123.

Zu Jesus, der sich mit einer Schlange unterhält, siehe Nr. 145 und 286. Im Neuen Testament gibt es keine Verweise auf Kühe im Besonderen und wenige Verweise auf Vieh im Allgemeinen. In den Apokryphen zum Neuen Testament gibt es mehrere Erzählungen, von denen die meisten von den Aposteln handeln und in denen verschiedene Tiere sprechen. Siehe z. B. M. Rhodes James, *The Apocryphal New Testament* (Oxford: Clarendon Press, 1924), Sachindex, s.v. »animals«.

104

Jesus sagte: »Ich dachte über die Schöpfung nach und fand, dass der, der nicht erschaffen wurde, in meinen Augen glücklicher ist als der, der erschaffen wurde.«

Abu Bakr ibn Abi al-Dunya (gest. 281/894), *Kitab al-Ashraf*, S. 228. Cf. Ibn ʿAsakir, *Sirat*, S. 123, Nr. 104, 105.

Abu Bakr ibn Abi al-Dunya (gest. 281/894) war ein bekannter Hadithgelehrter, der asketische Traditionen von Mohammed und anderen islamischen und nicht-islamischen Personen zusammenstellte. Seine Sammlung von Jesuserzählungen und -aussprüchen ist sehr umfangreich. Sie enthält umfangreiche Überlieferungsketten (*isnad*). Für jede ausführliche Erforschung der Ursprünge dieser Erzählungen und Aussprüche ist seine Sammlung von herausragender Bedeutung. Seine Jesusaussprüche und -erzählungen wurden, wie angegeben, ausgiebig von al-Ghazali und anderen verwendet. Zu Informationen über sein Leben und Werk siehe *EI* 2.

Der Ausspruch Nr. 104 ist ein seltsamer Ausspruch, der keine Entsprechungen in den Evangelien hat, außer vielleicht im Matthäusvers 26:24, der von dem Verrat des Judas handelt. Parallelen lassen sich möglicherweise zu zwei apokryphen Evangelien, dem Thomasevangelium und dem Philippusevangelium, herstellen. Siehe Bentley Layton, *The Gnostic Scriptures* (New York: Doubleday, 1987), S. 383, Exzerpt 19 (Thomas) und S. 339, Exzerpt 49 (Philippus).

105

Jesus sagte: »Gott ist mein Zeuge, dass die Welt nicht im Herzen eines Dieners gewohnt hat, ohne dass dessen Herz mit drei Dingen in ihr in Berührung gekommen wäre: Arbeit, deren Last nie geringer wird, Armut, die nicht überwunden werden kann, und Hoffnung, die nicht erfüllt werden kann. Die Welt verfolgt und wird selbst verfolgt. Sie verfolgt den, der das Jenseits sucht, bis sein Leben (im Diesseits) zu einem Ende gelangt, während das Jenseits den verfolgt, der das Diesseits sucht, bis der Tod kommt und ihn am Nacken packt.«

Abu Bakr ibn Abi al-Dunya (gest. 281/894), *Kitab al-Qana´a wa al-Ta´affuf* in *Mawsu´at Rasa´il*, 1:68, Exzerpt Nr. 162. Cf. Ibn ´Asakir, *Sirat*, S. 146, Nr. 147; al-Zabidi, *Ithaf*, 9:332 (Asín, S. 598, Nr. 221; Mansur, Nr. 258; Robson, S. 77).

Die hier beschriebene Welt ist vorrangig eine Welt, in der Ziele weder erreicht werden noch erreicht werden können. Das Motiv der Welt, die verfolgt und selbst verfolgt wird, kommt in den Jesusaussprüchen häufig vor.

106

Es wird berichtet, dass Jesus die Welt offenbart wurde und dass er sie in Gestalt eines zahnlosen alten Weibes, das mit jedem erdenklichen Schmuck behangen war, sah. »Wie viele Männer haben dich geheiratet?«, fragte Jesus sie. »Ich kann sie nicht zählen«, erwiderte sie. »Sind sie alle vor dir gestorben, oder haben sie sich alle von dir scheiden lassen?«, fragte Jesus. »Weder das eine noch das andere, denn ich habe sie alle getötet«, erwiderte sie. Jesus sagte: »Welche unglückseligen Menschen sind sie, die Ehemänner, die übrig bleiben! Denn sie lernen nicht von deinen früheren Ehemännern, wie du einen nach dem anderen getötet hast, und nehmen sich auch nicht vor dir in Acht.«

Abu Bakr ibn Abi al-Dunya (gest. 281/894), *Kitab Dhamm al-Dunya*, in *Mawsu´at Rasa´il*, 2:44, Exzerpt Nr. 27 (cf. Exzerpte Nr. 28, 29, 30, die verschiedenen muslimischen Asketen zugeschrieben werden). Cf. al-Ghazali, *Ihya´*, 3:210 (Asín, S. 375, Nr. 45; Mansur, Nr. 127; Robson, S. 68). Siehe auch Ibn Hanbal, *al-Zuhd*, 363 (Nr. 1433; Variante; keine Jesuserzählung).

Hierbei handelt es sich, wie ihre Verbreitung in der Literatur und ihre Zuordnung zu verschiedenen Asketen belegt, um eine sehr bekannte Erzählung. Asín schlägt Johannes 4:7ff. als Parallele vor, obwohl das Bild der geschmückten Frau sowohl im Alten Testament (z. B. Ezechiel 13:17ff.) als auch im Koran, der übermäßige weibliche Beschmückung verurteilt (z. B. 24:60 und 33:33), zu finden ist. Siehe auch Offenbarung 17:1–18.

107

Jesus sagte: »Das Herz eines Gläubigen kann nicht wirklich gleichzeitig die Liebe zu dieser und zur nächsten Welt in sich aufnehmen, ebenso wenig wie ein einziger Topf nicht wirklich gleichzeitig Wasser und Feuer in sich aufnehmen kann.«

Abu Bakr ibn Abi al-Dunya (gest. 281/894), *Kitab Dhamm al-Dunya*, in *Mawsu´at Rasa´il*, 2:44, Exzerpt Nr. 76. Cf. al-Ghazali, *Ihya´*, 3:200 (Asín, S. 369, Nr. 35; Mansur, Nr. 120; Robson, S. 65).

Es ist vielleicht erwähnenswert, dass im gnostischen Philippusevangelium erklärt wird, dass Seele und Geist »aus Wasser und Feuer gemacht sind«. Siehe Bentley Layton, *The Gnostic Scriptures*, S. 341, Exzerpt 58. Hierbei handelt es sich jedoch nur um eine stilistische Parallele, da nur wenige eindeutig gnostische Elemente im muslimischen Evangelium vorkommen. Es gibt auch einige oberflächliche Ähnlichkeiten mit Matthäus 6:24. Der nicht-attribuierte Ausspruch, der bei Ibn Abi al-Dunya diesem unmittelbar folgt, ist in der Tat eine Paraphrase von Matthäus.

108

Eines Tages begleitete ein Mann Jesus und sagte zu ihm: »Ich möchte mit dir gehen und dein Gefährte sein.« Sie gingen weiter und erreichten das Ufer eines Flusses, an dem sie sich hinsetzten, um zu essen. Sie hatten drei Laiber Brot bei sich. Sie aßen zwei Laiber, und das dritte blieb übrig. Dann stand Jesus auf und ging zum Fluss, um zu trinken. Als er zurückkehrte, sah er den dritten Laib Brot nicht mehr, weshalb er den Mann fragte: »Wer nahm den Laib?« »Ich weiß es nicht«, erwiderte der Mann.

Jesus setzte seinen Weg mit dem Mann fort, und er erblickte eine Ziege mit zwei ihrer Jungen. Jesus rief eines von den beiden, und es kam zu ihm. Jesus schlachtete es, röstete etwas von dem Tier, und aß mit seinem Gefährten. Dann sagte er zu dem jungen Tier: »Erhebe dich, mit Gottes Erlaubnis.« Das junge Tier erhob sich und ging weg. Dann wandte sich Jesus an seinen Gefährten: »Ich frage dich im Namen dessen, der dir dieses Wunder zeigte, wer nahm den Laib Brot?« »Ich weiß es nicht«, erwiderte der Mann.

Dann gelangten die beiden zu einem großen Gewässer, das in einem Tal lag. Jesus nahm den Mann an die Hand, und sie gingen über das Wasser. Als sie es überquert hatten, sagte Jesus zu ihm: »Ich frage dich im Namen dessen, der dir dieses Wunder gezeigt hat, wer nahm den Laib Brot?« »Ich weiß es nicht«, erwiderte der Mann.

Sie gelangten zu einer wasserlosen Wüste und setzten sich auf den Boden. Jesus begann, etwas Erde und Sand aufzusammeln, und sagte dann: »Werde zu Gold, mit Gottes Erlaubnis.« Und es wurde zu Gold. Jesus teilte das Gold in drei Teile auf: »Ein Drittel für mich, ein Drittel für dich und ein Drittel für den, der den Laib Brot nahm.« Da antwortete der Mann: »Ich war es, der den Laib nahm.« Jesus sagte zu ihm: »Das ganze Gold gehört dir.«

Dann verließ Jesus ihn. Zwei Männer überraschten den Mann mit seinem Gold in der Wüste und wollten ihn ausrauben und töten. Er sagte zu ihnen: »Lasst es uns in drei Teile aufteilen, und einer von euch soll in die Stadt gehen, um etwas zu essen zu kaufen.« Einer der beiden wurde dorthin geschickt und dieser sagte zu sich: »Weshalb sollte ich das Gold mit diesen beiden teilen? Ich werde lieber das Essen vergiften, und dann habe ich das Gold allein für mich.« Er brach auf und machte es so.

Währenddessen sprachen die beiden, die zurückgeblieben waren, zueinander: »Weshalb sollen wir ihm ein Drittel des Goldes geben? Wir wollen ihn stattdessen töten, wenn er wiederkommt, und das Geld unter uns beiden aufteilen.« Als er zurückkehrte, töteten sie ihn, aßen das vergiftete Essen, das er mitgebracht hatte, und starben. Das Gold blieb in der Wüste zurück – neben den drei toten Männern.

Jesus kam vorbei, traf sie in dieser Verfassung an und sprach zu seinen Gefährten: »Das ist die Welt. Nehmt euch vor ihr in Acht.«

Abu Bakr ibn Abi al-Dunya (gest. 281/894), *Kitab Dhamm al-Dunya*, in *Mawsu'at Rasa'il*, 2:49, Exzerpt Nr. 87. Cf. al-Ghazali, *Ihya'*, 3:267 (Asín, S. 383–384, Nr. 54; Mansur, Nr. 136; Robson, S. 97–99); al-Makki, *Qut*, 1:255 (Asín, S. 387–388, Nr. 54; Mansur, Nr. 26); al-Turtushi, *Siraj*, S. 79–80; Ibn 'Asakir, *Sirat*, S. 95, Nr. 82; al-Abshihi, *al-Mustatraf*, 2:263–264 (Asín, S. 385, Nr. 54 und S. 386–387, Nr. 54; leichte Variante).

Eine Moralerzählung, die in vielen Kulturen begegnet. Im arabischen Original folgt ihr unmittelbar eine andere, von al-Hasan al-Basri über Mohammed erzählte. Sie wird mit den Worten eröffnet: »Du und ich und die Welt sind wie eine Gruppe von Menschen, die in der Wüste verloren und am Rande des Todes sind.« Diese Gruppe trifft auf einen Mann, der sie zu fruchtbarem Land und Wasser führt. Als ihr Führer sie erneut auffordert, zu fruchtbarem Land und Wasser aufzubrechen, anders noch als das, was sie bereits haben, folgen ihm die meisten nicht. Ihr Führer bricht mit einigen wenigen, die ihm vertrauen, auf. Diejenigen, die zurückbleiben, werden von Feinden angegriffen und getötet oder gefangen genommen.

109

Jesus sagte: »Wahrlich, ich sage euch, so wie ein Kranker sein Essen gering schätzt und nicht genießt, weil er unter Schmerzen leidet, so freut sich der, der diese Welt liebt, nicht an der Gottesverehrung und schätzt deren Wonnen wegen seiner Liebe zu dieser Welt nicht. Wahrlich, ich sage euch, wenn ein Lasttier nicht zugeritten und nicht am Zügel geführt wird, wird es eigensinnig und verändert seinen Charakter. Und so wird auch das Herz hart und gefühllos, wenn es nicht durch das Gedenken an den Tod und das Bemühen in der Gottesverehrung erweicht wird. Wahrlich, ich sage euch, wenn eine Wasseroberfläche nicht zerrissen wird, kann sie Honig tragen. Und so kann auch das Herz ein Gefäß voller Weisheit sein, wenn es nicht von Begierden zerfressen, durch Habgier verdorben und durch Überfluss verhärtet wird.«

Abu Bakr ibn Abi al-Dunya (gest. 281/894), *Kitab Dhamm al-Dunya*, in *Mawsu´at Rasa´il*, 2:52, Exzerpt Nr. 90. Cf. al-Ghazali, *Ihya´*, 3:211 (Asín, S. 377, Nr. 47; Mansur, Nr. 129; Robson, S. 68–69).

In der islamischen Literatur über die Propheten wurde Jesus als Prophet des Herzens bekannt. Dieser Ausspruch ist ein frühes Beispiel für Lehrreden über das Herz. Die Weisheit, auf die am Ende verwiesen wird, ist *hikmah*: Dieser koranische Begriff bezeichnet die Einsicht, die den Glauben begleitet und möglich macht.

110

Man stellte Jesus die Frage: »Warum erwirbst du kein Haus, das dich beherbergt?« Er erwiderte: »Lasst uns zufrieden sein mit den Ruinen derer, die vor uns kamen.«

Abu Bakr ibn Abi al-Dunya (gest. 281/894), *Kitab Dhamm al-Dunya*, in *Mawsu´at Rasa´il*, 2:68, Exzerpt 129. Cf. al-Ghazali, *Ihya´*, 3:200 (Asín, S. 369, Nr. 36; Mansur, Nr. 121; Robson, S. 65).

Siehe Ausspruch Nr. 60.

111

Jesus sagte: »Die Welt existierte, und ich war nicht auf ihr, und sie wird existieren, und ich werde nicht auf ihr sein. Alles, was ich habe, sind meine Tage, die ich jetzt lebe. Wenn ich in ihnen sündige, bin ich in der Tat ein Sünder.«

Abu Bakr ibn Abi al-Dunya (gest. 281/894), *Kitab Dhamm al-Dunya*, in *Mawsu´at Rasa´il*, 2:105, Exzerpt Nr. 216. Cf. Ibn ´Asakir, *Sirat*, S. 182, Nr. 213 (Variante).

Dieser Ausspruch soll vermutlich das Menschsein Jesu unterstreichen, da er auf der einen Seite seine Ewigkeit bestreitet und auf der anderen Seite die Möglichkeit seiner Sündigkeit nahe legt.

112

Jesus sagte: »Es ist ein Merkmal der Asketen dieser Welt, dass sie die Gesellschaft jedes Gefährten meiden, der nicht nach dem verlangt, wonach sie verlangen.«

Abu Bakr ibn Abi al-Dunya (gest. 281/894), *Kitab Dhamm al-Dunya*, in *Mawsu´at Rasa´il*, 2:109, Exzerpt Nr. 225.

Das strikte Sich-Fernhalten von jedem, der nicht das will, wonach der Asket strebt, ist typischer für die frühmuslimischen Asketen als für den Jesus der Evangelien.

113

Jesus kam an einem Dorf vorbei und fand dessen Bewohner tot auf ihren Höfen und Wegen liegen. Er wandte sich zu seinen Jüngern und sagte: »Diese Menschen starben an göttlichem

Zorn, denn sonst hätten sie einander beerdigt.« »Geist Gottes«, sagten sie, »könnten wir doch erfahren, was ihnen widerfahren ist.« Jesus wandte sich an Gott den Allmächtigen, und Gott offenbarte, dass Jesus sie rufen sollte, wenn es Nacht würde, und dass sie ihm antworten würden. Als es Nacht wurde, ging Jesus auf einen Hügel und rief aus: »Oh Bewohner des Dorfes!« »Zu deinen Diensten, Geist Gottes«, antwortete einer von ihnen. Jesus fragte: »Was ist eure Lage, und was ist euch geschehen?« Der Mann erwiderte: »Wir gingen in guter Gesundheit schlafen und fanden uns im Grab wieder.« »Wie das?«, fragte Jesus. Der Mann gab zur Antwort: »Wegen unserer Liebe zur Welt und unserer Unterwürfigkeit Sündern gegenüber.« »Wie war eure Liebe zur Welt?«, fragte Jesus. »Wie das Kind seine Mutter liebt«, sagte der Mann. »Wenn sie sich näherte, waren wir glücklich, und wenn sie fortging, wurden wir traurig und weinten um sie.« Jesus fragte: »Warum haben die anderen Bewohner deines Dorfes mir nicht geantwortet?« »Weil sie mit Fesseln aus Feuer gebunden sind und von harten und strengen Engeln bewacht werden«, erwiderte der Mann. »Und wie kommt es, dass du mir geantwortet hast?«, fragte Jesus. »Weil ich mit ihnen, aber nicht (einer) von ihnen war«, erwiderte der Mann. »Als das Unglück sie traf, wurde auch ich getroffen. Jetzt bin ich am Rande des Abgrundes der Hölle, und ich weiß nicht, ob ich ihr entfliehen kann oder in sie gestürzt werde.«

Jesus sagte zu seinen Jüngern: »Wahrlich, das Essen von Gerstenbrot mit ungemahlenem Salz, das Tragen eines Sonnenschutzes und das Schlafen auf einem Misthaufen ist mehr als genug, wenn man heil und sicher in dieser Welt leben will.«

Abu Bakr ibn Abi al-Dunya (gest. 281/894), Kitab Dhamm al-Dunya, in *Mawsu'at Rasa'il*, 2:128–129, Exzerpt Nr. 282. Cf. Ibn Babuya, *'Ilul*, 2:151–152; al-Ghazali, *Ihya'*, 3:201 (Asín, S. 371–372, Nr. 39; Mansur, Nr. 123; Robson, S. 95–96).

Eine Auferweckungserzählung, in der Jesus einen der Toten befragt. Der Ausdruck »harte und strenge Engel« stammt aus dem Koran, Vers 66:6. Dies ist gleichzeitig eine frühe Beschreibung der Hölle. Die Erzählung endet mit einer Ermahnung, mit der wir bereits konfrontiert worden sind. Siehe Aussprüche Nr. 42 und 67.

114

Jesus sagte: »Ihr bemüht euch um eine kleine unwichtige Welt und denkt nicht an das große Leben nach dem Tod, und euch alle wird der Tod ereilen.«

Abu Bakr ibn Abi al-Dunya (gest. 281/894), *Kitab Dhamm al-Dunya*, in *Mawsu´at Rasa´il*, 2:129–130, Exzerpt Nr. 286.

Das Bild von der »kleinen unwichtigen« Welt im Gegensatz zum »großen« Leben nach dem Tod kommt auch in einem Ausspruch vor, der einem frühmuslimischen Asketen zugeschrieben wird. Siehe das Exzerpt, das diesem in Ibn Abi al-Dunya unmittelbar folgt (Nr. 287).

115

Jesus sagte: »Wer nach irdischen Dingen strebt, ist wie der Mann, der Meereswasser trinkt: Je mehr er trinkt, desto durstiger wird er, bis es ihn schließlich tötet.«

Abu Bakr ibn Abi al-Dunya (gest. 281/894), *Kitab Dhamm al-Dunya*, in *Mawsu´at Rasa´il*, 2:146, Exzerpt Nr. 342. Cf. Ibn Hamdun, *Al-Tadhkira*, 1:249, Nr. 638; al-Ghazali, *Ihya´*, 3:212 (Asín, S. 378, Nr. 48; Mansur, Nr. 130; Robson, S. 69); Ibn ´Asakir, *Sirat*, S. 147, Nr. 150.

Der salzige Geschmack von Meereswasser wird im Koran zweimal (25:53 und 35:12) erwähnt. Der Ausspruch ist auch in der syrischen Literatur zu finden, in der er einem indischen Weisen zugeschrieben wird. Siehe E. A. Wallis Budge, *The Laughable Stories Collected by Mar Gregory John Bar-Hebraeus* (London: Luzac, 1897), S. 28, Nr. 110.

116

Jesus sagte: »Oh Jünger, lebt enthaltsam in dieser Welt, und ihr werdet sie ohne Angst passieren.«

Abu Bakr ibn Abi al-Dunya (gest. 281/894), *Kitab Dhamm al-Dunya*, in *Mawsu´at Rasa´il*, 2:146, Exzerpt Nr. 344.

117

Jesus sagte: »Weh euch, schlechte Gelehrte! Einer verachtenswerten Welt und unseligen Verlangens willen vergeudet ihr das Königreich des Paradieses und vergesst den Schrecken des Tages des Jüngsten Gerichts.«

Abu Bakr ibn Abi al-Dunya (gest. 281/894), *Kitab Dhamm al-Dunya*, in *Mawsu'at Rasa'il*, 2:158, Exzerpt Nr. 377.

Siehe Aussprüche Nr. 92 und 94.

118

Es wird überliefert, dass Jesus auf Satan blickte und sagte: »Hier ist die Säule der Welt. Satan ging es um die Welt, und es ist die Welt, nach der er verlangte. Ich teile nichts von ihr mit ihm, nicht einmal einen Stein, um meinen Kopf darauf zu legen. Ich werde auch nicht viel in ihr lachen, bis ich sie verlassen haben werde.«

Abu Bakr ibn Abi al-Dunya (gest. 281/894), *Kitab Dhamm al-Dunya*, in *Mawsu'at Rasa'il*, 2:168, Exzerpt Nr. 409.

Das Wort *urkun*, das hier mit »Säule« übersetzt wurde, verdient Beachtung. Die klassischen Wörterbücher leiten es von der Wurzel *rkn* ab und geben an, dass es Herrscher bzw. Grande bedeutet. Häufig setzen sie es auch mit dem Wort *dihqan*, dem altpersischen ländlichen Potentaten, den es auch noch in der islamischen Zeit gab, gleich. Insofern ist zu bezweifeln, ob es tatsächlich arabischen Ursprungs ist. Es ist verlockend, es mit dem Archont bzw. mit den Archonten der gnostischen Evangelien, den so genannten Weltherrschern, von denen einer der Teufel war, zu identifizieren. Das Bild des Steinkissens kehrt auch im folgenden Ausspruch wieder.

119

Satan kam des Weges, als Jesus gerade seinen Kopf gegen einen Stein lehnte. »Sieh mal an, Jesus, du findest also mit einem Stein in dieser Welt Zufriedenheit.« Jesus holte den Stein hinter seinem Kopf hervor, warf ihn nach dem Satan und sagte: »Nimm diesen Stein und die Welt mit ihm! Ich brauche beide nicht.«

Abu Bakr ibn Abi al-Dunya (gest. 281/894), *Kitab Dhamm al-Dunya*, in *Mawsu´at Rasa´il*, 2:168, Exzerpt Nr. 410. Cf. Miskawayh, *al-Hikma al-Khalida*, 129 (ein »Müßiggänger« an Stelle des Satans); al-Ghazali, *Ihya´*, 4:11 (Variante) (Asín, S. 392–393, Nr. 63; Mansur, Nr. 145; Robson, S. 70); Ibn ´Asakir, *Sirat*, S. 127, Nr. 112.

In dieser reizenden Erzählung wird Jesus von Satan verspottet, weil er (der Verlockung) einer irdischen Wohltat erlegen ist. Zu weiteren Verweisen auf Steine siehe die Aussprüche Nr. 47 und 71.

120

Man forderte Jesus auf: »Lehre uns eine Tat, deretwegen Gott uns lieben wird.« Er erwiderte: »Verabscheut die Welt, und Gott wird euch lieben.«

Abu Bakr ibn Abi al-Dunya (gest. 281/894), *Kitab Dhamm al-Dunya*, in *Mawsu´at Rasa´il*, 2:170, Exzerpt Nr. 415. Cf. al-Ghazali, *Ihya´*, 3:201 (Asín, S. 373, Nr. 41; Mansur, Nr. 125; Robson, S. 67).

Dieser Ausspruch verweist auf Johannes 15:18–19 zurück. Das Gebot, die Welt zu verabscheuen, ist auch in den Aussprüchen der ägyptischen Wüstenväter häufig zu finden. Siehe z. B. Ward, *The Sayings of the Desert Fathers*, S. 8, Nr. 33.

121

Jesus sagte: »Oh Jünger, seid mit dem zufrieden, was in dieser Welt als schlecht gilt, während euer Glaube heil und unversehrt bleibt, so wie die Menschen dieser Welt mit dem zufrieden sind, was im Glauben als schlecht gilt, während ihre Welt heil und unversehrt bleibt.«

Abu Bakr ibn Abi al-Dunya (gest. 281/894), *Kitab Dhamm al-Dunya*, in *Mawsu´at Rasa´il*, 2:179, Exzerpt Nr. 449.

Eine Satzumstellung im Geist des Adab.

122

Jesus sagte: »Gott möchte, dass sein Diener einen Beruf erlernt, durch den er unabhängig von den Menschen werden kann, und Gott verabscheut einen Diener, der religiöses Wissen erwirbt, um es beruflich auszunutzen.«

Abu Bakr ibn Abi al-Dunya (gest. 281/894), *Kitab Islah al-Mal*, in *Mawsuʿat Rasaʾil*, 2:95, Exzerpt Nr. 316.

Zur Notwendigkeit, den Lebensunterhalt zu verdienen, siehe die Auferweckungserzählung in Nr. 247. Dagegen geht mit religiösem Wissen, wie in vielen Aussprüchen bereits deutlich wurde, hohe moralische Verantwortung einher.

123

Zu den Offenbarungen Gottes an Jesus zählt die Folgende: »Es ist nur recht und billig, dass die Diener Gottes Demut gegenüber Gott zeigen, wenn Gott ihnen gegenüber seine Barmherzigkeit zeigt.«

Abu Bakr ibn Abi al-Dunya (gest. 281/894), *Kitab al-Shukr lillah*, in *Mawsuʿat Rasaʾil*, 3:53–54, Exzerpt Nr. 127. Cf. al-Ghazali, *Ihyaʾ*, 3:332 (Asín, S. 391, Nr. 58; Mansur, Nr. 140; Robson, S. 78).

Der Sprecher ist hier der Negus von Äthiopien, der nach muslimischer Tradition einer Gruppe sehr früher Muslime seine Gastfreundschaft gewährt hat, die vor der mekkanischen Verfolgung geflohen war. Die Muslime trafen ihn eines Tages an, als er gerade auf dem Boden saß. Zur Erklärung erzählte er ihnen, dass er Nachricht von einem muslimischen Sieg erhalten habe und Gott gebührend dankbar sei. Dann trug er ihnen diesen Jesusausspruch vor. Der Negus wird in muslimischen Quellen häufig als ein gläubiger christlicher König beschrieben, der gleichwohl die Wahrheit der Mission Mohammeds anerkannte und so zu einem Modell des aufrichtigen Gläubigen wurde. Dass Gottes Gnade um ein Vielfaches erhöht wird, wenn die Menschen für sie dankbar sind, lässt sich dem Koranvers 14:7 entnehmen.

124

Johannes, der Sohn des Zacharias, begegnete Jesus, dem Sohn der Maria. Johannes lächelte und begrüßte Jesus, während Jesus die Stirn in Falten legte und trübsinnig war. Jesus sagte zu Johannes: »Du lächelst, als ob du dich geborgen fühltest.« Johannes sagte zu Jesus: »Du schaust finster drein, als ob du verzweifelt wärest.« Gott offenbarte: »Was Johannes tut, ist Uns lieber.«

Abu Bakr ibn Abi al-Dunya (gest. 281/894), *Kitab al-Ikhwan*, S. 190, Nr. 136. Cf. Ibn ʿAbd Rabbihi, *al-ʿIqd*, 6:380 (Asín, S. 544, Nr. 120; Mansur, Nr. 21; Robson, S. 108); idem, 6:380–381 (Asín, S. 544, Nr. 121; Mansur, Nr. 22; Robson, S. 108–109); Abu Hayan, *al-Basaʾir wa al-Dhakhaʾir*, 7:197, Nr. 379; idem, *Risala fi al-Sadaqa wa al-Sadiq*, S. 105; Ibn ʿAqil, *Kitab al-Funun*, 2:635–636; Ibn ʿAsakir, *Sirat*, S. 200, Nr. 246; al-Damiri, *Hayat*, 2:205 (Mansur, Nr. 233).

Diese Begegnung zwischen Jesus und Johannes enthält möglicherweise eine versteckte Kritik an einer übermäßigen Askese, die an Verzweiflung grenzt. Von einem muslimischen Publikum würde diese Erzählung als Erinnerung an Gottes unendliche Güte interpretiert werden. Die Worte Gottes implizieren, dass Jesus in bestimmter Hinsicht weniger Anerkennung als Johannes verdient. Die Erzählung erinnert an die berühmte griechische Anekdote von der Begegnung zwischen dem Grammatiker Demetrios und dem Philosophen Heraklit. Als Demetrios im Tempel zu Delphi einige Philosophen beisammen sitzen sah, sagte er zu ihnen: »Wenn ich mich nicht täusche, erörtert ihr, euren friedlichen und heiteren Gesichtern nach zu urteilen, nicht eben große Dinge.« Worauf Heraklit antwortete: »Die Stirn in Falten zu legen, ist Sache jener, die herauszufinden suchen, woher es kommt, dass besser schlechter ist als gut, und größer kleiner als groß. Was jedoch die Erörterungen der Philosophie betrifft, so pflegen sie jene, die sich ihnen widmen, froh und heiter zu stimmen, nicht griesgrämig und verdrossen.« (Vgl. Michel de Montaigne, *Essais*, übersetzt von Hans Stilett, Frankfurt am Main: Eichborn 1998, S. 88.) Dieselben Haltungen sollen zwei berühmte frühmuslimische Persönlichkeiten, al-Hasan al-Basri und Ibn Sirin (gest. 110/728), eingenommen haben. Siehe Ibn Saʿd, *Tabaqat*, 7:162.

125

Sie fragten Jesus: »Nenne uns eine Handlung, durch die wir ins Paradies gelangen können.« Jesus antwortete: »Sagt gar nichts.« Sie sagten: »Das können wir nicht.« Jesus erwiderte: »Dann sagt nur Gutes.«

Abu Bakr ibn Abi al-Dunya (gest. 281/894), *Kitab al-Samt wa Adab al-Lisan*, S. 215, Nr. 46. Cf. Miskawayh, *al-Hikma*, S. 123; al-Ghazali, *Ihya'*, 3:107; Ibn 'Asakir, *Sirat*, S. 158, Nr. 172 (Mansur, Nr. 110).

Die Tugend des Schweigens ist ein gängiges Thema in der nahöstlichen Weisheitsliteratur. Dieser Ausspruch stammt aus einem Werk von Ibn Abi'l Dunya, das ganz diesem Thema gewidmet ist. Ähnliche Aussprüche werden auch Mohammed zugeschrieben. Siehe z. B. Ibn al-Mubarak, *Kitab al-Zuhd*, S. 125, Nr. 368.

126

Jesus sagte: »Wer viel lügt, verliert seine Schönheit, wer sich ständig streitet, verliert sein Ehrgefühl, wer sich viele Sorgen macht, wird krank und der, dessen Charakter boshaft ist, quält sich selbst.«

Abu Bakr ibn Abi al-Dunya (gest. 281/894), *Kitab al-Samt wa Adab al-Lisan*, S. 276–277, Nr. 133. Cf. al-Ghazali, *Ihya'*, 3:114; Ibn 'Asakir, *Sirat*, S. 160, Nr. 175; Warram, *Majmu'a*, 2:176 (Variante) (Mansur, Nr. 112).

Die in diesem Ausspruch beschriebene Einstellung scheint typischer für den Adab als für die Askese zu sein.

127

Jesus und seine Jünger kamen an einem Hundekadaver vorbei. Die Jünger sagten: »Wie übel ist der Gestank!« Jesus sagte: »Wie weiß sind seine Zähne!« Er sagte dies, um ihnen eine Lektion zu erteilen, nämlich zu verbieten, schlecht über andere zu reden.

Abu Bakr ibn Abi al-Dunya (gest. 281/894), *Kitab al-Samt wa Adab al-Lisan*, S. 385–386, Nr. 297. Cf. al-Ghazali, *Ihya'*, 3:140; Warram, *Majmu'a*, 1:117; Ibn 'Asakir, *Sirat*, S. 157, Nr. 170 (Asín, S. 365, Nr. 29; Mansur, Nr. 114; Robson, S. 45).

Dieser und der folgende Ausspruch können zusammen betrachtet werden. In beiden geht es um Tiere, die bei Muslimen negative Gefühle hervorrufen. Das Schwein gilt als ein völlig unreines Tier, während der Hund nach Auffassung der meisten muslimischen Rechtsgelehrten rituelle Reinigung erforderlich macht. Beide Aussprüche verletzen also in gewisser Hinsicht den muslimischen Geschmack, auch wenn keiner von ihnen im strengen Sinn gegen das muslimische Recht verstößt. In beiden Aussprüchen jedoch erklärt der Herausgeber das Verhalten Jesu. Verrät diese Tatsache für sich allein genommen bereits den Wunsch des muslimischen Überlieferers, die Aussprüche dadurch mit Glaubwürdigkeit auszustatten, dass er ihnen bewusst einen für einen islamischen Kontext etwas unangenehmen Beigeschmack verleiht? Jedenfalls könnten beide Aussprüche auch vom Jesus der Evangelien getan worden sein. Dieser Ausspruch ist wahrscheinlich, wie im oben zitierten Warram angeführt, als eine Warnung Jesu an seine Jünger beabsichtigt, selbst über einen toten Hund nicht schlecht zu reden.

Im Anhang zu seiner Sammlung zitiert Asín, S. 605, aus einem Brief, den ihm der berühmte Orientalist Ignaz Goldziher zu diesem Ausspruch gesandt hatte; in diesem Brief informiert Goldziher ihn darüber, dass der Ausspruch »zweifellos« buddhistischen Ursprungs sei. Für diese Behauptung habe ich keine Bestätigung gefunden.

128

Ein Schwein ging an Jesus vorbei. Jesus sagte zu ihm: »Geh in Frieden.« Man fragte ihn: »Geist Gottes, wie kannst du das zu einem Schwein sagen?« Jesus erwiderte: »Ich verabscheue es, meine Zunge an Böses zu gewöhnen.«

Abu Bakr ibn Abi al-Dunya (gest. 281/894), *Kitab al-Samt wa Adab al-Lisan*, S. 392, Nr. 308. Cf. al-Ghazali, *Ihya'*, 3:116; Ibn 'Asakir, *Sirat*, S. 157, Nr. 170 (Asín, S. 365, Nr. 28; Mansur, Nr. 113; Robson, S. 45).

Siehe die Kommentare zum Ausspruch Nr. 127.

129

Jesus sagte zu seinen Gefährten: »Was würdet ihr tun, wenn ihr an einem schlafenden Mann vorbeikämt, dessen Kleider vom Wind weggeweht worden sind?« Sie sagten: »Wir würden ihn zudecken.« Jesus sagte: »Nein, ihr würdet im Gegenteil auch noch den Rest enthüllen.«

Auf diese Weise stellte er einen beispielhaften Vergleich zu Menschen her, die etwas Böses über jemanden hören und diesem noch Weiteres hinzufügen und nur noch mehr Böses verbreiten.

Abu Bakr ibn Abi al-Dunya (gest. 281/894), *Kitab al-Samt wa Adab al-Lisan*, S. 573, Nr. 645. Cf. al-Ghazali, *Ihya'*, 2:175; al-Suhrawardi, *'Awarif*, 4:48; Ibn 'Asakir, *Sirat*, S. 154, Nr. 165 (Asín, S. 358, Nr. 16; Mansur, Nr. 101; Robson, S. 44).

Zu entfernten Parallelen in der Bibel siehe die Kommentare von Asín. Auch dieser Ausspruch enthält eine Glosse des Herausgebers, die die versteckte Absicht der von Jesus formulierten Herausforderung deutlich machen soll. Erneut zeigt sich, dass der muslimische Redakteur das Gleichnis des Jesusausspruchs kommentierend ausführt. Im Koran und Hadith kommen Gebote, die sich gegen Verleumdungen richten, häufig vor.

130

Jesus sagte: »Zu den größten Sünden zählt es, wenn ein Diener Gottes sein Zeugnis beschwört und sagt ›Gott weiß es‹ und Gott weiß, dass es nicht so ist.«

Abu Bakr ibn Abi al-Dunya (gest. 281/894), *Kitab al-Samt wa Adab al-Lisan*, S. 608–609, Nr. 727. Cf. Abu Nu'aym, *Hilyat*, 6:125 (leichte Variante) (Mansur, Nr. 78); al-Ghazali, *Ihya'*, 3:138 (Asín, S. 571, Nr. 167; Robson, S. 57–58).

Eine Warnung vor falschem Zeugnis oder Meineid. Vgl. Matthäus 5:33–37.

131

Man fragte Jesus nach einem lauteren Rat. Er gab zur Antwort: »Wenn du mit zwei Angelegenheit konfrontiert wirst, von denen eine dich und die andere Gott betrifft, kümmere dich zuerst um die Angelegenheit, die Gott betrifft.«

Al-Hakim al-Tirmidhi (gest. 285/898), *al-Salat wa Maqasidiha*, S. 119.

Al-Tirmidhi war ein berühmter Traditionarier, dessen Hadithsammlung zu den sechs kanonischen Sammlungen des sunnitischen Islams zählten.

Dass man Gott den Vorzug vor sich selbst einräumen soll, ist im Zusammenhang mit der Sünde des Hochmutes zu sehen, einer Sünde, die sowohl in den Evangelien als auch im Koran von großer Bedeutung ist. In Sufischriften kommt häufig die Formulierung »Gott an die erste Stelle setzen« vor; möglicherweise ist der Ausspruch sufisch beeinflusst.

132

Es wird überliefert, dass Jesus sagte: »Es gibt drei Arten von Gelehrten: den, der Gott und seine Gebote kennt, den, der Gott, aber nicht seine Gebote kennt, und den, der Gottes Gebote kennt, aber Gott nicht.«

Al-Hakim al-Tirmidhi (gest. 285/898), exzerpiert in Asín, S. 601, Nr. 225 (Mansur, Nr. 239; Robson, S. 61). Zur Beschreibung der Quelle dieses Ausspruches siehe Asín, S. 534.

Auch hier kann man die Auffassung vertreten, dass der Gelehrte, der Gottes Gebote kennt, Rechtsgelehrter ist, während der, der Gott kennt, Sufi ist. Der Sufismus unterschied zwischen intellektuellem Wissen (*´ilm*) und unmittelbarem, auf Erfahrung beruhendem Wissen (*ma´rifa*) und erklärte letzteres zu seiner Domäne.

133

Jesus sagte: »Verbreite, was das Feuer nicht verzehren kann.« »Und was ist das?«, wollte man von ihm wissen. »Gute Taten«, erwiderte er.

Abu al-ʿAbbas al-Mubarrad (gest. 285/898), *al-Fadil*, S. 35. Cf. al-Ghazali, *Ihya'*, 3:240 (Asín, S. 379; Mansur, Nr. 133; Robson, S. 46).

Al-Mubarrad war ein berühmter Grammatiker und Herausgeber einer Adabanthologie. Das Bild des verzehrenden Feuers wird sowohl in der Bibel als auch im Koran verwendet.

134

Es wird überliefert, dass Christus zu sagen pflegte: »Wenn ihr andere Menschen nötig braucht, esst maßvoll und seid gemäßigt.«

Abu al-ʿAbbas al-Mubarrad (gest. 285/898), *al-Kamil*, 1:210.

Dieser Ausspruch scheint Demut und gutes Benehmen zu lehren. Siehe auch Ausspruch Nr. 101.

135

Jesus zog im Land umher und wohnte nie in einem Haus oder Dorf. Seine Kleidung bestand aus einem Umhang, der aus rauen Haaren oder Kamelhaaren gefertigt war, und zwei Hemden, die nicht aus Haaren gefertigt waren (?). In seiner Hand hielt er einen Stock. Immer wenn es Nacht wurde, waren das Mondlicht seine Lampe, das Dunkel der Nacht sein Schatten, die Erde sein Bett, ein Stein sein Kissen, die Pflanzen des Feldes seine Nahrung. Manchmal verbrachte er ganze Tage und Nächte ohne Essen. In Zeiten der Not war er glücklich, und in Zeiten der Sorglosigkeit war er traurig.

Abu Rifaʿa al-Fasawi (gest. 289/902), *Kitab Badʾ al-Khalq*, S. 333. Cf. Ibn ʿAsakir, *Sirat*, S. 133, Nr. 120 (Variante).

Abu Rifaʿa war ein bedeutender früher Sammler von Prophetenerzählungen, die bald schon zu einer eigenen literarischen und religiösen Gattung werden sollten. Zu seinem Leben und Werk siehe die in der Bibliografie zitierte Einleitung von Raif Khuri zur modernen Ausgabe seiner Aussprüche.

Hierbei handelt es sich um eine frühe Beschreibung des äußeren Erscheinungsbildes Jesu. Siehe aber auch Ausspruch Nr. 78. In der klassisch-arabischen Weisheits- und Prophetenliteratur gibt es zahlreiche Beschreibungen des äußeren Erscheinungsbildes und der alltäglichen Gewohnheiten von Weisen und Propheten. Der Ursprung dieser Jesusbeschreibung liegt im Dunkeln. Da das äußere Erscheinungsbild und die alltäglichen Gewohnheiten Mohammeds so gut bekannt und so detailliert beschrieben waren, haben muslimische Überlieferer vielleicht das Bedürfnis verspürt, das Gleiche auch für frühere Propheten zu tun, so dass Mohammeds Porträt im Einklang mit den Porträts seiner Vorgänger erschien. Jedenfalls dominiert in dieser Erzählung das Bild von Jesus als einem wandernden Asketen.

136

Jesus sagte zu seinen Jüngern: »Ihr werdet Gottes Barmherzigkeit nicht erlangen, bevor ihr nicht mit Freude grobe Wolle tragt, mit Freude Gerste esst und mit Freude den Erdboden zu eurem Bett macht.«

Abu Rifa´a al-Fasawi (gest. 289/902), *Kitab Bad´ al-Khalq*, S. 337. Cf. Abu Nu´aym, *Hilyat*, 5:92 (Mansur, Nr. 71).

Die Kleidung aus grober Wolle (*suf*) war die früheste Sufikleidung. Sie erklärt auch den Namen »Sufi«, »Träger von Wolle (-kleidung)«. Dieser Ausspruch weist explizit darauf hin, dass sufisches Gedankengut Eingang in die Jesusaussprüche und -erzählungen findet.

137

»Wer war dein Lehrer?«, fragte man Jesus. »Niemand«, erwiderte er. »Ich sah die Gefährlichkeit der Unwissenheit und mied sie.«

Ibn ´Abd Rabbihi (gest. 328/940), *al-´Iqd al-Farid*, 2:442 (Mansur, Nr. 6). Cf. al-Mawardi, *Adab*, 210; al-Ghazali, *Ihya´*, 3:63 (Asín, S. 361, Nr. 19; Mansur, Nr. 104; Robson, S. 44).

Ibn ´Abd Rabbihi war der Autor einer der berühmtesten Anthologien des klassisch-arabischen Adab. Zu seinem Leben und Werk siehe *EI* 2.

In diesem Ausspruch wird Jesus als ein vorbildlicher Adib, als ein vornehmer Gelehrter, dargestellt, der Unwissenheit als gefährlich ansieht.

Hierbei handelt es sich eher um ein intellektuelles denn um ein strikt moralisches Urteil. Das Wort, das hier mit »Unwissenheit« (*jahl*) übersetzt worden ist, kann allerdings auch ungestümes Temperament oder Verhalten bedeuten. Daher könnte Jesus auch vor Maßlosigkeit in Worten und Taten warnen. Das Vermeiden einer extremen Haltung war jedenfalls charakteristisch für die Lebensweise des Adib.

138

Zu den Offenbarungen Gottes an Jesus im Evangelium zählt die Folgende: »Wir erfüllten euch mit Sehnsucht, aber ihr hattet keine Sehnsucht, wir trauerten um euch, aber ihr weintet nicht. Mensch in den Fünfzigern, was hast du gegeben, und was hast du zurückgehalten? Mensch in den Sechzigern, die Zeit deiner Ernte naht! Mensch in den Siebzigern, auf zur Abrechnung!«

Ibn ʿAbd Rabbihi (gest. 328/940), *al-ʿIqd al-Farid*, 3:145 (Asín, S. 543, Nr. 116; Mansur, Nr. 14; Robson, S. 52).

Dieser Ausspruch setzt sich wie verschiedene andere Aussprüche auch aus mehreren Aussprüchen zusammen. Der erste Teil verweist auf Matthäus 11:17 und Lukas 7:32 zurück. Der zweite Teil scheint in keinem Zusammenhang zum ersten zu stehen; das Motiv der Lebensalter des Menschen war in der nahöstlichen Weisheitsliteratur ein gängiges Motiv. Siehe z. B. den zur Mischna gehörigen Traktat *Pirkey Aboth*, in Hertz, *Sayings of the Fathers*, S. 81, Nr. 24.

139

Jesus sagte über das Wasser: »Das ist mein Vater.« Und er sagte über das Brot: »Das ist meine Mutter.« Er meinte damit, dass sie den Körper ernähren, wie es Eltern tun.

Ibn ʿAbd Rabbihi (gest. 328/940), *al-ʿIqd al-Farid*, 6:290 (Mansur, Nr. 20). Cf. Ibn Sida, *al-Mukhassas*, 13:173–174 (Asín, S. 568, Nr. 159; Mansur, Nr. 85; Robson, S. 90).

Hierbei scheint es sich um eine muslimische Umgestaltung der neutestamentlichen Abendmahlsüberlieferung zu handeln. Siehe Ausspruch Nr. 49. Die Formulierungen das »Brot des Lebens« und das »Brot vom Himmel« stammen aus der Bibel, symbolisch besonders entfaltet erscheinen sie in Johannes 6:32–35. Muslimische Theologen wie Jahiz oder der berühmte ´Abd al-Jabbar (gest. 415/1024) haben die Interpretation des Abendmahls verworfen und sich spöttisch zur Wandlung von Brot und Wein in Fleisch und Blut Christi geäußert. Der obige Ausspruch mit seiner Glosse bietet offenbar eine für Muslime akzeptable Erklärung an. Es gibt noch eine andere Interpretation des von Jesus gereichten Brotes im apokryphen Philippusevangelium. Siehe Layton, *The Gnostic Scriptures*, S. 331, Exzerpt 11.

140

Jesus sagte: »Der Missetäter ist ansteckend; wer sich mit dem Bösen verbündet, gerät in Gefahr zu töten. Achtet deshalb darauf, mit wem ihr euch verbündet.«

Muhammad ibn Ya´qub al-Kulayni (gest. 329/941), *Al-Usul min al-Kafi*, 2:640.

Al-Kulayni war ein bedeutender schiitischer Hadithgelehrter und Theologe. Zu seinem Leben und Werk siehe *EI* 2. Dieser Ausspruch enthält im Arabischen einen Binnenreim, der in der Übersetzung nicht wiedergegeben werden kann und der dem Ausspruch den Charakter eines Sprichwortes verleiht.

141

Es wird überliefert, dass Christus sagte: »Wen Gott unter seinen Verehrern ehrt, muss von Gottes ganzer Schöpfung geehrt werden.«

Abu Bakr ibn al-Qutiyya (gest. 367/977), *Tarikh Iftitah al-Andalus*, S. 60 (Asín, S. 539, Nr. 107; Mansur, Nr. 23; Robson, S. 51).

Ibn al-Qutiyya war ein Historiker zur Zeit der muslimischen Eroberung Spaniens und aller Wahrscheinlichkeit nach westgotischer christlicher Herkunft. Dieser Ausspruch scheint auf den Johannesvers 12:26 zurückzuverweisen.

142

Es steht in den Evangelien geschrieben: »Sohn Adams, denke an mich, wenn du zornig bist, und ich werde an dich denken, wenn ich zornig bin. Sei zufrieden mit dem Halt, den ich dir gebe, denn er ist besser als der Halt, den du dir selbst gibst.«

Abu al-Layth al-Samarqandi (gest. 373/983), *Tanbih al-Ghafilin*, S. 73 (Asín, S. 553, Nr. 133; Mansur, Nr. 33; Robson, S. 79).

Al-Samarqandi war ein berühmter Rechtsgelehrter. Zu diesem Ausspruch scheint es keine Parallele in den Evangelien zu geben. Er hat die Form eines *hadith qudsi*, einer göttlichen Offenbarung. Möglicherweise begegnet hier jedoch ein Echo auf den Dialog zwischen Gott und Jona (Jon 4) oder auf entsprechende Psalmentexte. Dass Gott der einzige Halt des Gläubigen ist, ist eine Auffassung, die im Koran oft geäußert wird.

143

Jesus sagte zu den Israeliten: »Bestraft einen Missetäter nicht mit Missetaten, denn das wird eure Tugend in Gottes Augen nichtig machen.«

Abu al-Layth al-Samarqandi (gest. 373/983), *Tanbih al-Ghafilin*, S. 75 (Asín, S. 553, Nr. 134; Mansur, Nr. 34; Robson, S. 55).

Dieser Ausspruch verweist möglicherweise auf Matthäus 5:39 bzw. 7:1–5 (vgl. Lukas 6:29 bzw. 6:36–38) zurück.

144

Zu Lebzeiten Jesu gab es einen Mann, der wegen seines Geizes den Spitznamen Mal´un (der Verdammte) erhalten hatte. Eines Tages kam ein Mann, der in den Krieg zog, zu ihm und sagte: »Mal´un, wenn du mir einige Waffen gibst, die mir im Gefecht helfen, wirst du vom Höllenfeuer verschont werden.« Aber Mal´un wich ihm aus und wollte ihm nichts geben. Als der Mann wegging, bereute Mal´un seinen Entschluss und rief ihn zurück, um ihm sein Schwert zu geben. Als der Mann nach Hause zurückkehrte, begegnete er Jesus, der von einem frommen Mann begleitet wurde, welcher siebzig Jahre lang Gott verehrt hatte. »Woher hast du dieses Schwert bekommen?«, fragte Jesus. Der Mann erwiderte: »Mal´un gab es mir.« Jesus war erfreut über dessen Freigebigkeit. Das nächste Mal, als Jesus und der fromme Mann vorbeikamen, sagte Mal´un, der auf einer Stufe vor seiner Haustür saß, zu sich: «Ich werde gehen und Jesus und dem frommen Mann gegenübertreten.« Als er dies tat, sagte der fromme Mann: «Ich werde vor diesem Mal´un fliehen, bevor er mich mit seinem Feuer verbrennt.«

Da gab Gott Jesus zu sagen ein: »Sag diesem meinem sündigen Diener ›Ich habe dir wegen deiner Freigebigkeit, mit der du das Schwert überlassen hast, und deiner Liebe zu Jesus vergeben, und sag dem frommen Mann, dass dieser sein Gefährte im Himmel sein wird.‹« Der fromme Mann erwiderte: »Gott sei mein Zeuge! Ich will den Himmel nicht mit ihm, und ich will keinen Gefährten wie ihn.« Gott der Allmächtige gab Jesus zu erwidern ein: »Du bist nicht zufrieden mit meinem Ratschluss, und du hast meinen Diener verunglimpft. Deshalb werde ich dich in der Hölle verurteilt sehen. Ich habe eure Plätze ausgetauscht und deinen Platz im Himmel meinem Diener und seinen Platz in der Hölle dir gegeben.«

Abu al-Layth al-Samarqandi (gest. 373/983), *Tanbih al-Ghafilin*, S. 114 (Asín, S. 554–555, Nr. 137; Mansur, Nr. 37; Robson, S. 109–110). Cf. Abu Nu´aym, *Hilyat*, 8:147 (Variante); al-Qushayri, *al-Risala*, S. 73 (Variante); al-Ghazali, *Ihya´*, 4:150 (Variante) (Asín, S. 395, Nr. 149; Mansur, Nr. 149; Robson, S. 99–100); Ibn Qudama, *Kitab al-Tawwabin*, S. 80–81.

In dieser Erzählung spielt jeder Charakter eine bestimmte moralische Rolle: Mal´un, der Verdammte, der geizige Mann, der Teilnehmer am Dschihad, der selbstgerechte Asket und im Zentrum Jesus, der Gottes Offenbarung zum letztendlichen Schicksal der Charaktere empfängt. Längere moralische Erzählungen kommen im Jesuskorpus nun häufiger vor. Ihr Ursprung bleibt weiterhin ungewiss. Diese Erzählung verweist teilweise auf das Gleichnis vom Pharisäer und Zöllner in Lukas 18:9–14 zurück. Die islamische Botschaft dieser Erzählung ist recht deutlich: erstens die zentrale Bedeutung des *jihad*, des »Heiligen Krieges« (vgl. Nr. 245), zweitens die stets gegenwärtige Möglichkeit der Reue und der Verdammung. Selbstgerechtigkeit wird sowohl in den Evangelien als auch im Koran wiederholt verurteilt. Die Erzählung lässt auch den Einfluss des Predigerstils (*wa´z*) erkennen; sie scheint nämlich als Teil einer Predigt konzipiert worden zu sein.

145

Jesus kam durch ein Dorf, in dem ein Tuchwalker lebte. Die Dorfbewohner sagten zu ihm: »Dieser Walker zerreißt unsere Kleider und enthält sie uns vor. Bitte Gott, dass er ihn mit seinem Bündel nicht mehr zu uns zurückkehren lässt.« Jesus sprach: »Oh Gott, lass ihn mit seinem Bündel nicht zurückkehren.«

Als sich der Walker, der drei Laiber Brot bei sich hatte, daran machte, die Kleider zu walken, näherte sich ihm ein heiliger Mann, der Gott in jenen Bergen verehrte. Der heilige Mann grüßte den Walker und sagte: »Hast du ein Brot, das mich ernähren könnte oder dass du mir nur zeigen könntest, damit ich es sehen und riechen kann? Ich habe seit so-und-so-langer Zeit kein Brot gegessen!« Er gab ihm also einen Laib Brot. Der heilige Mann sagte: »Möge Gott dir deine Sünden vergeben und dein Herz reinigen.« Der Walker gab ihm den zweiten Laib, woraufhin der heilige Mann sprach: »Möge Gott dir deine vergangenen und zukünftigen Sünden vergeben.« Als der Walker ihm den dritten Laib gab, sprach der heilige Mann: »Möge Gott dir eine Wohnung im Paradies errichten.«

An jenem Abend kehrte der Walker sicher zurück, und die Dorfbewohner sagten: »Jesus, der Walker ist zurückgekehrt.« Also rief Jesus ihn herbei: «Sag mir, was du heute getan hast.« Der Walker erwiderte: »Mir näherte sich ein heiliger Mann, der in diesen Bergen wandert. Er bat mich, ihm zu essen zu geben, und so gab ich ihm drei Laiber Brot, und bei jedem Laib, den ich ihm zu essen gab, betete er für mich.« Jesus sagte: »Gib mir dein Bündel, damit ich es ansehen kann.« Der Mann gab es Jesus, der es öffnete und eine schwarze in Ketten gelegte Schlange darin fand. Jesus sagte: »Oh Schwarze!« Und die Schlange erwiderte:

»Zu deinen Diensten, Prophet Gottes!« »Bist du nicht zu diesem Walker ausgesandt worden?«, fragte Jesus. »Doch«, erwiderte die Schlange, »aber ein wandernder heiliger Mann von diesen Bergen kam zu ihm und bat ihn um Essen. Bei jedem Laib, den er ihm zu essen gab, betete der heilige Mann für ihn, während in der Nähe ein Engel stand und ›Amen‹ sagte! So sandte Gott der Allmächtige einen Engel, um mich in Ketten zu legen.« Jesus sagte: »Walker, gehe zurück zu deiner Arbeit. Gott hat dir vergeben, da er deine Mildtätigkeit gesegnet hat.«

Abu al-Layth al-Samarqandi (gest. 373/983), *Tanbih al-Ghafilin*, S. 116 (Asín, S. 555–556, Nr. 138; Mansur, Nr. 38; Robson, S. 111–112).

Dies ist eine weitere moralische Erzählung, die in Geist und Aufbau der vorausgehenden ähnlich ist. Ihr zentrales Thema ist die Reue eines Sünders. In vormodernen islamischen Gellschaften war das Gewerbe der Walker, das allgemein als betrügerisch galt, unbeliebt. Das Motiv der weisen Schlange findet sich auch im Evangelium. Siehe Matthäus 10:16.

146

Wenn ihr so fasten wollt, wie es Jesus tat, (wisst, dass) er alle Tage fastete und von nichts anderem als von Gerste lebte. Er trug stets [Kleider aus] raues [m] Haar und wo immer er bei Anbruch der Dunkelheit war, ließ er sich nieder, um bis zur Morgendämmerung zu beten. Er verließ nie einen Ort, ohne zuvor zwei *rak´as* gebetet zu haben. Wenn ihr jedoch so fasten wollt wie seine Mutter, die Jungfrau, (wisst, dass) sie zwei Tage zu fasten und dann zwei Tage zu essen pflegte.

Abu al-Layth al-Samarqandi (gest. 373/983), *Tanbih al-Ghafilin*, S. 125 (Asín, S. 557, Nr. 139; Mansur, Nr. 39; Robson, S. 74–75).

Die Fastengewohnheiten von Propheten und Asketen wurden in asketischen Werken häufig als erwägens- und nachahmenswerte Beispiele angeführt. Dass Jesus nach Art der Muslime betet, ist wie seine Wallfahrt nach Mekka und andere Handlungsweisen als Bestätigung dafür zu sehen, dass er und alle früheren Propheten wirklich Muslime waren.

147

Im Evangelium steht geschrieben: »Wer Unheil sät, der erntet es auch.«

Abu al-Layth al-Samarqandi (gest. 373/983), *Tanbih al-Ghafilin*, S. 135 (Asín, S. 558, Nr. 140; Mansur, Nr. 40; Robson, S. 55).

Zu Parallelen in der Bibel vgl. Hiob 4:8, jedoch nicht die Evangelien; siehe auch die Kommentare von Asín.

148

In den Evangelien steht geschrieben: »Sohn Adams, so wie du Erbarmen hast, wird Gott mit dir Erbarmen haben. Wie kannst du auf Gottes Erbarmen hoffen, wenn du mit seinen Dienern kein Erbarmen hast?«

Abu al-Layth al-Samarqandi (gest. 373/983), *Tanbih al-Ghafilin*, S. 139 (Asín, S. 558, Nr. 141; Mansur, Nr. 41; Robson, S. 55).

Zu Parallelen in den Evangelien siehe die Kommentare von Asín (vgl. Matthäus 18:23–35 und Lukas 6:36).

149

Jesus sagte: »Was nützt es einem blinden Mann, wenn er eine Lampe hält, mit der nur andere sehen können? Und was nützt es dem dunklen Haus, wenn die Lampe auf seinem Dach aufgestellt wird? Und was nützt es dir, wenn du weise Worte sprichst, aber nicht nach ihnen handelst?«

Abu al-Layth al-Samarqandi (gest. 373/983), *Tanbih al-Ghafilin*, S. 156 (Asín, S. 562, Nr. 144; Mansur, Nr. 45; Robson, S. 56).

Wieder werden Metaphern des Evangeliums im letzten Teil eines Ausspruchs aufgelöst (Vgl. Matthäus 15:14 und Lukas 6:39 sowie Matthäus 5:15 parr.)

150

Jesus kam an einem Dorf vorbei, in dessen Nähe es einen Berg gab, von dem ein Weinen und Wimmern zu hören war. Jesus fragte die Dorfbewohner: »Was ist dieses Weinen und Wimmern in diesem Berg?« Sie erwiderten ihm: »Seitdem wir in diesem Dorf leben, haben wir immer dieses Weinen und Wimmern gehört.« Jesus sagte: »Oh Gott, lass diesen Berg zu mir sprechen.« Gott ließ diesen Berg sprechen und sagen: »Was willst du von mir, Jesus?« »Sag mir, warum du weinst«, bat Jesus. Der Berg antwortete: »Ich war der Berg, aus dem Götzen gemeißelt und an Stelle Gottes verehrt wurden. Ich habe Angst, dass Gott mich ins Höllenfeuer werfen wird, denn ich habe Gott sagen hören ›Und macht euch darauf gefasst, dass ihr in das Höllenfeuer kommt, dessen Brennstoff Menschen und Steine sind.‹ Gott gab Jesus ein, dem Berg zu sagen: »Lebe in Frieden, denn ich habe dich vor der Hölle gerettet.«

Abu al-Layth al-Samarqandi (gest. 373/983), *Tanbih al-Ghafilin*, S. 216 (Asín, S. 564, Nr. 148; Mansur, Nr. 49; Robson, S. 114–115). Cf. al-Turtushi, *Siraj*, S. 466.

Eine seltsame Erzählung unbekannten Ursprungs. Jesus befragt die Natur und enthüllt ihre Geheimnisse. Merkwürdigerweise verspüren selbst Berge das Bedürfnis, Reue zu empfinden. In der Biografie Mohammeds geben bestimmte natürliche Gegenstände wie Bäume und Felsen Lebenszeichen von sich, indem sie auf Mohammeds Fragen antworten. Im Koranvers 59:21 heißt es, dass, wenn der Koran auf einen Berg herabgekommen wäre, »du ihn aus Furcht vor Gott demütig zusammensinken und sich spalten gesehen hättest«. Im Koranvers 22:18 erfahren wir, dass sich die Erde, die Sonne, der Mond, die Sterne und Berge vor Gott »in Anbetung niederwerfen«. Siehe auch den Koranvers 38:18, in dem es von Bergen heißt, dass sie Gott »preisen« (*yusabbihna*). Die Äußerung des Berges »Und macht euch darauf gefasst ... Steine sind« stammt aus dem Koran, 2:24; er legt nahe, dass das (letzte) Urteil über die Schöpfung in ihrer Ganzheit verhängt werden wird, wobei alle Teile in gewisser Hinsicht belebt sind.

151

Jesus sagte: »Man sollte sich nicht darüber wundern, wie jene, die verdammt wurden, verdammt wurden, sondern darüber, wie jene, die gerettet wurden, gerettet wurden.«

Abu al-Layth al-Samarqandi (gest. 373/983), *Tanbih al-Ghafilin*, S. 220 (Asín, S. 565, Nr. 150; Mansur, Nr. 51; Robson, S. 56).

Zu eventuellen Rückverweisen auf das Evangelium (etwa Matthäus 19:25–26 parr.) siehe die Kommentare von Asín. Ein sehr ähnlicher Ausspruch wird al-Hasan al-Basri zugeschrieben. Siehe Al-Mubarrad, *al-Kamil*, 1:159.

152

Jesus kam in eine Stadt, in der ein Mann und eine Frau sich anschrien. »Was ist los mit euch?«, fragte er. »Oh Prophet Gottes«, sagte der Mann, »das ist meine Ehefrau. Sie ist eine gute und tugendreiche Frau, aber ich will mich von ihr trennen.« »Sag mir auf jeden Fall, was mit ihr los ist«, forderte Jesus ihn auf. »Ihr Gesicht ist verbraucht, obwohl sie nicht alt ist«, antwortete der Mann. Jesus wandte sich zu der Frau und sprach zu ihr: »Frau, möchtest du dein glattes Gesicht wiederbekommen?« »Ja«, antwortete sie. »Wenn du isst«, sagte Jesus, »hüte dich davor unmäßig zu sein, denn wenn sich Essen im Magen übermäßig ansammelt, verliert das Gesicht seine Glätte.« Sie tat dies, und ihr Gesicht wurde wieder glatt.

Ibn Babuya al-Qummi (gest. 381/991), *'Ilal al-Shara'i'*, 2:184.

Ibn Babuya war ein berühmter schiitischer Rechtsgelehrter und Theologe. Dieser Ausspruch und die beiden folgenden ähneln keinem anderen Ausspruch im gesamten muslimischen Evangelium. Alle drei beschreiben Jesus als Arzt bzw. erfahrenen Landwirt, der bestimmte Heilmittel für verschiedene Krankheiten anbietet. Jedes Heilmittel wird nach den zur Zeit Ibn Babuyas gängigen medizinischen und anderen wissenschaftlichen Theorien erklärt. Nach einer zu dieser Zeit verbreiteten Auffassung war jeder Prophet zu einem Volk gesandt worden, das eine bestimmte Fähigkeit in besonderem Maße beherrschte, und jeder dieser Propheten hatte die für seine Zeit charakteristische Fähigkeit noch überboten. Mose zum Beispiel überragte in einer für Magie berühmten Zeit alle anderen darin, Mohammed übertraf alle in Beredsamkeit, Jesus in Heilkraft.

153

Jesus kam an einer Stadt vorbei, in der die Obstbäume von Würmern befallen war. Ihre Bewohner beklagten sich bei ihm über dieses Leid, und er sagte: »Das Heilmittel liegt in eurer Hand, aber ihr kennt es nicht. Ihr seid ein Volk, das, wenn es Bäume pflanzt, zuerst die Erde schüttet und dann Wasser darauf gießt. Dies sollte so nicht sein. Vielmehr solltet ihr zuerst Wasser auf die Wurzeln der Bäume gießen und dann erst die Erde darauf schütten, damit die Würmer nicht in das Wurzelwerk hineingeraten.« Sie begannen, so zu verfahren, wie er es sie gelehrt hatte, und ihr Leid hatte ein Ende.

Ibn Babuya al-Qummi (gest. 381/991), ʿIlal al-Sharaʿiʿ, 2:261.
Siehe den Kommentar zu Nr. 152.

154

Jesus kam an einer Stadt vorbei, deren Bewohner gelbe Gesichter und blaue Augen hatten. Sie riefen ihn und beklagten sich über ihre Krankheit. Jesus sagte: »Das Heilmittel liegt in eurer Hand. Wenn ihr Fleisch esst, kocht ihr es ungewaschen. Nichts, was auf diese Welt kommt, ist jemals ohne Verschmutzung.« Danach wuschen sie ihr Fleisch, und ihr Leiden hatte ein Ende. Bei einer anderen Gelegenheit kam Jesus an einer Stadt vorbei, deren Einwohner an Zahnverlust und geschwollenen Gesichtern litten. Sie beklagten sich bei ihm, und er sagte: »Ihr schlaft mit geschlossenen Mündern. Die Winde in euren Mägen erreichen den Mund, finden aber keinen Ausgang und deshalb kehren sie zu den Zahnwurzeln zurück und entstellen eure Gesichter. Macht eure Münder auf, wenn ihr schlaft, und macht dies zu einer Gewohnheit.« Das taten sie, und ihr Leiden hatte ein Ende.

Ibn Babuya al-Qummi (gest. 381/991), ʿIlal al-Sharaʾiʿ, 2:262.

Siehe den Kommentar zu Nr. 152.

155

Jesus sagte: »Wer in dieser Welt barmherzig ist, wird in der nächsten Welt Erbarmen finden.«

Abu al-Hasan al-ʿAmiri (gest. 381/992), al-Saʿada wa al-Isʿad, S. 311.

Al-ʿAmiri war ein Philosoph, der sich besonders für ethische Fragen interessierte. Zu seinem Leben und Werk siehe *EI* 2. Dieser Ausspruch scheint eine Umgestaltung der Seligpreisungen zu sein. Vgl. Matthäus 5:7.

156

Jesus pflegte zu dieser Welt zu sagen: »Weg von mir, du Schwein!«

Abu Talib al-Makki (gest. 386/996), *Qut al-Qulub*, 1:244 (Asín, S. 545, Nr. 123; Mansur, Nr. 25; Robson, S. 74). Cf. Ibn Abi al-Dunya, *Kitab Dhamm al-Dunya*, in *Mawsuʿat Rasaʾil*, 2:147, Exzerpt Nr. 347 (Der Ausspruch wird einem namentlich nicht genannten frühen Asketen zugeschrieben).

Abu Talib al-Makki war für die Ausbildung der sufischen Lehre und Praxis von entscheidender Bedeutung. Zu seinem Leben und Werk siehe *EI* 2. Siehe auch Ausspruch Nr. 60. Abu Talib nahm viele Jesusaussprüche in sein Hauptwerk *Qut al-Qulub* (Die Nahrung der Herzen) auf. Auf dieses wird in den oben zitierten Quellen verwiesen. Dieser Ausspruch zeugt wieder von einem ausgeprägt asketischen Jesus, der damit Abu Talib selbst sehr ähnlich ist.

157

Jesus sagte: »Keiner von euch kann zu wahrem Glauben gelangen, solange er danach strebt, für seine Verehrung Gottes des Allmächtigen gepriesen zu werden, und solange er danach strebt, an den Gütern dieser Welt teilzuhaben.«

Abu Talib al-Makki (gest. 386/996), *Qut al-Qulub*, 1:256. Cf. al-Ghazali, *Ihya´*, 4:370 (Asín, S. 419, Nr. 94; Mansur, Nr. 176; Robson, S. 49); al-Ghazali, Minhaj al-´Abidin, S. 63.

In der völligen Gleichgültigkeit des wahren Gläubigen gegenüber Lob und den Dingen dieser Welt kommt eine Einstellung zum Ausdruck, die den Lehren des Abu Talib sehr nahe steht, der gegen Ende seines Lebens Auffassungen vertreten haben soll, die an Häresie grenzten.

158

Zu den Offenbarungen Gottes an Jesus zählt die Folgende: »Sohn Adams, weine alle Tage deines Lebens das Weinen eines, der sich von der Welt verabschiedet hat und dessen Verlangen zur Welt Gottes emporgehoben worden ist. Sei zufrieden mit dem Allernotwendigsten dieser Welt, finde Zufriedenheit über das, was hart und rauh ist. Wahrlich, ich sage dir, du bist nicht mehr wert als dein Tag und deine Stunde, und es wird alles festgehalten, was du dir von dieser Welt genommen hast, und alles, was du ausgegeben hast. Handle entsprechend, denn du wirst zur Rechenschaft gezogen werden. Wenn du wüsstest, was ich den Gerechten versprochen habe, würdest du (mir) deine Seele überlassen.«

Abu Talib al-Makki (gest. 386/996), *Qut al-Qulub*, 1:256 (Asín, S. 545, Nr. 124; Mansur, Nr. 27; Robson, S. 78–79).

Bei diesem Ausspruch handelt es sich um einen *hadith qudsi*, eine göttliche Offenbarung, die ein von Tränen und Verzicht geprägtes Leben vorschreibt, das an Selbstzerstörung grenzt. Hier nähern wir uns den Grenzen dessen, was für einen durchschnittlich gläubigen Muslim jener Zeit akzeptabel war.

159

Jesus sagte: »Wer Gott liebt, liebt die Mühsal.« Und es ist von ihm überliefert, dass er einmal einer großen Gruppe von Gottesverehrern begegnete, die von der Gottesverehrung ausgedörrt waren wie ausgetrocknete Wasserschläuche. »Wer seid ihr?«, fragte er. »Wir sind Gottesverehrer«, antworteten sie. »Weshalb verehrt ihr Gott?«, fragte er. Sie erwiderten: »Gott flößte uns Angst vor der Hölle ein, und wir hatten Angst.« Er sagte ihnen: »Es fällt Gott zu, euch vor dem zu retten, was ihr fürchtet.« Jesus setzte seinen Weg fort und begegnete anderen, die Gott noch mehr verehrten. Er fragte sie: »Weshalb verehrt ihr Gott?« Sie erwiderten: »Gott gab uns die Sehnsucht nach dem Paradies und nach dem, was er dort für seine Freunde vorbereitet hat. Darauf hoffen wir.« Jesus sprach zu ihnen: »Es fällt Gott zu, euch zu geben, worauf ihr hofft.« Er ging weiter und traf noch andere, die Gott verehrten, und er fragte auch sie: »Wer seid ihr?« Sie sagten: »Wir lieben Gott. Wir verehren ihn weder aus Angst vor der Hölle noch aus Sehnsucht nach dem Paradies, sondern aus Liebe zu ihm und seinem höheren Ruhm.« »Ihr seid wahrhaftig Freunde Gottes, und mit euch sollte ich leben.« Und er lebte unter ihnen.

In einer anderen Version wird berichtet, dass er zu den ersten beiden Gruppen sagte: »Es ist eine Schöpfung Gottes, die ihr fürchtet, und es ist eine Schöpfung Gottes, die ihr liebt.« Und zur dritten Gruppe sagte er: »Ihr seid Gott wirklich am nächsten.«

Abu Talib al-Makki (gest. 386/996), *Qut al-Qulub*, 2:56 (Asín, S. 411, Nr. 84; Mansur, Nr. 30). Cf. al-Ghazali, *Ihya´*, 4:288 (Asín, S. 410–411, Nr. 84; Mansur, Nr. 166; Robson, S. 100); *Ihya´*, 4:298.

Gott selbstlos weder aus Angst vor der Hölle noch aus Gier nach dem Paradies zu lieben, war eine Haltung, die den frühen Sufis, zum Beispiel der berühmten Mystikerin Rabi´a al-´Adawiyya (gest. 185/801) zugeschrieben wurde, die man durch die Straßen Bagdads mit einem Eimer Wasser in der einen Hand und einer brennenden Fackel in der anderen Hand gehen sah. Als man sie auf die Gründe für ihr Tun ansprach, antwortete sie: »Ich möchte die Höllenfeuer mit dem Wasser löschen und das Paradies mit der

Fackel niederbrennen, damit die Menschen Gott selbstlos, weder aus Angst vor dem einen noch aus Gier nach dem anderen, lieben können.«

160
◈

Jesus gab seinen Jüngern den Rat: »Wenn ihr tut, was ich tat und was ich euch lehrte, werdet ihr morgen mit mir im Himmelreich sein und mit meinem Vater und euren (Vätern) wohnen und seine Engel um seinen Thron sehen, die ihn lobpreisen und verehren. Dort werdet ihr an jedem Vergnügen teilhaben, ohne zu essen und zu trinken.«

Ikhwan al-Safa´ (viertes/zehntes Jahrhundert), *Rasa´il*, 3:91–92 (Asín, S. 595, Nr. 214; Mansur, Nr. 53; Robson, S. 93).

Die Ikhwan al-Sfa´ oder die Lauteren Brüder bildeten eine Gruppe gleichgesinnter neuplatonischer Philosophen und Wissenschaftler des späten vierten/zehnten Jahrhunderts, die eine Enzyklopädie des Wissens mit dem Titel *Die Sendschreiben* verfassten, in der sie ihre Standpunkte zu einer Vielzahl philosophischer, religiöser, ethischer und wissenschaftlicher Fragen darlegten. Zu weiteren Informationen über sie siehe *EI* 2.

Der Kern dieses Ausspruchs stammt aus Lukas 23:43. Die Ablehnung von Essen und Trinken im Paradies widerspricht dem gängigen muslimischen Bild vom Paradies, wie es im Koran verankert ist, in dem die Speisen und Getränke des Paradieses näher beschrieben werden. Eine solche Ablehnung spiegelt vermutlich die Position der Lauteren Brüder wider, die eine allegorische Interpretation der Paradiesesfreuden vertraten.

161
◈

Eines Tages begegnete Jesus am Rande der Stadt einigen Walkern, und er wandte sich an sie und sagte: »Wenn ihr diese Kleider gewaschen, gereinigt und gebleicht habt, würdet ihr ihren Besitzern erlauben, sie zu tragen, wenn deren Körper mit Blut, Urin, Exkrementen und Schmutz befleckt sind?« »Nein«, erwiderten sie, »und wer immer das tut, ist schamlos.« »Ihr selbst habt es getan«, sagte Jesus. »Wie das?«, fragten sie. »Weil ihr eure

Körper gereinigt, eure Kleider gebleicht und getragen habt, während eure Seelen durch Ungerechtigkeit verschmutzt, mit dem Unrat von Unvernunft und Blindheit, Stummheit und Bösartigkeit, Neid und Hass, Verschlagenheit und Betrügerei, Gier und Geiz, Niedertracht, Misstrauen und ins Verderben stürzenden Begierden angefüllt waren. Ihr seid erbärmlich und gereicht dem Sklaventum zur Schande, und ihr werdet keinen Aufschub erhalten außer im Tod und im Grab.«

Die Walker antworteten: »Was sollen wir tun? Wie können wir umhin, für unseren Lebensunterhalt zu sorgen?« Jesus sagte: »Weshalb wünscht ihr euch nicht das Himmelreich, wo es weder Tod noch Alter, weder Schmerzen noch Krankheiten, weder Hunger noch Durst, weder Angst noch Traurigkeit, weder Armut noch Bedürftigkeit, weder Schwäche noch Mühsal, weder Gram noch Neid unter seinen Bewohnern, weder Hass und Prahlerei noch Betrügerei gibt. Vielmehr sind sie Brüder, die auf Ruhebetten einander gegenüberliegen, glücklich und erfreut sind, Wohlbehagen und Überfluss, Gnade und Gunst, Freude und Kurzweil genießen, die in den himmlischen Sphären und den Weiten des Himmels umherwandern und das Königreich des Herrn der Schöpfung beobachten und Engel in Reihen um seinen Thron sehen, die Loblieder ihres Herrn in Melodien und Weisen singen, von denen Ähnliches nie von Menschen oder *jinn* gehört worden ist. Und ihr werdet ewig mit ihnen leben. Ihr werdet weder alt werden noch sterben, noch werdet ihr Hunger oder Durst haben, noch werdet ihr krank werden, Angst haben oder traurig sein.«

Ikhwan al-Safa' (viertes/zehntes Jahrhundert), *Rasa'il*, 4:95–96 (Asín, S. 547, Nr. 127; Mansur, Nr. 54; Robson, S. 52–54).

Zu Walkern siehe Nr. 145. Hier handelt es sich um eine lange Homilie Jesu, in der sich einige Standpunkte der Lauteren Brüder wiederfinden. Zu nennen ist erstens die Unterscheidung zwischen innen (*batin*) und außen (*zahir*), eine Unterscheidung, die für das symbolische Interpretationsschema der Lauteren Brüder von entscheidender Bedeutung ist. Hinzuweisen ist zweitens auf die lange Ausführung zum Schmutz, den die Seele beherbergt, was für die Ethik der Lauteren Brüder von besonderer Bedeutung ist und der Bilderwelt, die sie benutzten, entsprach. In diesem Zusammenhang erwähnenswert ist drittens die Frage nach dem Sklaventum – oder im engeren Sinn nach der sklavischen Nachahmung religiöser Autorität, die die Lauteren Brüder als Wurzel aller Verderbnis angriffen.

Die *jinn* sind im Islam Feuergeister (Koran 55:15). Einer der *jinns*, der Teufel, weigerte sich, Gott darin zu gehorchen, vor Adam niederzuknien (15:31).

162

Christus pflegte seinen Jüngern zu sagen: »Ich bin zu euch von meinem Vater und euren (Vätern) gekommen, um euch vom Tod der Unwissenheit zu erheben, von der Krankheit der Sünde zu heilen, von der Krankheit unredlicher Glaubensvorstellungen, schlechten Verhaltens und böser Taten zu heilen, sodass eure Seelen gereinigt werden und im Geist der Weisheit leben werden, und ihr werdet zum Himmelreich, zu meinem Vater und euren emporgehoben. Dort werdet ihr das Leben der Glücklichen leben und befreit sein vom Gefängnis dieser Welt und den Schmerzen des Universums der Schöpfung und der Verderbnis, das der Wohnort der Bösewichte, der Tyrannei der Teufel und der Herrschaft Satans ist.«

Ikhwan al-Safa´ (viertes/zehntes Jahrhundert), *Rasa´il*, 4:172 (Asín, S. 551, Nr. 129; Mansur, Nr. 56; Robson, S. 89–90).

Auch einige Formulierungen dieses Ausspruchs spiegeln die Ansichten der Lauteren Brüder wider, so zum Beispiel der »Tod« der Unwissenheit, das »Gefängnis« dieser Welt und das »Universum der Schöpfung und der Verderbnis«.

163

Als Jesus einmal überraschend seinen Jüngern begegnete, traf er sie lachend an. Er sagte: »Wer [Gott] fürchtet, lacht nicht.« Sie antworteten ihm: »Geist Gottes, wir haben nur gescherzt.« Jesus erwiderte: »Ein gesunder Geist scherzt nicht.«

Abu Hayyan al-Tawhidi (gest. nach 400/1010), *al-Basa´ir wa´l Dhakha´ir*, 1:21.

Abu Hayyan al-Tawhidi war ein Gelehrter mit sehr breit gefächerten Interessen an Adab, Philosophie und Sufismus. Zu seinem Leben und Werk siehe *EI* 2. In diesem Ausspruch wird Jesus erneut in einer schwermütigen Stimmung dargestellt. Siehe Nr. 124 und 272. Eine ähnliche Erzählung wird Mohammed zugeschrieben; siehe Ibn al-Mubarak, *Kitab al-Zuhd*, S. 312, Nr. 892. Al-Hasan al-Basri soll ebenfalls Lachen verurteilt haben. Siehe Ibn Sa´d, *Tabaqat*, 7:170, 171.

164

Christus sagte: »Oh Jünger, um euretwillen habe ich die Welt flach auf ihren Bauch gelegt und euch auf ihren Rücken gesetzt. Nur zwei Gruppen wetteifern mit euch um die Herrschaft über sie: Könige und Teufel. Was die Teufel anbelangt, so sucht mit Geduld und in Gebeten Unterstützung gegen sie. Was die Könige anbelangt, so überlasst ihnen ihre Welt, und sie werden euch die andere Welt überlassen.«

Abu Hayyan al-Tawhidi (gest. nach 400/1010), *al-Basa´ir wa´l Dhakha´ir*, 1:23. Cf. Ibn ´Asakir, *Sirat*, S. 143, Nr. 142.

Verschiedene Elemente dieses Ausspruchs, der sich aus mehreren Aussprüchen zusammensetzt, haben wir bereits kennen gelernt (vgl. bes. Nr. 8 und 60). Neu ist die Verbindung zwischen Königen und Teufeln.

165

Jesus sagte: »Selbst wenn Gott der Allmächtige nicht verfügt hätte, dass die, die gegen ihn sündigen, Qualen zu erleiden haben, wäre es gleichwohl angemessen, dass man aus Dankbarkeit für seine Barmherzigkeit ihm gegenüber nicht ungehorsam ist.«

Abu Hayyan al-Tawhidi (gest. nach 400/1010), *al-Basa´ir wa´l Dhakha´ir*, 2:423. Cf. Ibn Abi al-Dunya, *Kitab al-Shukr*, in *Mawsu´at Rasa´il*, 3:78, Exzerpt 204 (»einem weisen Mann« zugeschrieben); Al-Abi, *Nathr al-Durr*, 7:28.

Eine elegante theologische Formulierung, die sich vielleicht an den Gläubigen richtet, der gleichzeitig auch Intellektueller ist.

166

Jesus sagte: »Ein Schrecken wird euch in einem unvorhersehbaren Augenblick überwältigen: Was hindert euch daran, euch auf ihn vorzubereiten, bevor er euch plötzlich trifft?«

Abu Hayyan al-Tawhidi (gest. nach 400/1010), *al-Basa'ir wa'l Dhakha'ir*, 3/1:181.

Der Schrecken, auf den hier angespielt wird, ist natürlich der Schrecken am Tag des Jüngsten Gerichts.

167

Jesus sagte: »Sei ein Gast auf dieser Welt und mach die Moschee zu deinem Heim.«

Abu Hayyan al-Tawhidi (gest. nach 400/1010), *al-Basa'ir wa'l Dhakha'ir*, 3/2:440.

Siehe Ausspruch Nr. 11.

168

Jesus sagte: »Jeder geschlagene Mensch wird am Tag des Jüngsten Gerichts gerächt werden, außer dem Menschen, der von der Welt geschlagen wird, die sich selbst an ihm rächen wird.«

Abu Hayyan al-Tawhidi (gest. nach 400/1010), *al-Basa'ir wa'l Dhakha'ir*, 7:147.

Der Mensch, der von der Welt »geschlagen« wird, ist natürlich der Mensch, der ihren Versuchungen erliegt.

169

Jesus predigte zu den Israeliten. Sie weinten und begannen, ihre Kleidern zu zerreißen. Jesus sagte: »Welche Sünde haben eure

Kleider begangen? Wendet auch besser euren Herzen zu und tadelt sie.«

Abu Hayyan al-Tawhidi (gest. nach 400/1010), *al-Basa'ir wa'l Dhakha'ir*, 7:226, Nr. 489. Es besteht eine Ähnlichkeit zwischen diesem Ausspruch und Nr. 79.

170

Jesus sagte zu seinen Jüngern: »Die Zuneigung füreinander ist das Zeichen, an dem ihr erkennen sollt, dass ihr mir nachfolgt.« Und Jesus sagte zu seinen Jüngern: »Ihr sollt Gott mit eurem ganzen Herzen lieben und euren Nächsten wie euch selbst.« Man fragte Jesus: »Zeig uns, Geist Gottes, welchen Unterschied es zwischen diesen beiden Arten der Liebe gibt, damit wir uns hellsichtig auf sie vorbereiten können.« Jesus erwiderte: »Ihr liebt einen Freund euch selbst zuliebe, und ihr liebt eure Seele Gott zuliebe. Wenn ihr euch gut um euren Freund kümmert, tut ihr es euch selbst zuliebe, aber wenn ihr eure Seele hingebt, tut ihr es Gott zuliebe.«

Abu Hayyan al-Tawhidi (gest. nach 400/1010), *Risala fi al-Sadaqa wa al-Sadiq*, S. 64 (Asín, S. 551, Nr. 130; Mansur, Nr. 57; Robson, S. 54).

In diesem Ausspruch sind verschiedene Elemente aus den Evangelien miteinander verschmolzen, die Asín im Einzelnen identifiziert hat. Im letzten Teil wird die Bedeutung des Gebots näher erklärt wie in vielen anderen Aussprüchen auch.

171

Jesus sagte: »Seid Gott dem Allmächtigen gegenüber in euren innersten Gedanken bescheiden, wie ihr es auch in eurem äußeren Verhalten seid.«

Abu Sa'd al-Kharkushi (gest. 406/1015), unveröffentlichtes Manuskript (Asín, S. 569, Nr. 161; Mansur, Nr. 59; Robson, S. 91).

Der Autor des Werks, dem Asín diesen Ausspruch und die drei folgenden Aussprüche entnommen hat, war der Sufiprediger Abu Sa´d al-Kharkushi, den Asín fälschlicherweise Abu Sa´id nannte. Das Werk existiert, soweit ich weiß, bis heute nur in Manuskriptform. Zu diesem und seinen anderen Werken siehe Fuat Sezgin, *Geschichte des Arabischen Schrifttums* (Leiden: Brill, 1967), 1:670. Siehe auch A. J. Arberry, »Khargushi´s Manual of Sufism« in *Bulletin of the School of Oriental Studies*, 9 (1937–1939), 345–349. Das Thema inneres und äußeres Verhalten begegnete schon in verschiedenen früheren Aussprüchen.

172

Jesus sagte: »Was die Ähnlichkeit dieser Welt mit der nächsten Welt betrifft – sie ist mit einem Mann zu vergleichen, der zwei Frauen hat: wenn er die eine erfreut, erregt er den Unmut der anderen.«

Abu Sa´d al-Kharkushi (gest. 406/1015), unveröffentlichtes Manuskript. (Asín, S. 569, Nr. 162; Mansur, Nr. 60; Robson, S. 76). Cf. al-Ghazali, *Ihya´*, 3:18. Siehe auch Ibn Abi al-Dunya, *Kitab Dhamm al-Dunya*, in *Mawsu´at Rasa´il*, 2:65, Exzerpt Nr. 119 (Wahb ibn Munabbih zugeschrieben).

Möglicherweise verweist dieser Ausspruch auf die Markusverse 12:18–26 zurück. Obwohl die traditionelle muslimische Interpretation des Koranverses 4:3 es einem Mann gestattete, bis zu vier Frauen zu heiraten, ist oft darauf hingewiesen worden, dass der Begriff für »Nebenfrau«, *durra*, auf die Wurzel *drr* zurückzuführen ist, die »Nachteil« bedeutet.

173

Jesus sagte: »Es gibt drei Dinge, die einen Menschen zu Fall bringen können: die mangelnde Dankbarkeit für die Gaben Gottes des Allmächtigen, die Angst vor anderen (Göttern) außer Gott und die [falsche] Hoffnung auf Erschaffenes.«

Abu Sa´d al-Kharkushi (gest. 406/1015), unveröffentlichtes Manuskript (Asín, S. 569, Nr. 163; Mansur, Nr. 61; Robson, S. 57).

Der Koran betont häufig, dass die Menschen ihrem Schöpfer gegenüber selten dankbar sind. Die Formulierung »Angst vor anderen (Göttern) außer Gott« verweist auf den Koranvers 39:36 zurück.

174
∽

Jesus begegnete einem leidenden Mann, und weil er Mitleid mit ihm hatte, sagte er: »Oh Gott, ich flehe dich an, ihn zu befreien.« Da offenbarte ihm Gott: »Wie kann ich ihn von dem befreien, mit dem ich ihn befreie?«

Abu Sa´d al-Kharkushi (gest. 406/1015), unveröffentlichtes Mansukript. (Asín, S. 570, Nr. 164; Mansur, Nr. 62; Robson, S. 116). Cf. al-Qushayri, *al-Risala*, S. 102 (Variante; »einem Propheten« zugeschrieben).

Diese seltsame Erzählung scheint auf die Notwendigkeit der Geduld im Leiden als eine Möglichkeit zur Reinigung der Seele hinzudeuten.

175
∽

Christus wurde gefragt: »Warum hängen alte Menschen mehr an dieser Welt als junge?« Er antwortete: »Weil sie von dieser Welt gekostet haben, was die jungen noch nicht haben.«

Al-Raghib al-Isfahani (frühes zehntes/frühes elftes Jahrhundert), *Muhadarat al-Udaba´*, 1:525.

Al-Raghib al-Isfahani war Verfasser einer berühmten, thematisch untergliederten Adabanthologie, die in literarischen Zirkeln häufig benutzt wurde. Im Koran heißt es, dass es ein Wesensmerkmal einiger heidnischer Araber ist, am Leben zu hängen. Von ihnen heißt es, dass sie tausend Jahre am Leben bleiben möchten. Siehe Koran 2:96.

176

Christus sagte: »Fleisch, das Fleisch isst? Welch eine widerwärtige Tat!«

Al-Raghib al-Isfahani (frühes zehntes/frühes elftes Jahrhundert), *Muhadarat al-Udaba'*, 1:610.

Dies ist ein ungewöhnlicher Ausspruch, der anscheinend dazu ermahnt, sich des Fleischessens zu enthalten. Möglicherweise verweist er auf das Thomasevangelium zurück. Siehe Layton, *The Gnostic Scriptures*, S. 395, Exzerpt Nr. 87 und S. 399, Exzerpt Nr. 112. Der Ausspruch scheint auch in der syrischen Literatur bekannt gewesen zu sein. Siehe E. A. Wallis Budge, *The Laughable Stories*, S. 31, Nr. 131.

177

Jesus sagte: »Oh Gott, wer ist der Ehrenwerteste unter den Menschen?« Gott erwiderte: »Derjenige ist es, welcher, selbst wenn er allein ist, weiß, dass ich bei ihm bin, und meine Herrlichkeit so achtet, dass er mich nicht Zeuge seiner Sünden werden lässt.«

Al-Raghib al-Isfahani (frühes zehntes/frühes elftes Jahrhundert), *Muhadarat al-Udaba'*, 2:402.

Möglicherweise hat dieser Ausspruch eine Parallele in Matthäus 18:20 und Johannes 8:16.

178

Es wird überliefert, dass Jesus zu einem Mann, der es nicht verdiente, so angesprochen zu werden, sagte: »Gott beschütze dich.« Man fragte Jesus: »Warum sagst du das zu einem wie ihm?« Er antwortete: »Eine Zunge, die gewohnt ist, Gutes zu sagen, spricht so zu allen Menschen.«

Abu 'Ali Miskawayh (gest. 421/1030), *al-Hikma*, S. 132.

Miskawayh war ein berühmter Philosoph, Geschichtsgelehrter und höherer Regierungsbeamter. Zu seinem Leben und Werk siehe *EI* 2 und Tarif Khalidi, *Arabic historical Thought in the Classical Period* (Cambridge: Cambridge University Press; 1994), S. 170–176. Das Werk, dem dieser Ausspruch entnommen wurde, enthält eine Sammlung weiser Aussprüche aus verschiedenen muslimischen und nicht-muslimischen Quellen. Sein Titel ist die exakte Übersetzung von *philosophia perennis*. Zu einer ähnlichen Ermahnung siehe Nr. 128.

179

Christus sagte: »Wer denkt, Gott sei zögerlich mit seiner Barmherzigkeit, möge sich in Acht nehmen! Denn Gott könnte zornig werden und ihm den Zugang zu den Gütern dieser Welt leicht machen.«

Abu ´Ali Miskawayh (gest. 421/1030), *al-Hikma*, S. 156. Cf. Ibn Maja, *Sunan, Kitab al-Fitan*, 2:1325, Nr. 3197.

Zu diesem Ausspruch gibt es eine Parallele in der Hadithsammlung von Ibn Maja, in der der Prophet Mohammed zu seinen Anhängern sagt: »Nicht, dass ihr in Armut fallen könntet, fürchte ich, sondern dass der Überfluss der Welt euch erdrückt.«

180

Jesus sagte: »Begehrt ihr die Welt tugendhaften Taten zuliebe? Ihr seid tugendhafter, wenn ihr der Welt entsagt.«

Abu ´Ali Miskawayh (gest. 421/1030), *al-Hikma*, S. 192.

181

Die Jünger sagten zu Jesus: »Was sagst du über Herrscher?« Er antwortete: »Sie sind für euch zu einer Versuchung geworden.

Lasst euch durch eure Liebe zu ihnen nicht dazu verleiten, gegen Gott zu sündigen, und lasst euch durch euren Hass gegen sie nicht dazu verleiten, ungehorsam gegenüber Gott zu sein. Wenn ihr eure Pflichten ihnen gegenüber erfüllt, werdet ihr ihrer Sünde entfliehen, und euer Glaube wird keinen Schaden nehmen.«

Abu Sa´d al-Abi (gest. 421/1030), *Nathr*, 7:33.

Al-Abi war ein schiitischer Staatssekretär und Schriftsteller, der der Dynastie (945–1055) der Bujiden im westlichen Iran und im Irak diente. Seine bedeutende Adabanthologie, der dieser Ausspruch und der folgende entnommen wurden, wurde erst vor kurzem herausgegeben; ihre Bedeutung für die arabische Literatur wird allmählich erkannt.

Gebote über die angemessene Haltung Herrschern gegenüber kommen, wie frühere Aussprüche belegen, im muslimischen Evangelium häufig vor. Dass Herrscher mit Versuchungen gleichgesetzt werden, suggeriert, dass sie notwendigerweise ein Übel sind oder zumindest, dass sie mit Vorsicht zu behandeln sind. Die frühere Feindseligkeit ihnen gegenüber hat sich jedoch etwas abgeschwächt. An ihre Stelle scheint hier eine resignierte Toleranz getreten zu sein.

182

Jesus pflegte zu sagen: »Zu viel Nahrung tötet die Seele, wie zu viel Wasser die Pflanze tötet.«

Abu Sa´d al-Abi (gest. 421/1030), *Nathr*, 7:35.

Hier spricht Jesus als Arzt. Siehe die Nr. 152, 153 und 154. Aus Gründen, die sich nicht näher bestimmen lassen, enthält die schiitische Tradition eine beträchtliche Anzahl von Aussprüchen und Erzählungen, die Jesus als einen Arzt darstellen, der über bestimmte Heilmittel gegen die Krankheiten des Menschen wie der Natur verfügte. Dieser Ausspruch scheint in der syrischen Literatur bekannt gewesen zu sein. Siehe Budge, *The Laughable Stories*, S. 32, Nr. 134, wo er einem hebräischen Weisen zugeschrieben wird.

183

Jesus sagte zu seinen Gefährten: »Überlasst euch dem Hunger und dem Durst, geht nackt umher und schwächt euch selbst, damit eure Herzen Gott den Allmächtigen erkennen können.«

Abu Nu´aym al-Isbahani (gest. 430/1038), *Hilyat al-Awliya´*, 2:370 (Mansur, Nr. 65). Cf. al-Ghazali, *Ihya´*, 3:79 (Asín, S. 361, Nr. 21; Mansur, Nr. 106; Robson, S. 63).

Abu Nu´aym war der Autor eines der frühesten und maßgebendsten biografischen Nachschlagewerke der »Heiligen«, Sufis und frommen Männer und Frauen der islamischen Geschichte. Zu seinem Leben und Werk siehe *EI* 2. Die in diesem Ausspruch vorgeschriebene Disziplin wird auch in vielen früheren Aussprüchen angesprochen. Sie ist natürlich auch charakteristisch für die sufische Lehre.

184

Jesus sagte: »Wer sich nicht beraten lässt, handelt ohne Erfolg.«

Abu Nu´aym al-Isbahani (gest. 430/1038), *Hilyat al-Awliya´*, 5:237 (Mansur, Nr. 72).

Dieser Ausspruch scheint im engeren Sinn zum Adab, im weiteren Sinn zur Weisheitsliteratur des antiken Nahen Ostens zu zählen. Siehe z. B. Sprichwörter 15:22.

185

Jesus sagte: »Wenn ihr könnt, seid Gott gegenüber so arglos wie die Tauben.« Man pflegte zu sagen, dass es nichts Argloseres als eine Taube gibt. Ihr könnt ihre Jungen unter ihr wegnehmen und töten, und sie wird zurückkehren, um sich an derselben Stelle schlafen zu legen.

Abu Nu´aym al-Isbahani (gest. 430/1038), *Hilyat al-Awliya´*, 5:239 (Asín, S. 567, Nr. 157; Mansur, Nr. 74; Robson, S. 57). Cf. al-Jahiz, *al-Bayan*, 2:242; idem, *al-Hayawan*, 3:189–190 (teilweise; kein Jesusausspruch).

Eine Bezugnahme auf das Evangelium (Matthäus 10:16), die mit einer Beobachtung zu Tauben glossiert wird. Jahiz widmet in seinem Werk *al-Hayawan* einige Seiten der Arglosigkeit der Tauben.

186

Es wird überliefert, und Gott weiß es am besten, dass Jesus eines Tages durch ein Tal ging, das Tal der Auferstehung hieß, und auf den gebleichten Schädel eines Körpers stieß, dessen übrige Knochen bereits verwest waren. Jesus bewunderte seine weiße Farbe. Der Mensch war vor zweiundsiebzig Jahren gestorben. Jesus sagte: »Oh Gott, den kein Auge sehen kann, keine Zweifel in Verwirrung stürzen können und den keiner beschreiben kann, ich bitte dich, diesem Schädel zu erlauben, mir zu sagen, zu welchem Volk er gehörte.« Gott offenbarte ihm: »Jesus, sprich zu dem Schädel, und er wird dir durch meine Macht antworten, denn ich habe Macht über alle Dinge.« Jesus sprach das vorgeschriebene Gebet, näherte sich dem Schädel und sprach: »Im Namen des barmherzigen und gnädigen Gottes.« Mit beredter Zunge antwortete der Schädel: »Geist Gottes, du hast den besten aller Namen genannt.« Jesus sagte: »Ich bitte dich im Namen Gottes des Allmächtigen, mir zu sagen, wo deine Schönheit und Reinheit, wo dein Fleisch und dein Fett, wo deine Knochen und deine Seele sind.« Der Schädel erwiderte: »Geist Gottes, was Schönheit und Reinheit anbelangt, so hat die Erde sie verändert. Das Fleisch und das Fett sind von den Würmern aufgefressen worden. Die Knochen sind verwest. Die Seele ist heute im Höllenfeuer, in großer Pein.«

Jesus sagte: »Ich frage dich im Namen Gottes des Allmächtigen: Zu welchem Volk gehörtest du?« Der Schädel antwortete: »Ich gehörte zu einem Volk, das der Zorn Gottes in dieser irdischen Welt traf?« Jesus fragte: »Warum traf euch der Zorn Gottes?« Der Schädel antwortete: »Geist Gottes, Gott sandte uns einen Propheten, der die Wahrheit sprach, aber wir nannten ihn einen Lügner. Er befahl uns, Gott zu gehorchen, aber wir gehorchten ihm nicht. Da ließ Gott sieben Jahre, sieben Monate und sieben Tage Regen und Blitz über uns niedergehen. Danach kamen eines Tages Folterengel auf uns nieder. Jeder Engel hatte zwei Peitschen, eine aus Eisen und eine aus Feuer. Die Engel hörten nicht auf, meine Seele aus jedem Glied und jeder Ader herauszuziehen, bis meine Seele die Kehle erreichte. In dem Moment streckte der Todesengel seine Hand aus und zog meine Seele heraus.«

Jesus sagte: »Ich bitte dich im Namen Gottes des Allmächtigen, beschreibe mir den Engel des Todes.« Der Schädel antwortete: »Geist Gottes, er hat eine Hand im Westen und eine Hand im Osten. Sein Kopf reicht bis zu den höchsten Himmelgewölben, und seine Beine reichen bis zu den Regionen der siebten und tiefsten Erde herab. Die Erde selbst liegt zwischen seinen Knien, und die ganze Schöpfung liegt zwischen seinen Augen.«

Der Schädel fuhr fort: »Oh Prophet Gottes, es war kaum eine Stunde vergangen, als zwei pechschwarze Engel zu mir kamen. Sie sprachen wie donnernder Donner, und ihre Augen blitzten wie Blitze; sie hatten lockiges Haar, und sie durchfurchten den Boden mit ihren Fangzähnen. Sie sagten zu mir: ›Wer ist dein Gott? Wer ist dein Prophet? Wer ist dein Imam?‹ Geist Gottes, ich hatte Angst und sagte: ›Ich habe keinen Gott, keinen Propheten, keinen Imam außer Gott.‹ ›Du lügst‹, sagten sie, ›Feind Gottes und Feind deiner selbst.‹ Sie versetzten mir mit einem Eisenstab einen so harten Schlag, dass ich fühlte, wie meine Knochen brachen und mein Fleisch weggerissen wurde. Dann warfen sie mich in den Abgrund der Hölle, und dort peinigten sie mich, solange es Gott gefiel. Als ich mich in diesem Zustand befand, kamen zwei Wache haltende Schreiber zu mir, welche die Taten aller Geschöpfe dieser Welt aufschrieben, und sagten zu mir: ›Feind Gottes, komm mit uns zu den Wohnstätten der Menschen des Paradieses.‹ Dann ging ich mit ihnen zur ersten der Paradiespforten, und erfuhr, dass das Paradies acht Pforten hat. Es ist aus Ziegelsteinen erbaut, von denen einige aus Gold und einige aus Silber sind. Sein Boden besteht aus Moschus. Sein Gras ist Safran. Seine Kieselsteine sind Perlen und Rubine. Seine Flüsse sind aus Milch, Wasser und Honig. Seine Bewohner sind anmutige tugendhafte junge Mädchen gleichen Alters, die als Diener des Erhabenen und Gütigen in Pavillons leben. Geist Gottes, ich war entzückt.

Da wandten sich die beiden Schreiber zu mir und sagten: ›Feind Gottes und deiner selbst, du tatest nichts Gutes im irdischen Leben, um all dies zu verdienen. Komm jetzt mit uns zu den Aufenthaltsorten der Höllenbewohner.‹ Ich ging mit ihnen zum ersten Tor der Hölle, wo Schlangen und Skorpione zischten, und fragte sie: ›Für wen ist diese Pein gedacht?‹ ›Für dich‹, erwiderten sie, ›und für die, die unrechterweise das Vermögen von Waisen verprassen.‹ Ich ging mit ihnen zum zweiten Tor, wo Männer an ihren Bärten hingen und wie Hunde Blut und Eiter von ihren Händen leckten. Ich sagte zu den Schreibern: ›Für wen ist diese Pein gedacht?‹ ›Für dich‹, antworteten sie, ›und für die, die Wein trinken und essen, was in diesem irdischen Leben verboten ist.‹ Ich ging mit ihnen zum dritten Tor und fand dort Männer vor, in deren Münder Feuer eindrang und das aus ihrem Rücken wieder heraustrat. ›Für wen ist diese Pein gedacht?‹ ›Für dich‹, antworteten die Schreiber, ›und für die, die im irdischen Leben verheiratete Frauen verunglimpfen.‹ Ich ging mit ihnen zum vierten Tor und traf dort Frauen, die an ihren Zungen hingen und denen Feuer aus ihren Mündern kam. ›Für wen ist diese Pein gedacht?‹ ›Für dich‹, sagten die Schreiber, ›und die, die in ihrem irdischen Leben nicht ihre Gebete gebetet haben.‹ Ich ging mit ihnen zum fünften Tor und sah Frauen, die an ihren Haaren hingen und über deren Köpfen Feuer war. ›Für wen ist diese Pein gedacht?‹ Für dich‹, erwiderten die Schreiber, ›und für die, die sich für andere als ihre Ehefrauen und Ehemänner schmücken.‹ Ich ging mit ihnen zum sechsten Tor und erblickte Frauen, die an ihren Haaren und ihren Mündern hingen. ›Für wen ist diese Pein gedacht?‹ ›Für dich‹, antworteten die Schreiber, ›und für die verlorenen Sünder in der Welt.‹ Ich ging mit ihnen zum siebten Tor und traf dort auf Männer, unter denen sich ein Brunnen befand, der Brunnen des Frühlichts genannt wurde. Ich wurde hineingeworfen, Geist Gottes. In ihm bin ich in größter Pein und bin Zeuge unzähliger Schrecken gewesen.«

Da sprach Jesus: »Oh Schädel, wenn du es möchtest, bitte mich, um was du möchtest, mit Gottes Erlaubnis.« Der Schädel sagte: »Geist Gottes, bete, dass Gott mir mein irdisches Leben wiedergeben möge.« Jesus betete zu Gott, der den Schädel belebte. Durch die Macht Gottes des Allmächtigen trat die Frau ganz und unversehrt zu Jesus. Dann verehrte sie Gott mit Jesus zwölf Jahre lang, bis Gewissheit – das heißt: der Tod – über sie kam. Sie starb als wahrhaft Gläubige, und Gott gab ihr in seiner Güte einen Platz unter den Menschen des Paradieses.

Abu Nuʿaym al-Isbahani (gest. 430/1038), *Hilyat al-Awliya'*, 6:10–12 (Asín, S. 426–428, Nr. 102, quinquies; Mansur, Nr. 263; Robson, S. 102–107).

Dies ist eine lange, komplexe Erzählung. Es gibt zwei weitere Begegnungen mit Schädeln im muslimischen Evangelium. Siehe Nr. 234 und 248. Zu einer Parallele zu anderen Literaturen siehe den zur Mischna gehörigen Traktat *Pirkey Aboth* in Hertz, *Sayings of the fathers*, S. 28, Nr. 7 (R. Hillel and the skull). Das Gebet, das Jesus zu Beginn an Gott richtet, ist ein typisch muslimisches. Die Zahl zweiundsiebzig ist eine symbolische Zahl, die im Hadith häufig vorkommt. Dass Jesus die vorgeschriebenen muslimischen Gebete spricht, steht natürlich ebenso in Zusammenhang mit der Tatsache, dass er ein muslimischer Prophet ist, wie das Zitieren der *basmalah* (»Im Namen des barmherzigen und gnädigen Gottes«). Der einem undankbaren Volk gesandte Regen verweist auf den Koranvers 7:84 (und andere -verse) zurück. Falaq (Frühlicht) ist nach Meinung einiger Kommentatoren des Koranverses 113:1 der Name eines Gefängnisses (*sijn*) oder auch der Abgrund der Hölle (*jubb*). Die Beschreibung des Paradieses und der Hölle hat verschiedene Elemente mit den Jenseitsvorstellungen in anderen religiösen Traditionen gemeinsam. Zu Bildern des Aufhängens in der Hölle siehe z. B. Martha Himmelfarb, *Tours of Hell* (Philadelphia: University of Pennsylvania Press, 1983), S. 82–92. Es gibt verschiedene andere Elemente, die auf die Paradies- und Höllenberichte in der apokryphen *Apokalypse des Petrus* und der *Apokalypse des Paulus* zurückverweisen: Siehe M. Rhodes James, *The Apocryphal New Testament*, S. 505–555.

187

In den Evangelien steht geschrieben: »Schon ein falscher Stein bringt die Mauer zum Einsturz.«

Abu Nuʿaym al-Isbahani (gest. 430/1038), *Hilyat al-Awliya'*, 6:95 (Mansur, Nr. 77).

Dieser Ausspruch ist möglicherweise ein Widerhall von Matthäus 21:42 und Lukas 20:17 (vgl. Psalm 118:22–23). Aber während die Bilderwelt ähnlich ist, ist die Bedeutung sehr unterschiedlich. In den Evangelien geht es um ein neues Bündnis mit einem neuen Volk Gottes. Im oben zitierten Ausspruch ist der Stein in der Mauer eine ethisch zu interpretierende Metapher: Alle menschliche Vorhaben und Bestrebungen müssen auf Tugendhaftigkeit gegründet sein.

188

Jesus sagte: »Sprecht viel zu Gott, sprecht wenig zu den Menschen.« Man fragte ihn: »Wie können wir viel zu Gott sprechen?« Jesus antwortete: »Sprecht zu ihm in der Einsamkeit, betet zu ihm in der Einsamkeit.«

Abu Nu´aym al-Isbahani (gest. 430/1038), *Hilyat al-Awliya´*, 6:195. Cf. al-Qushayri, *al-Risala*, S. 69 (Mu´adh ibn Jabal, einem berühmten Gefährten Mohammeds zugeschrieben; Variante) (Asín, S. 568, Nr. 158; Mansur, Nr. 82; Robson, S. 57).

Asín schlägt Matthäus 6:5–7 als eine Parallele vor. Siehe aber auch Kohelet 5:1–2. Die Zuschreibung auf Mu´adh ibn Jabal (siehe Literaturangabe oben) ist interessant. In einem Bericht heißt es: »Jesus wurde im Alter von dreiunddreißig Jahren zum Himmel erhoben, und Mu´adh starb im Alter von dreiunddreißig Jahren« (Ibn Sa´d, *Tabaqat*, 7:389).

189

Wenn ihr wollt, könnt ihr wiederholen, was der, der im Besitz des Wortes und des Geistes [Gottes] ist, Jesus, der Sohn der Maria, zu sagen pflegte: »Hunger ist meine Würze, Angst ist mein Gewand, Wolle ist meine Kleidung, das Licht der Morgendämmerung ist meine Wärme im Winter, der Mond ist meine Laterne, meine Beine sind meine Lasttiere, und das Erzeugnis der Erde ist meine Nahrung und meine Frucht. Ich lege mich in der Nacht mit nichts als meinem Namen zum Schlafen hin und wache am Morgen mit nichts als meinem Namen auf. Und es gibt niemanden auf der Welt, der reicher als ist.«

Abu Nu´aym al-Isbahani (gest. 430/1038), *Hilyat al-Awliya´*, 6:314 (Asín, S. 374–375, Nr. 44; Mansur, Nr. 82; Robson, S. 67–68).

Asín führt eine ähnliche Stelle an, die ´Ali ibn Abi Talib zugeschrieben wird. Aber es gibt auch einige interessante Echos eines Briefes, der von Anacharsis, einem hellenisierten Skyten, verfasst wurde, der um 600 v.Chr.

lebte und später als einer der Sieben Weisen angesehen wurde und in Cicero *Tusculanae disputationes* V 90 zitiert wird: »Meine Kleidung ist ein skytischer Überwurf, meine Schuhe sind die Schwielen an den Fußsohlen, mein Bett die Erde, meine Delikatessen der Hunger. Ich lebe von Milch, Käse und Fleisch. Also wenn du kommen willst, so kommst du zu einem Bedürfnislosen. Jene Geschenke aber, an denen du dich erfreut hast, gib sie entweder deinen Mitbürgern oder den unsterblichen Göttern.« Die Legende von den Sieben Weisen war in der arabisch-islamischen Weisheitsliteratur mindestens seit dem neunten Jahrhundert bekannt.

190

Jesus sagte: »Oh Israeliten, Mose hat euch verboten, Ehebruch zu begehen, und er tat gut daran, es zu verbieten. Ich verbiete euch, auch nur an ihn zu denken, denn der, der an ihn denkt, ohne ihn auszuführen, ist wie ein Haus aus Lehm, in dem ein Feuer angezündet wird: wenn es auch nicht in Brand gerät, so wird es doch vom Rauch verkohlt.«

»Oh Israeliten, Mose hat euch verboten, einen Meineid bei Gott zu schwören, und er tat gut daran, es zu verbieten. Ich verbiete euch, überhaupt bei Gott zu schwören, gleich, ob wahr oder falsch.«

Abu Nu'aym al-Isbahani (gest. 430/1038), *Hilyat al-Awliya'*, 8:145–146 (Mansur, Nr. 82).
Die beiden Gebote stammen aus Matthäus 5:27–28 und 34–37.

191

Jesus sagte: »Oh Gelehrter, lerne vom Wissen, was du nicht weißt, und lehre den Unwissenden, was du gelernt hast.«

Abu al-Hasan al-Mawardi (gest. 450/1058), *Adab al-Dunya wa al-Din*, S. 67.
Al-Mawardi war ein bedeutender Autor, der Werke über Herrschaftstheorien und islamische Ethik verfasste. Zu Informationen über sein Leben und Werk siehe *EI* 2. Das muslimische Evangelium enthält mehrere Gebote über religiöses Wissen und die Notwendigkeit, es anderen zu vermitteln. Siehe z. B. Aussprüche Nr. 46 und 195.

192

Man fragte Jesus: »Warum bist du nicht verheiratet?« Er antwortete: »Nur in der Wohnstatt der Ewigkeit ist es löblich, sich zu vermehren.«

Abu al-Hasan al-Mawardi (gest. 450/1058), *Adab al-Dunya wa al-Din*, S. 104 und 135.

Jesus hat bereits oben über die Ehe gesprochen: Siehe Ausspruch Nr. 60. Mehr Kinder als andere haben zu wollen (*takathur*) und die Anhäufung irdischer Güter wird im Koran (57:20 und 102:1) als Prahlerei und als Zeichen dafür angeprangert, dass ein Mensch zu sehr am Leben hängt.

193

Jesus sagte: »Wie ihr schlaft, so werdet ihr sterben, wie ihr aufwacht, so werdet ihr auferweckt.«

Abu al-Hasan al-Mawardi (gest. 450/1058), *Adab al-Dunya wa al-Din*, S. 107.

Die figurative Verwendung von Schlafen und Aufwachen für Tod und Auferweckung kommt in der Bibel häufig vor. Siehe z. B. Hiob 14:11–12 und Johannes 11:11–16.

194

Jesus sagte: »Hütet euch davor, Frauen wieder und wieder anzusehen, denn das weckt Lust im Herzen, eine Versuchung, groß genug für den, der solches tut!«

Abu al-Hasan al-Mawardi (gest. 450/1058), *Adab al-Dunya wa al-Din*, S. 294. Cf. Ibn al-Jawzi, *Dhamm al-Hawa*, S. 91.

Das arabische Original weist eine Reimkadenz auf, die zweifellos der einfachen Memorierung dient. Der Kern dieses Ausspruchs geht auf Matthäus 5:28 zurück.

195

Es wird überliefert, dass Christus die Frage gestellt wurde: »Bis zu welchem Alter ist es angebracht, Wissen zu erwerben?« Er antwortete: »Solange das Leben selbst angebracht ist.«

Ibn ʿAbd al-Barr al-Qurtubi (gest. 463/1071), *Jamiʿ Bayan al-ʿIlm*, 1:96.

Ibn ʿAbd al-Barr war ein andalusischer Traditionarier und Gelehrter. Zu seinem Leben und Werk siehe *EI 2*. In *Jamiʿ* stellt er viele Traditionen aus unterschiedlichen Quellen zu den Tugenden des Wissens zusammen.

196

Jesus sagte: »Oh Vorleser und Gelehrte, wie könnt ihr in die Irre gehen, nachdem ihr Wissen erworben habt, und wie könnt ihr blind sein, nachdem ihr das Augenlicht erlangt habt, und dies alles für eine verachtenswerte Welt und gemeine Begierden? Weh euch in dieser Welt und wehe der Welt vor euch!«

Ibn ʿAbd al-Barr al-Qurtubi (gest. 463/1071), *Jamiʿ Bayan al-ʿIlm*, 1:190.

Mit den Vorlesern (*qurraʾ*) sind die Koranvorleser, eine politisch bedeutende Gruppe im frühen Islam, gemeint. Die an sie und andere Gelehrte gerichtete Zurechtweisung begegnet im muslimischen Evangelium häufig. Siehe Nr. 117, 174, 193 und 263.

197

Christus sagte: »Seid nicht traurig über das, was Menschen über euch sagen. Wenn das, was sie sagen, falsch ist, wäre es wie eine gute Tat, die ihr nicht vollbracht habt. Wenn das, was sie sagen, wahr ist, wäre es wie eine böse Tat, deren Bestrafung vorgezogen wurde.«

Ibn ʿAbd al-Barr al-Qurtubi (gest. 463/1071), *Bahjat al-Majalis*, 1:405.

Dieser elegant formulierte Rat, die Meinungen anderer Menschen zu ignorieren, ist vielleicht ein fernes Echo von Matthäus 5:11–12.

198

Jesus kam an einem Friedhof vorbei. Er rief einen der Toten, und Gott erweckte ihn auf. Jesus fragte ihn: »Wer bist du?« »Ich war einmal ein Lastträger«, erwiderte ihm der Mann, »ich trug etwas Brennholz für einen Mann und brach einen Zweig ab, um meine Zähne zu reinigen. Seitdem ich gestorben bin, bin ich nach diesem Zweig gefragt worden.«

Abu al-Qasim al-Qushayri (gest. 465/1073), *Al-Risala al-Quishayriyya fi ʿIlm al Tasawwuf*, S. 65 (Asín, S. 565, Nr. 151; Mansur, Nr. 88; Robson, S. 115). Cf. Asín, S. 566, Nr. 152; Robson, S. 115–116 (ausführlichere Version).

Al-Qushayri war ein berühmter Sufiautor, gebildeter Rechtsanwalt und vollendeter Gelehrter. Das Werk, dem diese Erzählung entnommen wurde, ist ein Handbuch zur sufischen Terminologie, den wichtigsten Vertretern des Sufismus und der sufischen Lehre und Verhaltensweise. Zu seinem Leben und Werk siehe *EI* 2.

Dass Gott selbst über die kleinsten Sünden Buch führt, steht im Einklang mit den Koranversen 99:7–8: »Wenn dann einer (auch nur) das Gewicht eines Stäubchens an Gutem getan hat, wird er es zu sehen bekommen. Und wenn einer (auch nur) das Gewicht eines Stäubchens an Bösem getan hat, wird er es (ebenfalls) zu sehen bekommen.«

199

Jesus sagte: »Wie viele Bäume es doch gibt, aber nicht alle tragen Früchte! Wie viele Früchte es doch gibt, aber nicht alle lassen sich gut essen! Wie viele Wissenschaften es doch gibt, aber nicht alle sind nützlich!«

Abu Hamid al-Ghazali (gest. 505/1111), *Ihyaʾ ʿUlum al-Din*, 1:38 (Asín, S. 349, Nr. 2; Mansur, Nr. 90; Robson, S. 42).

Al-Ghazali war eine herausragende Persönlichkeit des klassischen Islam. Seine Absicht war keine geringere als die vollständige Neubestimmung der verschiedenen Wissenschaften der islamischen Zivilisation, die er alle mit der sufischen Spiritualität ausstatten wollte. Seine immenses juristisches, theologisches und philosophisches Wissen, seine Kenntnis des Hadith und sein faszinierender Bericht über seinen intellektuellen und spirituellen Weg machen ihn zu einem der attraktivsten Intellektuellen der Weltkultur. Das Werk, dem die meisten der folgenden Aussprüche und Erzählungen entnommen wurden, *Ihya' 'Ulum al-Din* (Die Wiederbelebung der Wissenschaften von der Religion), stellt eine enzyklopädische Betrachtung der verschiedenen Aspekte muslimischer Frömmigkeit dar und nahm schnell einen herausragenden Platz im islamischen Kanon der religiösen Literatur ein. Ghazali hatte erklärtermaßen ein ausgeprägtes Interesse an Jesus, den er als »Propheten des Herzens« bezeichnete und als eine der zentralen Gestalten sufischer Spiritualität betrachtete. Zu Ghazalis Leben und Werk siehe *EI* 2.

Der Kern dieses Ausspruchs stammt aus Matthäus 7:16–20. Die hinzugefügte Kritik an nutzlosen Wissenschaften steht im Zusammenhang mit einer Attacke Ghazalis gegen Anwälte, die sich über Gebühr mit nutzlosen juristischen Details abgeben. Dieses Thema wird in anderen späteren Aussprüchen und Erzählungen häufig behandelt. Ghazali war der Auffassung, dass viele Rechtsgelehrte der Entwicklung eines wahrhaft spirituellen Lebens im Wege standen.

200

Jesus sagte: »Weisheit an andere als die, die ihrer würdig sind, weiterzugeben, ist ein Unrecht, und sie denen, die ihrer würdig sind, vorzuenthalten, bedeutet, ihnen ein Unrecht zuzufügen. Seid wie der freundliche Arzt, der Heilmittel auf die kranke Stelle aufträgt.« Nach einer anderen Version sagte er: »Wer Weisheit an andere als die, die ihrer würdig sind, weitergibt, ist ignorant, und der, der Weisheit denen vorenthält, die ihrer würdig sind, hat ein Unrecht getan. Weisheit hat ihren gebührenden Lohn, und es gibt Menschen, die seiner würdig sind, deshalb gebt jedem Menschen den ihm gebührenden Lohn.«

Abu Hamid al-Ghazali (gest. 505/1111), *Ihya' 'Ulum al-Din*, 1:43 (Asín, S. 349, Nr. 3; Mansur, Nr. 91; Robson, S. 42). Cf. al-Jahiz, *al-Bayan*, 2:35; Ikhwan al-Safa', *Rasa'il*, 4:215 (teilweise); al-Mawardi, *Adab*, S. 127; Ibn 'Abd al-Barr, *Jami'*, 1:109 (teilweise); Ibn 'Asakir, *Sirat*, S. 187, Nr. 225 (Variante).

Ein Widerhall von Matthäus 7:6. Wie viele andere Denker seiner Zeit vertrat Ghazali die Auffassung, dass sich Menschen in ihren intellektuellen

Fähigkeiten und natürlichen Anlagen stark voneinander unerscheiden. Deshalb sollten nicht alle Wissenschaften allen Menschen zugänglich sein; jedem sollte der Wissensstand ermöglicht werden, der ihm am meisten nutzt. Anderenfalls bestünde die Gefahr des Missverständnisses oder sogar der Häresie. Von Wissenschaften wie der Mathematik ging nach Ghazalis Ansicht eine verführerische Wirkung aus, weil diejenigen, welche die mathematischen Exaktheitsstandards auch von anderen Wissenschaften (z. B. der Theologie) erwarten, Gefahr laufen, dem Unglauben zu verfallen.

201

Jesus sagte: »Die Gelehrten des Bösen sind wie ein Fels, der in die Mündung eines Flusses gestürzt ist: weder nimmt er das Wasser auf noch erlaubt er dem Wasser, zu den Feldfrüchten zu gelangen. Die Gelehrten des Bösen sind auch wie Abwässerkanäle: Ihr Äußeres ist weißer Putz, und ihr Inneres ist widerlich stinkend. Oder sie sind wie Gräber, die außen prachtvoll und innen voller toter Knochen sind.«

Abu Hamid al-Ghazali (gest. 505/1111), *Ihya´ ´Ulum al-Din*, 1:66. Cf. Warram, *Majmu´a*, 1:84 (Asín, S. 351, Nr. 5; Mansur, Nr. 93; Robson, S. 43).

Auch dieser Ausspruch richtet sich gegen engstirnige Gelehrte. Asín stellt einige Parallelen zu den Evangelien zur Diskussion (vgl. besonders Matthäus 23:27). Zu einer weiteren Parallele siehe: J. Sadan, »Some Literary Problems concerning Judaism and Jewry in Medieval Arabic Sources«, in M. Sharon, Hg., *Studies in Honour of Professor David Ayalon* (Leiden: Brill, 1986), S. 353–398, hier: 389–390.

202

Jesus sagte: »Wie kann jemand für einen Gelehrten gehalten werden, der bewusst die Straßen dieser Welt bereist, während sein Bestimmungsort doch das Jenseits ist? Und wie kann jemand für einen Gelehrten gehalten werden, der eine Rede einzig nur um des Vortrags willen liebt, aber nicht nach ihr handelt?«

Abu Hamid al-Ghazali (gest. 505/1111), *Ihya´ ´Ulum al-Din*, 1:67 (Asín, S. 352, Nr. 6; Mansur, Nr. 94; Robson, S. 63).

Vergleiche Ausspruch Nr. 191.

203

Jesus sagte: »Wer Wissen erwirbt, aber nicht im Einklang mit ihm handelt, ist wie eine Frau, die heimlich Ehebruch begeht, schwanger wird und deren Schande allen bekannt wird. Und so wird auch der, der nicht im Einklang mit seinem Wissen handelt, am Tag des Jüngsten Gerichts von Gott vor allen Menschen beschämt werden.«

Abu Hamid al-Ghazali (gest. 505/1111), *Ihya´ ´Ulum al-Din*, 1:69 (Asín, S. 353, Nr. 8; Mansur, Nr. 95; Robson, S. 43).

Siehe Ausspruch Nr. 43.

204

Es wird erzählt, dass Jesus eines Tages hinausging, um für Regen zu beten. Als die, die bei ihm waren, unruhig wurden, sagte er: »Wer von euch eine Sünde begangen hat, muss umkehren.« So gingen sie also mit Ausnahme eines Mannes, der mit ihm in der Wüste blieb, alle zurück. Jesus sagte zu dem Mann: »Hast du irgendwelche Sünden begangen?« »So wahr Gott mein Zeuge ist«, antwortete der Mann, »keine, von der ich weiß. Außer der, dass eines Tages, als ich gerade betete, eine Frau in meine Nähe kam, die ich mit diesem Auge ansah. Als sie an mir vorüberging, steckte ich meinen Finger in mein Auge und riss es heraus und warf es ihr nach.« Da sprach Jesus zu ihm: »Bete zu Gott, damit ich zu deinem Gebet ›Amen‹ ausrufen kann.« Der Mann betete zu Gott, der Himmel wurde wolkenverhangen, und es regnete in Strömen. Und so wurden sie erfrischt.«

Abu Hamid al-Ghazali (gest. 505/1111), *Ihya´ ´Ulum al-Din*, 1:316 (Asín, S. 354, Nr. 10; Mansur, Nr. 97; Robson, S. 95). Cf. Asín, S. 587, Nr. 201; Robson, S. 121–122 (ausführlichere Version); Ibn al-Jawzi, *Dhamm al-Hawa*, S. 131 (leichte Variante).

Es gibt ein spezielles muslimisches Gebet für Regen (*Salat al-Istisqa´*). Das Bild des verführenden Auges, das herausgerissen wird, stammt aus Matthäus 18:9.

205

Als sie Jesus suchte, kam Maria an einigen Webern vorbei und fragte sie nach dem Weg. Als diese ihr den falschen Weg zeigten, sagte sie: »Oh Gott! Entziehe ihnen deinen Segen, lass sie arm sterben, erniedrige sie in den Augen der Menschen.« Und ihr Gebet wurde erhört.

Abu Hamid al-Ghazali (gest. 505/1111), *Ihya' 'Ulum al-Din*, 4:190 (Asín, S. 357, Nr. 13; Mansur, Nr. 99).

Einige klassische muslimische Autoren wie Jahiz hielten einige Berufe und Fertigkeiten (z. B. Weben) für nicht ehrbar. Siehe Jahiz, *Rasa'il*, 1:51–52 und zu Walkern vergleiche Nr. 145. Solche Erzählungen halfen natürlich, das geringe Ansehen dieser Berufe zu »erklären«. Diese Erzählung war auch in der syrischen Literatur bekannt. Siehe Budge, *The Laughable Stories*, S. 123, Nr. 475.

206

Es wird berichtet, dass Satan eines Tages vor Jesus erschien und zu ihm sagte: »Sag: ›Es gibt keinen Gott außer Gott.‹« Jesus erwiderte: »Wahre Worte, die ich nach dir nicht wiederholen werde.« Er sagte dies, weil sich Satans Täuschungen selbst hinter dem Guten verbergen können.

Abu Hamid al-Ghazali (+505/1111), *Ihya' 'Ulum al-Din*, 3:29 (Asín, S. 359, Nr. 17; Mansur, Nr. 102; Robson, S. 81).

Möglicherweise hat die Versuchung Jesu in der Wüste (Matthäus 4:1–11) zu dieser Episode inspiriert. Bemerkenswerterweise möchte Satan, dass Jesus das muslimische Glaubenszeugnis wiederholt. Der letzte Satz ist eine Glosse, die wahrscheinlich von Ghazali selbst stammt.

207

Als Jesus geboren wurde, kamen die Teufel zu Satan und sagten: »Heute haben die Götzen alle ihre Köpfe gesenkt.« Satan sagte: »Etwas ist auf eurer Welt geschehen.« Satan flog kreuz und quer über die Welt, fand aber nichts. Schließlich fand er das Kind Jesus, das von Engeln umgeben war. Er kehrte zu den Teufeln zurück und sagte: »Gestern wurde ein Prophet geboren. Keine Frau außer dieser hat je ein Kind empfangen und geboren, ohne dass ich anwesend gewesen wäre. Gebt deshalb nach dieser Nacht die Hoffnung auf Götzenverehrung auf. Führt von nun an die Menschen dadurch in Versuchung, dass ihr euch ihre Voreiligkeit und Oberflächlichkeit zunutze macht.«

Abu Hamid al-Ghazali (gest. 505/1111), *Ihya' 'Ulum al-Din*, 3:32 (Asín, S. 359–360, Nr. 18; Mansur, Nr. 103; Robson, S. 81–82). Cf. Ibn 'Asakir, *Sirat*, S. 37, Nr. 18.

In mehreren apokryphen Texten ist von Götzen die Rede, die kurz nach der Geburt Jesu stürzen. Siehe James, *The Apocryphal New Testament*, S. 75, 80, 83. Voreiligkeit und Oberflächlichkeit werden im Koran wiederholt verurteilt.

208

Jesus sagte: »Selig ist, wer um einer Verheißung willen auf ein gegenwärtiges Verlangen verzichtet.«

Abu Hamid al-Ghazali (gest. 505/1111), *Ihya' 'Ulum al-Din*, 3:64; Ibn 'Askir, *Sirat*, S. 150, Nr. 157 (Asín, S. 361, Nr. 20; Mansur, Nr. 105; Robson, S. 63).

Die Form dieses Ausspruchs weist eine große Ähnlichkeit mit dem apokryphen Brief Christi an Abgarus (Al-Abjar) auf. Siehe James, *The Apocryphal New Testament*, S. 477.

209

Es wird erzählt, dass Jesus sechzig Tage in vertrautem Gespräch mit Gott war, ohne zu essen. Dann kam ihm der Gedanke an

Brot, und seine Vertrautheit mit Gott war unterbrochen. Sofort tauchte ein Laib Brot in seinen Händen auf. Darauf setzte er sich hin und weinte, weil er die Vertrautheit mit Gott verloren hatte. In diesem Augenblick warf ein alter Mann seinen Schatten auf ihn, und Jesus sagte zu ihm: »Gott segne dich, Freund Gottes. Bete zu Gott für mich, denn ich war in Ekstase, und mir kam der Gedanke an Brot, und meine Ekstase wurde unterbrochen.« Der alte Mann betete: »Oh Gott! Wenn du weißt, dass mir jemals der Gedanke an Brot gekommen ist, seit ich dich kenne, verzeih mir nicht. Im Gegenteil, wenn mir irgendetwas gebracht wurde, aß ich es, ohne einen Gedanken daran zu verschwenden.«

Abu Hamid al-Ghazali (gest. 505/1111), *Ihya' 'Ulum al-Din*, 3:81 (Asín, S. 362, Nr. 22; Mansur, Nr. 107; Robson, S. 63–64).

Ein seltsamer Gedankenaustausch, der in gewisser Weise an das Fasten und Meditieren der Sufis, aber auch an frühchristliche Askese erinnert. Auch in dieser Erzählung zeigt Jesus im Vergleich zu der völligen Gemeinschaft des »alten Mannes« mit Gott, der vermutlich das Muster eines Sufimeisters ist, menschliche Schwäche.

210

Jesus sagte: »Frömmigkeit ist zu neun Zehntel Schweigen und zu einem Zehntel das Fliehen der Menschen.«

Abu Hamid al-Ghazali (gest. 505/1111), *Ihya' 'Ulum al-Din*, 3:107 (Asín, S. 364, Nr. 26; Mansur, Nr. 111; Robson, S. 64).

Ein ähnliches Gebot wurde einem ägyptischen Wüstenvater offenbart. Siehe Ward, *The Sayings of the Desert Fathers*, S. 9, Nr. 2.

211

In den Evangelien steht geschrieben: »Wer für die betet, die ihn schlecht behandeln, besiegt Satan.«

Abu Hamid al-Ghazali (gest. 505/1111), *Ihya' 'Ulum al-Din*, 3:180 (Asín, S. 367, Nr. 33; Mansur, Nr. 118; Robson, S. 46).

Dieser Ausspruch bezieht sich auf eine Stelle aus dem Lukasevangelium (6:28), die um den Sieg über Satan ergänzt wurde.

212

Jesus sagte: »Weh dem Menschen dieser Welt! Wie er stirbt, wenn er sie verlässt, und alles, was in ihr ist, hinter sich lässt! Wie die Welt ihn täuscht, und er ihr doch traut! Wie sie ihn im Stich lässt, und er doch auf sie vertraut! Weh den Getäuschten! Wie die Welt ihnen zeigte, was sie hassen! Wie jene Dinge, die sie liebten, sie im Stich gelassen haben! Wie sie dem begegneten, mit dem sie bedroht wurden! Weh dem, der die Welt zu seiner Sache und die Sünde zu seinem Ziel macht! Wie bald schon wird seine Sünde aufgedeckt werden!«

Abu Hamid al-Ghazali (gest. 505/1111), *Ihya' 'Ulum al-Din*, 3:200 (Asín, S. 371, Nr. 38; Mansur, Nr. 122; Robson, S. 66–67). Cf. al-Zabidi, *Ithaf*, 8:87.

Flüche gegen die Welt kommen in muslimisch-asketischen Schriften sehr häufig vor. Siehe insbesondere Ibn Abi' Dunya's *Kitab Dhamm al-Dunya*, in *Mawsu'at Rasa'il*, das eine ungewöhnlich große Anzahl von Aussprüchen enthält, die Jesus zugeschrieben werden.

213

Es wird berichtet, dass Jesus sagte: »Oh Gelehrte des Bösen! Ihr fastet und betet und gebt Almosen, aber ihr tut nicht, was ihr anderen zu tun befiehlt, und ihr predigt, was ihr selbst nicht ausführt. Ihr fällt abscheuliche Urteile! Ihr bereut in Worten und falscher Hoffnung, aber ihr handelt nach euren Launen. Was nützt es euch, wenn ihr eure Haut reinhaltet, während eure Herzen beschmutzt sind? Wahrlich, ich sage euch, seid nicht wie das Sieb, durch das nahrhaftes Mehl fällt, während der Rest zurückbleibt, denn so seid ihr, wenn ihr ein Urteil mit euren Mündern abgebt, während das Böse in euren Herzen zurückbleibt. Diener der Welt, wie kann ein Mensch die jenseitige Welt erreichen, wenn seine Gier nach dieser Welt nicht aufhört, sein Verlangen nach ihr ungestillt ist? Wahrlich, ich sage euch, eure Herzen weinen wegen eurer Taten. Ihr sprecht die Sprache dieser Welt und schätzt die gute Tat gering. Wahrlich, ich sage euch, ihr habt euer Leben nach dem Tod verdorben, denn das Gute dieser Welt ist euch lieber als das Gute der nächsten [Welt]. Wer unter den Menschen ist verlorener als ihr – wenn ihr es doch nur wüsstet!

Weh euch! Wie lange noch wollt ihr weiterhin den Weg für Reisende in der Nacht beschreiben und selbst unter denen weilen, die irregeleitet sind, wie wenn ihr die Menschen dieser Welt dazu aufrieft, euch die Welt zu überlassen? Geht langsam! Geht langsam! Weh euch, was nützt es dem dunklen Haus, wenn die Lampe auf das Dach gestellt wird, während das Innere dunkel und verlassen ist? Ebenso wenig wird es für euch von Nutzen sein, wenn das Licht der Weisheit in euren Mündern ist, während in eurem Innern alles trostlos und leer ist. Diener der Welt – aber keinesfalls frommen Dienern noch achtbaren Freien vergleichbar! Die Welt ist im Begriff, euch mit euren Wurzeln auszureißen, euch auf eure Gesichter zu werfen und eure Nasen in den Staub zu drücken. Sie wird euch dann wegen eurer Sünden am Schopf packen und euch von hinten vorwärtstreiben, bis sie euch nackt und allein dem König und Richter ausliefert, der euch mit euren Sünden bekannt machen wird und euch dann für eure schlechte Taten strafen wird.«

Abu Hamid al-Ghazali (gest. 505/1111), *Ihya´ ´Ulum al-Din*, 3:258–259 (Asín, S. 380–381, Nr. 53; Mansur, Nr. 135; Robson, S. 82–83). Cf. Ibn ´Asakir, *Sirat*, S. 191, Nr. 233.

Der Fluch gegen böse Gelehrte kam bereits früher vor. Siehe Nr. 93, 94, 117 und 201. Mehrfach erinnert er an die Klage Jesu über Schriftgelehrte und Pharisäer in Matthäus 23:13–36. Am Schopf packen ist ein koranisches Bild: siehe Koran 96:15.

214

Christus sagte: »Die Saat gedeiht im Flachland besser als zwischen Felsen. Und ebenso erblüht Weisheit im Herzen eines demütigen Menschen, aber nicht im Herzen eines stolzen. Seht ihr nicht, dass ein Mensch, der mit seinem Kopf gegen die Decke stößt, Schaden nimmt, während der, der seinen Kopf senkt, ihn bewahrt und schützt?«

Abu Hamid al-Ghazali (gest. 505/1111), Ihya᾿ ῾Ulum al-Din, 3:336 (Asín, S. 391, Nr. 59; Mansur, Nr. 141; Robson, S. 47).

Asín stellt das Gleichnis vom Sämann (Matthäus 13:4–9) als möglichen Ursprung eines Teils dieses Ausspruchs zur Diskussion. Die Verbindung von Weisheit und Demut ist in religiösen Schriften des Nahen Ostens weit verbreitet. Siehe z. B. Sprichwörter 11:2.

215

Jesus sagte: »Feine Kleider, stolze Herzen.«

Abu Hamid al-Ghazali (gest. 505/1111), Ihya᾿ ῾Ulum al-Din, 3:345–346 (Asín, S. 391, Nr. 60; Mansur, Nr. 142; Robson, S. 70).

Asín stellt Lukas 7:25 als mögliche Parallele zur Diskussion. Dem ist hinzuzufügen, dass die Verse Lukas 20:45–47 eine vielleicht engere Parallele darstellen.

216

Jesus sagte: »Warum kommt ihr wie Mönche gekleidet zu mir, obwohl eure Herzen die Herzen von Wölfen und räuberischen Lebewesen sind? Tragt die Kleider von Königen, aber kasteit eure Herzen mit der Furcht vor Gott.«

Abu Hamid al-Ghazali (gest. 505/1111), Ihya᾿ ῾Ulum al-Din, 3:346 (Asín, S. 391, Nr. 61; Mansur, Nr. 143; Robson, S. 83–84). Cf. al-Raghib al-Isfahani, Muharadat, 2:402.

Die »falschen Propheten«, die in Matthäus 7:15 als Schafe verkleidet kommen, sind hier zu Mönchen geworden. Der Koran erwähnt Mönche (*ruhban*) an vier Stellen, bringt aber eine gewisse Bewunderung für sie nur an einer Stelle, in 5:82, wo er ihre Demut rühmt, zum Ausdruck.

217

Christus sagte: »Ihr werdet nicht erreichen, wonach ihr verlangt, außer wenn ihr erduldet, wonach ihr nicht verlangt.«

Abu Hamid al-Ghazali (gest. 505/1111), *Ihya´ ´Ulum al-Din*, 4:61. Cf. Jahiz, *Bayan*, 3:164 (al-Hasan al-Basri zugeschrieben); Ibn Hamdun, *Al-Tadhkira*, 1:201, Nr. 475 (Asín, S. 394, Nr. 64; Mansur, Nr. 146; Robson, S. 47).

Siehe Ward, *The Sayings of the Desert Fathers*, S. 70, Nr. 7.

218

Es wird überliefert, dass Jesus sagte: »Ihr Jünger fürchtet euch vor der Sünde. Wir Propheten fürchten uns vor dem Unglauben.«

Abu Hamid al-Ghazali (gest. 505/1111), *Ihya´ ´Ulum al-Din*, 4:169) (Asín, S. 397, Nr. 68; Mansur, Nr. 150; Robson, S. 48).

Ein seltsamer Ausspruch, der vielleicht als Anspielung auf den Gegensatz zwischen Sufischülern und Sufimeistern verstanden werden soll. Diese Interpretation wird durch einen Ausspruch gestützt, der unmittelbar vor diesem zitiert und dem Sufimeister Sahl al-Tustari (gest. 283/896) zugeschrieben wird: »Der *murid* [Sufischüler] fürchtet das Leid der Sünde, der *´arif* [Sufimeister] fürchtet das Leid des Unglaubens.« Dieser Ausspruch ist in einen Kontext eingebettet, in dem Ghazali die Frage diskutiert, ob mit zunehmender Gotteserkenntnis auch die Gottesfurcht wächst.

219

Es wird berichtet, dass Christus eines Tages auf einem seiner Wege an einem schlafenden Mann vorbeikam, der sich in sein Gewand eingehüllt hatte. Jesus weckte ihn auf und sagte: »Schläfer, steh auf und denke an Gott den Allmächtigen.« »Was willst du von mir?«, entgegnete der Schläfer, »ich habe diese Welt ihren Menschen überlassen.« Jesus sagte: »Schlaf weiter, mein Lieber.«

<small>Abu Hamid al-Ghazali (gest. 505/1111), *Ihya' 'Ulum al-Din*, 4:190 (Asín, S. 401, Nr. 71; Mansur, Nr. 153; Robson, S. 70).</small>

Obwohl dieser Gedankenaustausch keine Parallele in den Evangelien zu haben scheint, gehört er dem Geist nach zu den Erzählungen, die in der frühasketischen christlichen und muslimischen Literatur anzutreffen sind. Aufzuwachen, um zu beten, wurde im Judentum und im Islam als Handlung angesehen, die besondere Anerkennung verdient. Siehe z. B. Sprichwörter 6:9–11 und Hertz, *Sayings of the Fathers*, S. 45, Exzerpt Nr. 14. Der muslimische Ruf zum Morgengebet schließt den Satz »Das Gebet ist besser als der Schlaf« ein. Das Bild vom Mann, der sich in sein Gewand eingehüllt hat, erinnert an die in Koran 73 und 74 beschriebene Person. Dieses Bild hielten die Sufis, die den in sein Gewand eingehüllten Mann als Modell des meditierenden Einsiedlers betrachteten, für besonders bedeutungsvoll.

220

Christus sagte: »Die Welt ist eine Brücke. Überquere diese Brücke, aber baue nicht auf ihr.« Einmal fragte man ihn: »Prophet Gottes, wolltest du uns doch befehlen, ein Haus zu bauen, in dem wir Gott verehren können.« Er sagte: »Geht und baut ein Haus auf Wasser.« Sie fragten ihn: »Wie kann etwas verlässlich auf Wasser gebaut werden?« Er antwortete: »Wie kann es eine verlässliche Gottesverehrung geben, wenn sie mit der Liebe zu dieser Welt einhergeht?«

<small>Abu Hamid al-Ghazali (gest. 505/1111), *Ihya' 'Ulum al-Din*, 4:218 (Asín, S. 404, Nr. 75; Mansur, Nr. 156; Robson, S. 71). Cf. al-Makki, *Qut*, 1:256.</small>

Elemente dieses Ausspruchs sind an anderer Stelle in diesem Buch zu finden. Siehe Nr. 41, 60, 99, 110 und 302.

221

Jesus saß im Schatten einer Mauer, die einem Mann gehörte. Der Mann kam und veranlasste ihn, seinen Platz zu verlassen. Jesus sagte: »Nicht du hast mich veranlasst wegzugehen, sondern Er wollte nicht, dass ich den Schatten genieße.«

<small>Abu Hamid al-Ghazali (gest. 505/1111), *Ihya´ ´Ulum al-Din*, 4:224 (Asín, S. 407, Nr. 79; Mansur, Nr. 160; Robson, S. 71–72). Cf. Ibn ´Asakir, *Sirat*, S. 132, Nr. 118.</small>

Asín ist der Ansicht, dass dieser Ausspruch auf Matthäus 8:20 zurückverweist. Sicher ist, dass dieser Ausspruch eine völlige Entsagung der Welt betont, die bereits z. B. in der Geschichte vom Steinkissen zur Sprache kam. Siehe die Aussprüche Nr. 118 und 119.

222

Jesus besaß nichts außer einem Kamm und einem Becher. Eines Tages sah er einen Mann, der seinen Bart mit seinen Fingern kämmte. Da warf Jesus den Kamm weg. Er sah einen anderen Mann mit seinen Händen, die zu einem Becher geformt waren, aus einem Fluss trinken. Da warf Jesus den Becher weg.

<small>Abu Hamid al-Ghazali (gest. 505/1111), *Ihya´ ´Ulum al-Din*, 4:231–232 (Asín, S. 408, Nr. 81; Mansur, Nr. 162; Robson, S. 72).</small>

Beschreibungen des körperlichen Erscheinungsbildes Jesu und seiner Lebensweise sind wir bereits begegnet. Siehe Nr. 77 und 78.

223

Jesus sagte: »Nicht weise ist, wer sich nicht freut, wenn Unglück über ihn hereinbricht und Krankheiten seinen Körper befallen, denn dann kann er sich darauf freuen, Buße für seine Sünden zu tun.«

<small>Abu Hamid al-Ghazali (gest. 505/1111), *Ihya´ ´Ulum al-Din*, 4:281 (Asín, S. 410, Nr. 83; Mansur, Nr. 165; Robson, S. 48).</small>

Vgl. Ibn Abi al-Dunya, *Kitab al-Shukr*, in *Mawsu'at Rasa'il*, 3:36, Exzerpt Nr. 80, einen Ausspruch, der Sufyan al-Thawri (gest. 161/778), einem berühmten Traditionarier und Asketen, zugeschrieben wird: »Der ist kein Gelehrter, der Unglück nicht für eine göttliche Gunst und Wohlstand nicht für Unglück hält.«

224

Zu den Aussprüchen Jesu zählt der folgende: »Wenn ihr einen jungen Menschen seht, der sich zum Dienst Gottes hingezogen fühlt, [wisst, dass] ihn dies alles andere vergessen lässt.«

Abu Hamid al-Ghazali (gest. 505/1111), *Ihya' 'Ulum al-Din*, 4:302 (Asín, S. 413, Nr. 85; Mansur, Nr. 167; Robson, S. 48).

Siehe die Erzählung Nr. 238. Zu anderen Erzählungen über junge Menschen, die ihr Leben Gott widmen, siehe Ward, *The Sayings of the Desert Fathers*, S. 145–146 und passim.

225

Es wird berichtet, dass Jesus einem Mann begegnete, der blind, aussätzig, verkrüppelt, beidseitig gelähmt und vom Aussatz durch Wunden verstümmelt war. Der Mann sagte: »Preis sei Gott, der mich von dem Leiden heilte, mit dem er so viele Menschen heimgesucht hat.« Jesus sprach zu ihm: »Du da, was für ein Leiden gibt es denn noch, von dem du verschont wärest?« Er antwortete: »Oh Geist Gottes, mir geht es besser als denen, welche die Erkenntnis Gottes entbehren müssen, die Gott mir ins Herz gegeben hat.« Da sprach Jesus: »Du hast wahr gesprochen, gib mir deine Hand.« Und als er ihm die Hand gab, da war er auf einmal der schönste Mann von Angesicht und Gestalt, und Gott hatte ihn von seiner Krankheit befreit, und er folgte Jesus nach und diente Gott mit ihm.

Abu Hamid al-Ghazali (gest. 505/1111), *Ihya' 'Ulum al-Din*, 4:339 (Asín, S. 415, Nr. 88; Mansur, Nr. 170; Robson, S. 101).

Die Erzählung von der Heilung des Aussätzigen in Matthäus 8:1–3 ist hier zu einem Gedankenaustausch umgestaltet, in dessen Verlauf der Aussätzige mit dem Begriff »Erkenntnis« (*ma'rifa*) höchstwahrscheinlich jene höhere, unmittelbare und auf Erfahrungen gegründete Erkenntnis Gottes bezeichnet, die die Sufis als ihr Privileg beanspruchten.

226

Jesus fragte die Israeliten: »Wo gedeiht die Saat?« »Im Erdboden«, antworteten sie. Jesus sagte: »Wahrlich, ich sage euch, Weisheit gedeiht nur in einem Herzen, das dem Erdboden gleich ist.«

<small>Abu Hamid al-Ghazali (gest. 505/1111), *Ihya' 'Ulum al-Din*, 4:347 (Asín, S. 416, Nr. 89; Mansur, Nr. 171; Robson, S. 49).</small>

Siehe Ausspruch Nr. 214.

227

Gott offenbarte Jesus: »Wenn ich in das geheime Denken eines Dieners schaue und weder Liebe zu dieser noch zur nächsten Welt in ihm finde, fülle ich es mit Liebe zu mir und beschütze es.«

<small>Abu Hamid al-Ghazali (gest. 505/1111), *Ihya' 'Ulum al-Din*, 4:349. Cf. al-Qushayri, *al-Risala*, S. 173 (leichte Variante) (Asín, S. 417, Nr. 90; Mansur, Nr. 172; Robson, S. 78).</small>

Das »geheime Denken« eines Dieners Gottes und das mit Liebe zu Gott gefüllte Herz lassen an die Bildwelt der Sufis denken.

228

Man bat Jesus, die beste aller Taten zu nennen. Er sagte: »Zufriedenheit mit Gott dem Allmächtigen und Liebe zu ihm.«

<small>Abu Hamid al-Ghazali (gest. 505/1111), *Ihya' 'Ulum al-Din*, 4:349 (Asín, S. 417, Nr. 91; Mansur, Nr. 173; Robson, S. 49).</small>

Zufriedenheit mit Gott (*al-Rida 'an Allah*) ist Thema eines der Sendschreiben von Ibn Abi al-Dunya. Verschiedene Parallelen zu diesem Ausspruch werden frühen gläubigen Muslimen zugeschrieben. Siehe z. B. *Kitab al-Rida 'an Allah*, in *Mawsu'at Rasa'il*, 3:22, Exzerpt Nr. 6; 3:25, Exzerpt Nr. 9 und 3:42, Exzerpt Nr. 31.

229

Jesus sagte: »Selig ist das Auge, das nicht mit der Absicht zu sündigen schläft und zu anderer Absicht aufwacht, als zu sündigen.«

Abu Hamid al-Ghazali (gest. 505/1111), *Ihya' 'Ulum al-Din*, 4:353 (Asín, S. 417, Nr. 92; Mansur, Nr. 174; Robson, S. 49).
Das Bild des verführenden Auges begegnet bei Matthäus 6:22–23 und 18:9.
Das Bild des gesegneten Auges findet sich Lukas 10:23.

230

Die Jünger fragten Jesus: »Geist Gottes, gibt es jemanden auf der Welt, der wie du ist?« Jesus antwortete: »Ja, der, dessen Rede ein Gedenken [Gottes], dessen Schweigen ein Nachsinnen [über Gott] ist, und von dem jeder Blick eine Lehre zu gewinnen erlaubt – ein solcher Mensch ist wie ich.«

Abu Hamid al-Ghazali (gest. 505/1111), *Ihya' 'Ulum al-Din*, 4:411 (Asín, S. 420, Nr. 97; Mansur, Nr. 179; Robson, S. 49–50).
Siehe Aussprüche Nr. 10 und 13.

231

Es wird gesagt, dass, als Jesus gerade niedersaß, ein alter Mann mit einer Schaufel Erde aufhäufte. Jesus sagte: »Oh Gott, nimm ihm die Hoffnung.« Der alte Mann stellte seine Schaufel beiseite und legte sich hin und verharrte eine Stunde so. Dann sagte

Jesus: »Oh Gott, gib ihm die Hoffnung zurück.« Der Mann stand auf und begann wieder zu arbeiten. Jesus fragte ihn danach, und der Mann sagte: »Während ich arbeitete, sagte mir mein Geist: ›Wie lang musst du arbeiten, du alter Mann?‹ Ich warf die Schaufel weg und legte mich hin. Dann sprach mein Geist: ›Das ist die Wahrheit Gottes: Du musst dir den Lebensunterhalt verdienen, solange du lebst.‹ Also kehrte ich zu meiner Schaufel zurück.«

Abu Hamid al-Ghazali (gest. 505/1111), *Ihya' 'Ulum al-Din*, 4:438 (Asín, S. 421, Nr. 99; Mansur, Nr. 181; Robson, S. 101–102). Cf. Ibn 'Asakir, *Sirat*, S. 202, Nr. 248.

Zur Bedeutung, die dem Verdienen des Lebensunterhalts beigemessen wird, siehe Nr. 247. Der Text verweist auf die von ägyptischen Wüstenvätern praktizierte Ethik zurück. Siehe Ward, *The Sayings of the Desert Fathers*, S. 70, Nr. 5.

232

Jesus sagte: »Sorgt euch nicht um den morgigen Verdienst. Wenn der morgige Tag die euch vorbestimmte Zeit ist, wird euer Verdienst mit ihr kommen. Wenn es nicht so ist, sorgt euch nicht um die anderen vorbestimmte Zeit.«

Abu Hamid al-Ghazali (gest. 505/1111), *Ihya' 'Ulum al-Din*, 4:442 (Asín, S. 422, Nr. 100; Mansur, Nr. 182; Robson, S. 50).

Siehe Nr. 44 und 73.

233

Jesus sagte zu seinen Jüngern: »Betet zu Gott, dass er mir diese Pein, d. h. den Tod, leicht machen möge, denn ich habe den Tod so sehr fürchten gelernt, dass ich mit ihm vertraut bin.«

Abu Hamid al-Ghazali (gest. 505/1111), *Ihya' 'Ulum al-Din*, 4:446 (Asín, S. 423, Nr. 101; Mansur, Nr. 183; Robson, S. 84).

Der Kern dieses Ausspruchs stammt wahrscheinlich aus Matthäus 26:39 und Lukas 22:44, wo vom Ringen Jesu mit dem Tod im Garten Getsemani die Rede ist. Dieser Ausspruch unterstreicht wie viele andere Aussprüche die menschliche Zerbrechlichkeit Jesu.

234

Es wird überliefert, dass Jesus an einem Schädel vorbeikam, den er mit seinem Fuß trat und mit den Worten anredete: »Sprich, mit Gottes Erlaubnis!« Der Schädel antwortete: »Geist Gottes, ich bin der König der so-und-so Zeit. Als ich, umgeben von Kriegern und Höflingen, mit der Krone auf dem Kopf auf meinem Thron saß, erschien der Todesengel vor mir. Alle meine Glieder fielen eines nach dem anderen von mir ab, und dann trat meine Seele zu ihm heraus. Wäre es doch so, dass alle Menschenmengen der Einsamkeit gewichen wären! Wäre es doch so, dass all diese Freude der Traurigkeit gewichen wäre!«

Abu Hamid al-Ghazali (gest. 505/1111), Ihya῾ ῾Ulum al-Din, 4:448 (Asín, S. 423, Nr. 102; Mansur, Nr. 184; Robson, S. 102). Cf. Asín, S. 423, Nr. 102 zweimal; S. 424, Nr. 102 dreimal; S. 424–425, Nr. 102 viermal (Variante).

Zu Begegnungen mit Schädeln siehe Nr. 186 und 248. Zu Parallelen mit anderen Traditionen siehe den Kommentar zu Nr. 186 und auch Ward, *The Sayings of the Desert Fathers*, S. 136, Nr. 38.

235

Jesus sagte: »Wie viele mit tadellosem Körper, schönem Gesicht und beredter Zunge gibt es doch, die in den Abgründen der Hölle wehklagen!«

Abu Hamid al-Ghazali (gest. 505/1111), Ihya῾ ῾Ulum al-Din, 4:518 (Asín, S. 431, Nr. 103; Mansur, Nr. 185; Robson, S. 73).

Das arabische Original weist eine Reimkadenz auf, die dem Ausspruch den Charakter eines Sprichwortes verleihen soll.

236

Jesus sagte zu Johannes, dem Sohn des Zacharias: »Wenn ein Mensch über dich spricht und die Wahrheit sagt, danke Gott. Wenn er lügt, danke ihm umso mehr, denn Gott wird das Verzeichnis deiner guten Taten vergrößern, ohne dass du dich anstrengen müsstet.«

Abu Hamid al-Ghazali (gest. 505/1111), *al-Tibr al-Masbuk*, S. 21 (Mansur, Nr. 186). Ob dieses Werk tatsächlich Ghazali zuzuschreiben ist, ist zweifelhaft.

Verleumdungen der Menschen zu ertragen entspricht der Ethik, nach der Beleidigungen zu erdulden sind: siehe dazu Nr. 80, 100 und 197.

237

Jesus sagte: »Zwischen dem Moment, in dem ein Mensch zu seiner Beerdigung herausgetragen wird, und dem Moment, in dem er am Rand seines Grabes abgestellt wird, stellt ihm Gott der Allmächtige in seiner Macht über ihn vierzig Fragen. Zuerst sagt Gott: ›Mein Diener, du hast das Bild meiner Geschöpfe jahrelang reingehalten, aber du hast mein eigenes nicht einmal für eine Stunde reingehalten.‹ Jeden Tag, an dem der allmächtige Gott dein Herz prüft, sagt er: ›Was tust du für das, was außer mir ist, wo du doch in meiner Barmherzigkeit eingeschlossen bist? Bist du taub? Kannst du nicht hören?‹«

Abu Hamid al-Ghazali (gest. 505/1111), *Ayyuha al-Walad*, S. 108 (Asín, S. 570, Nr. 165; Mansur, Nr. 188; Robson, S. 91).

Nach der üblichen muslimischen Darstellung der Befragung der Seele nach dem Tod wird diese von zwei Engeln, die Gott für diese Aufgabe bestimmt hat, durchgeführt und nicht von Gott selbst.

238

Jesus ging an einem jungen Mann vorbei, der einen Garten wässerte. Der junge Mann sagte: »Bitte Gott, mir das Gewicht eines

Stäubchens Liebe zu ihm zu geben.« Jesus sagte: »Du kannst das Gewicht eines Stäubchens nicht tragen.« Der junge Mann sagte: »Dann das halbe Gewicht eines Stäubchens.« Jesus betete: »Oh Gott, gib ihm das halbe Gewicht eines Stäubchens Liebe zu dir.« Danach zog Jesus weiter. Lange Zeit später kam er wieder an dem Ort vorbei, an dem sich der junge Mann gewöhnlich aufhielt. Als er sich nach ihm erkundigte, erhielt er zur Antwortt: »Er ist verrückt geworden und in die Berge gegangen.«

Jesus betete zu Gott, dass er ihm den Ort, an dem er sich nun befände, offenbaren möge, und erblickte ihn oben in den Bergen. Er traf ihn auf einem Felsen stehend und nach oben in den Himmel starrend an. Jesus grüßte ihn, aber der junge Mann erwiderte seinen Gruß nicht. Also sagte er: »Ich bin Jesus.« Da offenbarte Gott Jesus: »Wie kann der, dessen Herz das halbe Gewicht eines Stäubchens Liebe zu mir hat, die Worte von Menschen hören? Bei meinem Ruhm und meiner Macht, selbst wenn du ihm beistehen würdest, würde er es nicht gewahr.«

Abu Hamid al-Ghazali (gest. 505/1111), *Mukashafat al-Qulub*, S. 25 (Asín, S. 572, Nr. 170; Mansur, Nr. 191; Robson, S. 116–117). Cf. Asín, S. 581–582, Nr. 189; Robson, S. 120–121 (teilweise und Variante).

Extreme Askese, wie die hier beschriebene, wurde sowohl von frühchristlichen Eremiten als auch von frühmuslimischen Sufis besonders geschätzt und als Verhaltensmodell gewürdigt.

239

Es wird berichtet, dass Johannes und Jesus auf dem Marktplatz umhergingen. Eine Frau stieß mit ihnen zusammen, und Johannes sagte: »So wahr Gott mein Zeuge ist, ich habe es nicht gespürt.« Jesus sagte: »Gepriesen sei Gott! Dein Körper ist bei mir, aber wo ist dein Herz?« Johannes antwortete: »Cousin, wenn mein Herz auch nur so lange, wie ein Augenzwinkern dauert, eines anderen als Gottes gewiss wäre, würde ich meinen, Gott nicht gekannt zu haben.«

Abu Hamid al-Ghazali (gest. 505/1111), *Mukashafat al-Qulub*, S. 30 (Asín, S. 573, Nr. 171; Mansur, Nr. 192; Robson, S. 117).

Diese Erzählung ähnelt insofern der Erzählung Nr. 238, als auch sie eine völlige Gotteshingabe verficht. Sie veranschaulicht die spirituellen Übungen der Sufimeister, die zu jener Zeit Jesus und Johannes als Vorbilder und Propheten der Herzen »adoptierten« – sozusagen als Sufis, bevor es den Sufismus gab.

240

Es wird überliefert, dass Jesus eines Tages auszog und dem Satan begegnete, der in einer Hand Honig und in der anderen Asche trug. Jesus sagte: »Feind Gottes, was machst du mit diesem Honig und mit dieser Asche?« Satan erwiderte: »Den Honig schmiere ich auf die Lippen der Verleumder, damit sie ihr Ziel erreichen. Die Asche bringe ich auf die Gesichter der Waisen, damit die Menschen ihnen mit Widerwillen begegnen.«

Abu Hamid al-Ghazali (gest. 505/1111), *Mukashafat al-Qulub*, S. 53 (Asín, S. 573, Nr. 172; Mansur, Nr. 193; Robson, S. 91).

Zu einer ähnlichen Satanserzählung siehe Nr. 285. Verleumdung und Geschwätz werden im Koran, der eine besondere Strafe für jene vorsieht, die üble Nachrede über verheiratete Frauen verbreiten, wiederholt verurteilt. Der Koran beklagt auch wiederholt das Schicksal der Waisen, und an vielen Stellen fordert er zu Freundlichkeit und Großzügigkeit ihnen gegenüber auf. Zu ähnlichen Begegnungen zwischen Satan und den Wüstenvätern siehe Ward, *The Sayings of the Desert Fathers*, S. 126, Nr. 3 und S. 129–130, Nr. 11.

241

Jesus sagte: »Das irdische Leben besteht aus drei Tagen: einem Gestern, über das ihr keine Herrschaft mehr ausübt, einem Morgen, von dem ihr nicht wisst, ob ihr es erreicht, und einem Heute, das ihr zu einem guten Zweck nutzen solltet.«

Abu Hamid al-Ghazali (gest. 505/1111), *Minhaj al-´Abidin*, S. 29 (Asín, S. 574, Nr. 173; Mansur, Nr. 195; Robson, S. 58).

Siehe Aussprüche Nr. 44, 73 und 232.

242

Jesus sagte: »Durch die Besinnung auf die Unsterblichkeit der Unsterblichen werden die Herzen der Furchtsamen beruhigt.«

Abu Hamid al-Ghazali (gest. 505/1111), *Minhaj al-'Abidin*, S. 61 (Asín, S. 575, Nr. 175; Mansur, Nr. 197; Robson, S. 58).

Aufgrund der Reimprosa klingt dieser Ausspruch wie derjenige Nr. 235 wie ein Sprichwort.

243

Jesus sagte zu seinen Jüngern: »Viele Lichter sind durch den Wind gelöscht worden, und viele gläubige Menschen sind durch Selbstgefälligkeit zugrunde gegangen.«

Abu Hamid al-Ghazali (gest. 505/1111), *Minhaj al-'Abidin*, S. 65 (Asín, S. 575, Nr. 176; Mansur, Nr. 198; Robson, S. 58).

Siehe Ausspruch Nr. 68.

244

Es wird berichtet, dass Jesus an einem Mann vorbeikam, der auf dem Boden schlief. Er hatte einen Mauerstein unter seinem Kopf, sein Gesicht und sein Bart lagen im Staub, sein Körper war in ein Gewand gehüllt. Jesus sagte: »Oh Gott, dieser dein Diener ist in dieser Welt verloren.« Da offenbarte Gott ihm: »Jesus, weißt du nicht, dass, wenn ich mein ganzes Gesicht auf einen meiner Diener richte, ich die ganze Welt von ihm abwende?«

Abu Hamid al-Ghazali (gest. 505/1111), exzerpiert in Asín, S. 571, Nr. 168; Mansur, Nr. 199; Robson, S. 76. Das arabische Original dieses Ausspruchs habe ich nicht auffinden können.

Siehe Ausspruch Nr. 237.

245

Jesus sagte: »Ich habe zwei Lieben – wer sie liebt, liebt mich, und wer sie verabscheut, verabscheut mich: Armut und fromme Anstrengung.«

Abu Hamid al-Ghazali (gest. 505/1111), exzerpiert in Asín, S. 572, Nr. 169; Mansur, Nr. 200; Robson, S. 76. Das arabische Original dieses Ausspruchs habe ich nicht auffinden können.

Der Begriff, der hier mit »frommer Anstrengung« (*jihad*) wiedergegeben wird, wird oftmals mit »Heiliger Krieg« übersetzt. Diese Übersetzung ist irreführend: Es müsste präzise heißen »sich bemühen um die Sache Gottes«. Gemeint ist zunächst der Kampf gegen alles Böse oder jede Versuchung in sich selbst, dann auch die Verteidigung des Islam und der muslimischen Gemeinschaft gegen eine Aggression. Wahrscheinlich haben die Sufis den Gebrauch dieses Begriffs zur Bezeichnung des Kampfes der Seele gegen die bösen Begierden populär gemacht.

246

Eines Tages ging Jesus mit seinen Jüngern ins Freie. Gegen Mittag kamen sie an einem Weizenfeld vorbei, das zur Ernte bereit war. »Prophet Gottes«, sagten sie, »wir haben Hunger.« Gott gab ihm ein, ihnen zu erlauben, zu essen. So verteilten sie sich im Weizen, rieben und aßen ihn. Während sie aßen, kam der Besitzer und rief: »Das ist mein Feld und mein Land, das ich von meinem Vater und meinem Großvater geerbt habe. Mit wessen Erlaubnis esst ihr?« Jesus betete zu Gott, damit er alle, die dieses Feld jemals, von den Zeiten Adams bis zu dieser Stunde, besessen hatten, aufwecken möge. Und so erschienen an jedem Weizenhalm zahlreiche Männer und Frauen. Jeder von ihnen rief: »Das ist mein Feld und mein Land, das ich von meinem Vater und meinem Großvater geerbt habe!« Der Mann floh voller Angst. Er hatte von Jesus gehört, war ihm aber noch nicht begegnet. Als er Jesus erkannte, sagte er: »Ich bitte um Verzeihung, oh Prophet Gottes, ich habe dich nicht erkannt. Mein Land und mein Reichtum stehen dir zur Verfügung.« Jesus weinte und sagte: »Weh dir! Alle diese Menschen haben dieses Land geerbt und auf ihm angebaut und sind dann aus dem Leben geschieden. Auch du wirst ihnen folgen und aus dem Leben scheiden, ohne Land und Reichtum.«

Ibn Abi Randaqa al-Turtushi (gest. 520/1126), *Siraj al-Muluk*, S. 73–74 (Asín, S. 576, Nr. 178; Mansur, Nr. 201; Robson, S. 117–118). Cf. al-Zubayr ibn Bakkar, *Jamharat*, 1: 294 (viel kürzere Variante; nicht Jesus zugeschrieben); al-Abshihi, *al-Mustatraf*, 2:262–263.

Al-Turtushi war der Verfasser eines berühmten politiktheoretischen Werkes der Adab-Literatur, einer Gattung, die einige moderne Autoren als »Fürstenspiegel« bezeichnen. In diesem Werk stellt Turtushi, ein Andalusier, Überlegungen zur Geschichte an und leitet aus ihnen Regeln zur Staatsführung ab.

Die Erzählung scheint ihren islamischen Ursprung im biographischen Kompendium des Genealogen al-Zubayr ibn Bakkar (gest. 256/870) aus dem dritten/neunten Jahrhundert zu haben, in dem von ihr in gekürzter Form als einer Erzählung die Rede ist, in der »einige Israeliten« vorkommen. Möglicherweise geht sie letztlich auf einen seltsamen Jesusausspruch im Thomasevangelium zurück. Siehe Layton, *The Gnostic Scriptures*, S. 384, Exzerpt Nr. 21. Natürlich weist sie auch eine oberflächliche Ähnlichkeit mit der Erzählung in Matthäus 12:1–8 auf, in der Jesus den Jüngern erlaubt, am Sabbat Ähren abzureißen, aber die Lehre, die aus der Erzählung Nr. 246 zu ziehen ist, ist eine andere. Sie betrifft die Vergänglichkeit des Lebens und des Wohlstands.

247

Zwei Frauen kamen zu Jesus und sagten: »Geist Gottes, bitte Gott, unseren Vater aufzuerwecken, denn er starb, als wir weg waren.« Jesus fragte: »Wisst ihr, wo sein Grab ist?« Sie sagten: »Ja.« Also ging er mit ihnen, und die Frauen kamen zu einem Grab und sagten: »Das ist es.« Jesus betete, und der tote Mann wurde auferweckt, aber es stellte sich heraus, dass er nicht ihr Vater war. Jesus betete wiederum und der Mann kehrte zu den Toten zurück. Daraufhin zeigten die beiden Frauen Jesus ein anderes Grab. Jesus betete, und der Mann wurde auferweckt, und es stellte sich heraus, dass er ihr Vater war. Die beiden Frauen näherten sich ihm, grüßten ihn und sagten: »Prophet Gottes und Lehrer der Tugend, bete zu Gott, damit er mit uns weggehen kann.« Jesus erwiderte: »Wie kann ich für ihn beten, wenn ich sehe, dass er keine Möglichkeit mehr hat, seinen Lebensunterhalt zu verdienen?« Daher übergab er ihn wieder den Toten und ging fort.

Ibn Abi Randaqa al-Turtushi (gest. 520/1126), *Siraj al-Muluk*, S. 76 (Asín, S. 577, Nr. 179; Mansur, Nr. 202; Robson, S. 118–119).

Siehe Kommentar zu Nr. 231.

248

Auf einem seiner Wege kam Jesus an einem verfallenen Schädel vorbei. Er befahl ihm zu sprechen. Der Schädel sagte: »Geist Gottes, mein Name ist Balwan ibn Hafs, König von Jemen. Ich lebte tausend Jahre, zeugte tausend Söhne, entjungferte tausend Jungfrauen, schlug tausend Armeen in die Flucht, tötete tausend Tyrannen und eroberte tausend Städte. Lass den, der meine Geschichte erfährt, nicht von der Welt in Versuchung geführt werden, denn sie war nichts so sehr wie der Traum eines Schläfers.« Jesus weinte.

Ibn Abi Randaqa al-Turtushi (gest. 520/1126), *Siraj al-Muluk*, S. 82 (Asín, S. 423, Nr. 102 zweimal). Cf. *Siraj*, S. 83–84; al-Abshihi, *al-Mustatraf*, 2:264.

Siehe Nr. 186. Jesus weint in vielen Erzählungen. Siehe Nr. 6, 38 und 246. Traurigkeit war ein Kennzeichen des wahren Sufi. Dass Jesus weint, deutet erneut auf seine menschliche Zerbrechlichkeit hin. Legenden von jemenitischen Königen spielten in der arabischen Folklore eine wichtige Rolle.

249

Jesus sagte: »Gott wandte sich mit den folgenden Worten an die Welt: ›Diene dem, der mir dient, versklave den, der dir dient. Oh Welt, ziehe schnell an meinen Heiligen vorüber und täusche sie nicht, damit sie nicht von dir verführt werden.‹«

Ibn Abi Randaqa al-Turtushi (gest. 520/1126), *Siraj al-Muluk*, S. 91 (Asín, S. 578, Nr. 180; Mansur, Nr. 205; Robson, S. 58). Cf. al-Mawardi, *Adab*, S. 102; al-Abshihi, *al-Mustatraf*, 2:265.

Mit dem Begriff »Heilige« (*awliya´*) bezeichnen sich die Sufis meist selbst.

250

Es wird überliefert, dass Jesus in eine Stadt kam, deren Festungen verfallen, deren Flüsse ausgetrocknet und deren Bäume eingegangen waren. Jesus rief aus: »Oh Ruine, wo sind deine Menschen?« Niemand antwortete. Er rief erneut aus: »Oh Ruine, wo sind deine Menschen?« Eine Stimme rief Jesus zu: »Sie sind gestorben, und die Erde hat sie nun. Ihre Taten sind bis zum Tag des Jüngsten Gerichts zu Halsketten um ihre Hälse geworden. Oh Jesus, Sohn der Maria, strenge dich selbst an!«

Ibn Abi Randaqa al-Turtushi (gest. 520/1126), *Siraj al-Muluk*, S. 93 (Asín, S. 578, Nr. 181; Mansur, Nr. 207; Robson, S. 119).

Siehe Ausspruch Nr. 14. Das Bild von den Ketten, die um die Hälse der Ungläubigen gelegt werden, geht auf den Koranvers 34:33 zurück. Siehe auch Koran 13:5, 36:8 und 40:71.

251

Jesus sagte: »Ein Herrscher sollte weder lasterhaft sein, denn von ihm erwarten die Menschen Selbstbeherrschung, noch sollte er tyrannisch sein, denn von ihm erwarten die Menschen Gerechtigkeit.«

Ibn Abi Randaqa al-Turtushi (gest. 520/1126), *Siraj al-Muluk*, S. 182.

Ein Ausspruch, der eher der Gattung des »Fürstenspiegels« als den Ansichten, die Jesus in diesem Band sonst äußert, zuzuordnen ist. Selbstbeherrschung (*hilm*) ist eine Eigenschaft, die sowohl von vorislamischen als auch islamischen Herrschern und Eliten besonders geschätzt wurde.

252

Einer der Jünger Christi starb, und die anderen trauerten sehr um ihn. Sie teilten Christus, der an seinem Grab stand und betete, ihren Kummer mit. Gott erweckte ihn auf, und seine Füße steckten in Sandalen aus Feuer. Christus fragte ihn nach dem Grund dafür, und er sagte: »Ich schwöre bei Gott, dass ich niemals gesündigt habe; einmal jedoch begegnete ich einem Mann, der ungerecht behandelt wurde, und ich kam ihm nicht zur Hilfe, und deshalb muss ich diese Sandalen tragen.«

Ibn Abi Randaqa al-Turtushi (gest. 520/1126), *Siraj al-Muluk*, S. 447 (Asín, S. 579, Nr. 183; Mansur, Nr. 209; Robson, S. 120).

Der Koran fordert wiederholt dazu auf, denen, die ungerecht behandelt wurden, zur Hilfe zu kommen. Siehe z. B. die Koranverse 2:270, 3:192, 8:72 und 42:8.

253

Christus sagte: »Was ist Geduld (wert), wenn man unduldsam gegen Unwissenheit ist? Was ist Stärke (wert), wenn man Zorn nicht zurückhalten kann? Was ist Gottesverehrung (wert), wenn man Gott dem Allmächtigen gegenüber unbescheiden ist?

Wenn Dummköpfe daran gehen, Gott zu verehren, kommen sie zu einem ungünstigen Zeitpunkt und nehmen einen Platz ein, der höher ist als der, der ihnen zusteht.

Tritt eine Krise ein, weicht weiser Rat.«

Ibn Abi Randaqa al-Turtushi (gest. 520/1126), *Siraj al-Muluk*, S. 577 (Asín, S. 579, Nr. 185; Mansur, Nr. 210; Robson, S. 59). Cf. *Siraj*, S. 260.

Das Wort, das mit »Unwissenheit« (*jahl*) übersetzt wurde, kann auch »Gewalt« bedeuten. Der letzte Satz ist im arabischen Original in Reimprosa formuliert und klingt daher wie ein Sprichwort. Die Formulierung ›auf einem höheren Platz als dem, der einem zusteht, zu sitzen‹ erinnert an Matthäus 23:6. Der Ausspruch scheint sich aus verschiedenen Aussprüchen zusammenzusetzen und zum Adab zu gehören.

254

Jesus blickte von einem hochgelegenen Ort aus hinab auf das Ghouta von Damaskus und sagte: »Oh Ghouta, auch wenn der Reiche kein Vermögen mit dir verdienen kann, wird der Arme genug Brot zum Sattessen von dir bekommen.«

Abu al-Qasim ibn ʿAsakir (gest. 571/1175), *Tarikh Madinat Dimashq*, 2/1:117. Cf. Zamakhshari, *Rabiʿ al-Abrar*, 1:259.

Ibn ʿAsakir war wie viele andere muslimische Stadthistoriker darauf bedacht, Assoziationen zwischen seiner Geburtsstadt und Propheten oder anderen geistigen Persönlichkeiten herzustellen, um Freunden wie Feinden gegenüber die Heiligkeit des Stadtgebiets hervorzuheben. Das Ghouta ist ein fruchtbares Anbaugebiet westlich von Damaskus.

255

Jesus sagte: »Nehmt die Wahrheit von denen an, die (sonst) die Unwahrheit sagen, aber nehmt nicht die Unwahrheit von denen an, die (sonst) die Wahrheit sagen. Achtet bei dem, was ihr sagt, auf Unterschiede, damit eure Rede nichts enthält, was gefälscht sein könnte.«

Abu al-Qasim ibn ʿAsakir (gest. 571/1175), *Sirat al-Sayyid al-Masih*, S. 161, Nr. 176.

Ein elegant formulierter Ausspruch, der besagt, dass die Wahrheit unabhängig von ihrer Quelle angenommen werden muss. Das Bild vom Fälschen war unter den Hadithgelehrten, die darauf Wert legten, bei der Beurteilung der Glaubwürdigkeit von Traditionen genauso auf Unterschiede zu achten wie ein Geldwechsler, der Erfahrung mit der Beurteilung echter Münzen hat, verbreitet. Siehe zu weiteren Details Tarif Khalidi, *Arabic Historical thought in the Classical Period* (Cambridge: Cambridge University Press, 1994), S. 22 und Anmerkung 11.

256

Jesus pflegte zu sagen: »Wer betet und fastet, aber nicht von der Sünde ablässt, wird im Reich Gottes als Lügner gelten.«

Abu al-Qasim ibn ʿAsakir (gest. 571/1175), *Sirat al-Sayyid al-Masih*, S. 172, Nr. 196.

Dieser Ausspruch verurteilt Scheinheiligkeit in Begriffen, wie sie ähnlich auch in den Evangelien verwendet werden.

257

Jesus sagte: »Niemand weiß, was Glaube in Wahrheit bedeutet, bevor es ihn nicht abstößt, für seinen Gehorsam Gott gegenüber gepriesen zu werden.«

Abu al-Qasim ibn ʿAsakir (gest. 571/1175), *Sirat al-Sayyid al-Masih*, S. 175, Nr. 200.

Sich von Lobpreisungen der Menschen fernzuhalten, erscheint als Kennzeichen des wahrhaftig Gläubigen. Vgl. Nr. 157 und Johannes 12:43 und Römer 2:29.

258

Jesus sagte: »Lasst den, der gut handelt, einen guten Lohn erwarten, und lasst den, der schlecht handelt, nicht überrascht sein, wenn er bestraft wird. Den, der die Macht zu Unrecht ergreift, wird Gott zu Recht Erniedrigung erben lassen, und den, der zu Unrecht Reichtümer anhäuft, wird Gott zu Recht Armut erben lassen.«

Abu al-Qasim ibn ʿAsakir (gest. 571/1175), *Sirat al-Sayyid al-Masih*, S. 176, Nr. 203.

Ein kunstvoll formulierter Ausspruch, dessen einzelne Teile zur leichteren Memorierung harmonisch aufeinander abgestimmt sind.

259

Ein Mann fragte Jesus: »Wer unter den Menschen ist der tugendhafteste?« Jesus nahm zwei Hände voll Staub auf und sagte: »Wer von den beiden ist der tugendhaftere? Die Menschen sind aus Staub geboren, und der achtbarste ist der, der Gott am meisten fürchtet.«

Abu al-Qasim ibn ʿAsakir (gest. 571/1175), *Sirat al-Sayyid al-Masih*, S. 176, Nr. 204. Cf. al-Abshihi, *al-Mustatraf*, 2:12. (Asín, S. 586, Nr. 200; Mansur, Nr. 240; Robson, S. 60).

260

Jesus pflegte zu sagen: »Nichts Gutes kann von einem Wissen kommen, das dich nicht in den Tiefpunkten [des Lebens] begleitet oder dich nicht dazu bringt, zur Gemeinschaft der Menschen beizutragen.«

Abu al-Qasim ibn ʿAsakir (gest. 571/1175), *Sirat al-Sayyid al-Masih*, S. 187, Nr. 224.

Dieser Ausspruch, der im arabischen Original einen Binnenreim aufweist, ist in einen Kontext eingebettet, der dem Gedächtnis den Vorrang vor dem Buchwissen gibt.

261

Gott offenbarte Jesus: »Wenn Müßiggänger lachen, streich dir den Spießglanz der Traurigkeit auf die Augen.«

Abu al-Qasim ibn ʿAsakir (gest. 571/1175), *Sirat al-Sayyid al-Masih*, S. 82, Nr. 73.

Spießglanz (*kuhl*) wird häufiger für festliche als für traurige Anlässe verwendet. Jesus wird in diesem Ausspruch dazu aufgefordert, der Fröhlichkeit der Müßiggänger mit Traurigkeit zu begegnen.

262

Maria sagte: »Als ich mit Jesus schwanger war, hörte ich jedes Mal, wenn jemand in meinem Haus mit mir sprach, Jesus in meinem Inneren Gott preisen. Jedes Mal, wenn ich alleine und niemand bei mir war, sprach ich mit ihm und er mit mir, während er noch in meinem Schoß war.«

<small>Abu al-Qasim ibn ʿAsakir (gest. 571/1175), *Sirat al-Sayyid al-Masih*, S. 30, Nr. 6.</small>

Diese ungewöhnliche Erzählung vom Jesuskind kann in Beziehung zur koranischen Erzählung gesetzt werden, in der Jesus in seiner Wiege spricht.

263

Es wird berichtet, dass Jesus sagte: »Oh Gott, wie kann ich dir danken, wenn mein Dank ein Geschenk ist, das ich von dir bekommen habe, und für das ich dir danken muss?« Gott antwortete: »Wenn du das weißt, dann hast du mir gedankt.«

<small>Abu al-Hajjaj al-Balawi (gest. 604/1207), *Kitab Alif Baʾ*, 1:370–371 (Asín, S. 580, Nr. 186; Mansur, Nr. 213; Robson, S. 92). Cf. Ibn Abiʾl Dunya, *Kitab al-Shukr*, in *Mawsuʿat Rasaʾil*, 3:11–12, Nr. 5 und 6 (leichte Variante; David und Mose zugeschrieben).</small>

Al-Balawi war ein andalusischer Gelehrter. Seine literarische Anthologie, die die Texte in alphabetischer Reihenfolge (daher der Titel *A, B*) präsentiert und als Erziehungsbuch konzipiert ist, widmete er seinem Sohn.

Dieser Ausspruch ähnelt einer theologischen Rätselfrage zur Problematik des freien Willens und der Prädestination. Wenn Gott der wohlwollende Urheber aller menschlichen Taten ist, welches Verdienst kommt dann dem Dank zu? Gleichwohl wird die gläubige Annahme dieses »Mysteriums« durch den wahrhaft Frommen von Gott belohnt.

264

Mit Maria im Heiligtum war ein Cousin namens Josef, der ihr diente und mit ihr hinter einer Wand sprach. Er war der erste, der von ihrer Schwangerschaft erfuhr und darüber betrübt und traurig war, auch weil er fürchtete, dass man ihn für sündig und übelbeleumdet halten könnte. Deshalb sagte er zu ihr: »Maria, kann es eine Pflanze ohne Samen geben?« »Ja«, erwiderte sie. »Wie das?«, fragte er. »Gott«, sagte sie, »schuf den ersten Samen ohne eine Pflanze. Aber dann könntest du vielleicht sagen: ›Hätte er nicht die Hilfe des Samens ersonnen, wäre es für ihn zu schwierig gewesen.‹« »Gott bewahre!«, sagte Josef. Dann sagte er zu ihr: »Kann ein Baum ohne Wasser und Regen wachsen?« Maria antwortete: »Weißt du nicht, dass Samen, Pflanzen, Wasser, Regen und Bäume einen einzigen Schöpfer haben?« Dann fragte er ein weiteres Mal: »Kann es Kinder oder eine Schwangerschaft ohne einen Mann geben?« »Ja«, antwortete sie. »Wie das?«, fragte er. »Weißt du nicht, dass Gott Adam und seine Frau Eva ohne Schwangerschaft, ohne einen Mann und ohne eine Mutter schuf?« »Doch«, antwortete er und fügte hinzu: »Sag mir, was mit dir geschehen ist.« Maria sagte: »Gott hat mir frohe Kunde von einem Wort Gottes gebracht, dessen Name Messias Jesus, Sohn der Maria, ist.«

Abu al-Hajjaj al-Balawi (gest. 604/1207), *Kitab Alif Ba'*, 1:406 (Asín, 580, Nr. 187; Mansur, Nr. 214).

Dieser Gedankenaustausch zwischen Maria und Josef hat theologische Implikationen. Er reflektiert einige der Argumente, die muslimische Theologen zur Verteidigung der jungfräulichen Geburt anführen. Vor allem der Koranvers 3:59 vergleicht insbesondere die Erschaffung Jesu mit der Erschaffung Adams: Beide wurden aus »Erde« erschaffen, und dann hauchte ihnen das göttliche »Sei!« Leben ein.

Einige koptische apokryphe Schriften, insbesondere die Abhandlung *Der Tod des Josef* enthalten einen Gedankenaustausch zwischen Josef und Jesus, in dessen Rahmen Josef seine Verwirrung über die jungfräuliche Geburt bekennt: »Weder kannte ich, mein Herr, noch verstehe ich das Mysterium deiner seltsamen Geburt, noch habe ich jemals davon gehört, dass eine Frau ohne einen Mann schwanger war, noch dass eine Jungfrau, die in ihrer Jungfräulichkeit bestätigt wurde, geboren hat.« Siehe Forbes Robinson, *Coptic Apocryphal Gospels*, in J. Armitage Robinson, Hg., *Texts and Studies: Contributions to Biblical and Patristic Literature*, Bd. 4, Nr. 2 (Cambridge: Cambridge University Press, 1896), S. 137 und 154.

265

Jesus sagte: »Ertragt geduldig ein Wort eines Unverschämten, und ihr werdet das Zehnfache gewinnen.«

Abu al-Hajjaj al-Balawi (gest. 604/1207), *Kitab Alif Ba´*, 1:464 (Asín, S. 581, Nr. 188; Mansur, Nr. 215; Robson, S. 59).

Siehe Nr. 80, 100 und 236.

266

Jesus sagte: »Oh Israeliten, esst nicht über die Maßen, denn wer über die Maßen isst, schläft auch über die Maßen, und wer über die Maßen schläft, betet wenig, und wer wenig betet, ist bei den Nachlässigen verzeichnet.«

Abu al-Husayn Warram ibn Abi Firas (gest. 605/1208), *Majmu´a*, 1:47.

Warram war ein schiitischer Traditionarier, ein Abkomme von Malik al-Ashtar, einem der engsten Gefährten ´Alis. In den Quellen wird er als Asket beschrieben. Seine Anthologie ethischer und asketischer Aussprüche war weit bekannt. Wie viele andere schiitische Autoren nahm Warram auch mehrere Aussprüche in seine Sammlung auf, die Ernährung und Gesundheit zum Thema haben. In diesen Aussprüchen spiegelt sich das Bild von Jesus als einem Heiler wider. Siehe Nr. 152.

267

Gott offenbarte Jesus: »Sei Menschen gegenüber so sanft wie die Erde unter ihren Füßen, sei ihnen gegenüber so großzügig wie fließendes Wasser, sei ihnen gegenüber so barmherzig wie die Sonne und der Mond, denn sie gehen über dem Guten wie dem Bösen auf.«

Abu al-Husayn Warram ibn Abi Firas (gest. 605/1208), *Majmu´a*, 1:80.

Ein Widerhall von Matthäus 5:45.

268

Jesus sagte: »Wie kann jemand ein Gelehrter sein, der um sein Leben nach dem Tod weiß, während sein Streben weiterhin auf das Diesseits gerichtet ist, und wenn das für ihn begehrenswerter ist, was ihm schadet, als das, was ihm nützt?«

Abu al-Husayn Warram ibn Abi Firas (gest. 605/1208), *Majmu´a*, 1:83.
Eine Kritik an weltlich orientierten Religionsgelehrten.

269

Jesus bereitete für seine Jünger Essen zu. Nachdem sie gegessen hatten, wusch er ihre Hände und Füße. Sie sagten zu ihm: »Geist Gottes, das sollten wir tun.« Er erwiderte: »Ich habe es getan, damit ihr es an denen tut, die ihr lehrt.«

Abu al-Husayn Warram ibn Abi Firas (gest. 605/1208), *Majmu´a*, 1:83.
Siehe Johannes 13:1–16.

270

Jesus sagte: »Die Bürden dieses Lebens und des Lebens nach dem Tod sind schwer geworden. Was die Bürden dieses Lebens angeht, so werdet ihr in ihm nicht die Hand nach etwas ausstrecken, ohne zu erkennen, dass ein zügelloser Mensch euch darin zuvorgekommen ist. Was die Bürden des Lebens nach dem Tod angeht, so werdet ihr niemanden finden, der euch hilft, mit ihnen fertig zu werden.«

Abu al-Husayn Warram ibn Abi Firas (gest. 605/1208), *Majmu´a*, 2:146.
Dieser Ausspruch steht in einem unmittelbaren Zusammenhang mit einer Beschreibung der Schrecken und Qualen des Jüngsten Gerichts, die fünfzig »Stationen« (*mawaqif*) umfassen sollen, von denen jede tausend Jahre dauert. Dem Ausspruch werden über mehrere Seiten Ratschläge und Ermahnungen Gottes an Jesus vorausgeschickt.

271

Jesus sagte: »Oh Herr, erzähl mir von dem Volk, das deine Gnade empfangen wird.« Gott sagte: »Es ist das Volk Mohammeds, ein Volk von Gelehrten, das gottesfürchtig, fromm, selbstbeherrscht, reinen Herzens und weise ist, so als wären seine Menschen Propheten. Sie sind mit ein wenig Barmherzigkeit von mir zufrieden, und ich bin mit einigen guten Taten von ihnen zufrieden. Ich führe sie ins Paradies, weil sie sagen: ›Es gibt keinen Gott außer Gott.‹ Oh Jesus, sie bilden die Mehrheit der Paradiesbewohner, denn keine anderen Zungen wurden jemals beim Zeugnis ›Es gibt keinen Gott außer Gott‹ so gedemütigt wie die ihren, und keine anderen Nacken wurden jemals durch Verbeugungen so gedemütigt wie die ihren.«

Shihab al-Din 'Umar al-Suhrawardi (gest. 632/1234), 'Awarif al-Ma'arif, 2:159.

Al-Suhrawardi war ein berühmter Theoretiker des Sufismus. Sein Hauptwerk weist Ähnlichkeiten mit Ghazalis Werk auf. Der Form nach ist dieser Ausspruch ein *hadith qudsi* (eine göttliche Offenbarung an Jesus), der der Lobpreisung des Volkes Mohammeds dient. Nach allgemeiner muslimischer Auffassung bleibt ein Mensch potentiell von der Hölle verschont, wenn er das Glaubenszeugnis ›Es gibt keinen Gott außer Gott‹ ablegt.

272

Es wird überliefert, dass Jesus sagte: »Gott der Allmächtige verabscheut den, der ohne Grund viel lacht und viel umhergeht, ohne ein Ziel zu haben, und er verabscheut es, wenn jemand zwischen Späßen und Scherzen ein heiliges Buch erwähnt.«

Shihab al-Din 'Umar al-Suhrawardi (gest. 632/1234), 'Awarif al-Ma'arif, 2:243 (Asín, S. 583, Nr. 191; Mansur, Nr. 217; Robson, S. 59–60).

Siehe Ausspruch Nr. 163. Die Abneigung dem Lachen und Scherzen gegenüber ist unter den frommen, asketischen Gestalten nahöstlicher Religionen verbreitet. Siehe z. B. Hertz, *Sayings of the Fathers*, S. 47, Nr. 17 und Ward, *The Sayings of the Desert Fathers*, S. 87, Nr. 9.

273

Es wird überliefert, dass Jesus sagte: »Wer nicht zweimal geboren wurde, wird nicht ins Himmelreich eingehen.«

Shihab al-Din 'Umar al-Suhrawardi (gest. 632/1234), 'Awarif al-Ma'arif, 1:174 (Asín, S. 583, Nr. 190; Mansur, Nr. 216; Robson, S. 59). Cf. Asín, S. 592, Nr. 207; Robson, S. 61 (ausführlichere Version).

Asín stellt Johannes 3:3–8 als Parallele zur Diskussion. Die geistige Wiedergeburt ist ein zentrales Konzept des gnostischen Christentums, und für diesen Ausspruch kann ein gnostischer Einfluss nicht ausgeschlossen werden.

274

Einige Menschen hielten sich bei Jesus als Gäste auf. Er bot ihnen Brot und Essig an und sagte: »Hätte ich die Gewohnheit, jedem Gastlichkeit zu bieten, hätte ich auch euch Gastlichkeit geboten.«

Abu al-Faraj ibn al-Hanbali (gest. 634/1236), al-Istis' ad bi-man Laqaytuhu mina al 'Ibad, S. 180.

Ibn al-Hanbali war ein damaszenischer Rechtsgelehrter, eine Hadith-Autorität und Prediger. Er stammt aus einer berühmten Gelehrtenfamilie. Dieser Ausspruch betont die asketisch einfache Lebensweise Jesu.

275

Jesus sagte: »Geht mit Menschen so um, dass sie sich, während ihr lebt, nach euch sehnen, und dass sie, nachdem ihr gestorben seid, um euch weinen.«

Muhyi al-Din ibn 'Arabi (gest. 638/1240), Muhadarat al-Abrar, 2:2 (Asín, S. 585, Nr. 196; Mansur, Nr. 219; Robson, S. 60).

Ibn 'Arabi war einer der berühmtesten Theoretiker des Sufismus aller Zeiten. Als produktiver Autor und umstrittene Person des öffentlichen Lebens entwickelte er die sufische Lehre in neue Richtungen und begründete er ein hochkomplexes mystisch-philosophisches Lehrgebäude. In Ibn ʿArabis ethischem Lehrgebäude ist das Konzept der Sehnsucht (*shawq*) von zentraler Bedeutung sowohl für die Beziehung eines Menschen zu Gott als auch zu anderen Menschen.

276

Jesus sagte zu den Gesetzeslehrern: »Ihr befindet euch mitten auf dem Weg zum ewigen Leben, aber weder habt ihr diesen Weg bis zu seinem Ende ausgemessen, noch habt ihr irgendjemand anderem gestattet, es an euch vorbei zu tun. Weh dem, der von euch hintergangen wird!«

Muhyi al-Din ibn ʿArabi (gest. 638/1240), *Muhadarat al-Abrar*, 2:30 (Asín, S. 585, Nr. 197; Mansur, Nr. 220; Robson, S. 92).

Zu Lebzeiten Ibn ʿArabis kam es vermehrt zu Spannungen zwischen Sufis und Rechtsgelehrten. Zu weiteren Details siehe Tarif Khalidi, *Arabic Historical Thought*, S. 210–215. Jesus konnte die Position der Sufis in dieser Auseinandersetzung überzeugend vertreten, weil er engstirnige Paragrafenreitereien missbilligte.

277

Es wird berichtet, dass Jesus an 400 000 Frauen vorbeikam, die Reue gezeigt hatten und Gewänder aus rauem Haar und Wolle trugen. Jesus fragte: »Was hat eure Einstellung verändert, ihr Frauen?« Sie erwiderten: »Die Besinnung auf das Höllenfeuer hat uns verändert, Sohn der Maria. Wer ins Höllenfeuer stürzt, erfährt weder Kühlung noch Durst stillendes Getränk.«

Muhyi al-Din ibn ʿArabi (gest. 638/1240), *Muhadarat al-Abrar*, 2:253 (Asín, S. 412, Nr. 84 dreimal; Mansur, Nr. 221; Robson, S. 100–101).

Die Begegnung zwischen Jesus und den Frauen im Büßergewand legte nahe, dass Frauen, die im Allgemeinen als Verführerinnen angesehen wurden, sich durchaus und in ihrer Mehrheit (400 000 suggeriert ihre »astronomische« Zahl) von der Sünde abwenden können.

278

Satan erschien Jesus in der Gestalt eines alten Mannes. »Geist Gottes, sag: ›Es gibt keinen Gott außer Gott‹«, bat er ihn – in der Hoffnung, dass [,wenn er ihm dies nachsprechen würde,] er ihm insoweit Gehorsam erwiesen hätte. Jesus antwortete: »Ich sage es – aber nicht, weil du es gesagt hast –: Es gibt keinen Gott außer Gott.« Satan ging geschmäht von dannen.

Muhyi al-Din ibn ʿArabi (gest. 638/1240), *al-Futuhat al-Makkiyya*, 1:368–369 (Mansur, Nr. 222).

Siehe Erzählung Nr. 206. Jesus überlistet Satan in einem theologischen Gedankenaustausch, der die häufig zitierte Maxime veranschaulicht: »Der Mensch wird nach der Wahrheit beurteilt und nicht die Wahrheit nach dem Menschen.« Auf diese Maxime greift z. B. auch al-Ghazali in seinen polemischen Äußerungen über die blinde Nachahmung von Autoritäten, die für verschiedene sektiererische Gruppen zu beobachten war, des öfteren zurück.

279

Jesus sagte zu den Israeliten: »Wisst, dass euer gegenwärtiges Leben so in Beziehung zu eurem Leben nach dem Tod steht wie euer Aufgang zu eurem Untergang. Je mehr ihr euch dem Osten nähert, desto weiter seid ihr vom Westen weg, und je mehr ihr euch dem Westen nähert, desto weiter seid ihr vom Osten weg.« Mit diesem Beispiel ermahnte er sie, sich durch gute Taten mehr dem Leben nach dem Tod zuzuwenden.

Muhyi al-Din ibn ʿArabi (gest. 638/1240), *al-Futuhat al-Makkiyya*, 4:662 (Asín, S. 583, Nr. 193; Mansur, Nr. 224; Robson, S. 77). Cf. Ibn Hamdun, *al-Tadhkira al-Hamduniyya*, S. 58–59; al-Zamakhshari, *Rabiʿ al-Abrar*, 1–45 (ʿAli zugeschrieben); Warram, *Majmuʿa*, 2:24.

Der Satz »So weit der Aufgang entfernt ist vom Untergang« ist mindestens so alt wie Psalm 103:12.

280

Jesus ermahnte einige seiner Gefährten auf folgende Weise: »Entsagt dieser Welt durch Fasten, und brecht euer Fasten mit dem Tod. Seid wie der, der seine Wunde mit einem Heilmittel behandelt, damit sie ihn nicht niederdrückt. Denkt oft an den Tod, denn der Tod ereilt den gläubigen Menschen und bringt ihm Gutes, auf das kein Böses folgt, dem bösen Menschen jedoch bringt er Böses, auf das kein Gutes folgt.«

<small>Muhyi al-Din ibn ʿArabi (gest. 638/1240), *al-Futuhat al-Makkiyya*, 4:663 (Asín, S. 584, Nr. 194; Mansur, Nr. 225; Robson, S. 60).</small>

Die elegante Formulierung dieses Ausspruchs, die Aufforderung zu einem völlig asketischen Leben und die Ermahnung, ständig an den Tod zu denken, sind typisch für den Geist der sufischen Lehre.

281

Jesus begegnete Satan und sagte zu ihm: »Ich frage dich im Namen Gottes des Lebendigen und Ewigen, was bricht dir dein Kreuz?« Er sagte: »Das Wiehern der Pferde für die Sache Gottes.«

<small>Sibt ibn al-Jawzi (gest. 654/1256), *Mirʾat al-Taman*, 8:494.</small>

Sibt ibn al-Jawzi war Historiker und entstammt einer berühmt Gelehrtenfamilie. Dieser Ausspruch spiegelt eine kriegerische Zeit wider, in der sowohl die Kreuzritter als auch die Mongolen das Zentrum der islamischen Welt bedrohten. Jesus wird hier angeführt, um dem Kampf der Gläubigen für die Sache Gottes Nachdruck zu verleihen.

282

Al-ʿUris sah im Schlaf Christus Jesus, Sohn der Maria, der vom Himmel aus sein Gesicht ihm zuzuwenden schien. Al-ʿUris fragte ihn: »Ist die Kreuzigung wirklich geschehen?« Jesus sagte: »Ja, die Kreuzigung ist wirklich geschehen.« Al-ʿUris erzählte seinen Traum einem Traumdeuter, der sagte: »Der Mann, der diesen Traum hatte, wird gekreuzigt werden. Denn Jesus ist unfehlbar und kann nur die Wahrheit sagen, daher kann sich die Kreuzigung, von der er sprach, nicht auf die eigene beziehen, denn der ruhmvolle Koran sagt ausdrücklich, dass Jesus weder gekreuzigt noch getötet wurde. Daher muss es sich auf den Träumer beziehen, und er ist es, der gekreuzigt werden wird.« Es geschah, wie der Traumdeuter gesagt hatte.

Jamal al-Din ibn Wasil (gest. 697/1298), *Mufarrij al-Kurub*, 1:248. Cf. al-Abshihi, *al-Mustatraf*, 2:83 (Variante).

Diese seltsame Erzählung wurde als Beispiel dafür in die vorliegende Sammlung aufgenommen, dass der muslimische Jesus, zumindest im Traum, die Wahrheit seiner Kreuzigung bestätigt. Al-ʿUris ist eine historisch verbürgte Person. Die Quelle, aus der diese Erzählung stammt, ist eine bedeutende Chronik über die Aijubiden (die Familie Saladins) und deren Kriege gegen die Kreuzritter.

283

Jesus sagte: »Oh Jünger, Gold ist eine Ursache für Freude in dieser Welt und eine Ursache für Leid im Jenseits. Wahrlich, ich sage euch, die Reichen werden nicht ins Himmelreich kommen.«

Taj al-Din al-Subki (gest. 771/1370), *Tabaqat al-Shafiʿiyya*, 4:134.

Al-Subki war ein bedeutender Biograf berühmter Persönlichkeiten, die der schafiitischen Rechtsschule angehörten. Dieser Ausspruch ist aus Evangelienelementen (vgl. besonders Matthäus 19:23–24) und solchen anderer Provenienz gebildet.

284

Historiker und Biografen überliefern, dass zu Lebzeiten Jesu unter den Israeliten ein Mann namens Isaak lebte, dessen Frau, seine Cousine, eine der schönsten Frauen ihrer Zeit war. Er liebte sie sehr, sie starb jedoch; daher weilte er ständig an ihrer Grabstätte, die er stets für längere Zeit aufsuchte.

Eines Tages kam Jesus vorbei und traf ihn weinend an ihrem Grab an. »Warum weinst du, Isaak?«, fragte Jesus. Er antwortete: »Geist Gottes, ich hatte eine Cousine, die meine Frau war und die ich sehr liebte. Sie starb – dies ist ihr Grab –, und ich kann es nicht ertragen, von ihr getrennt zu sein. Ihr Tod war mein Tod.« Jesus fragte ihn: »Möchtest du, dass ich sie für dich mit Gottes Erlaubnis auferwecke?« »Ja, Geist Gottes«, erwiderte der Mann.

So stand Jesus also am Grab und sagte: »Steh mit Gottes Erlaubnis auf, du, der du in diesem Grab bist!« Das Grab brach auf, und ein schwarzer Sklave kam hervor, aus dessen Nase, Augen und weiteren Gesichtsöffnungen Feuer loderte, und der sagte: »Es gibt keinen Gott außer Gott, und Jesus ist Gottes Geist, Wort, Diener und Prophet.« Isaak sagte: »Geist und Wort Gottes, das ist nicht das Grab meiner Frau, sondern dieses«, und er zeigte auf ein anderes Grab.

Jesus sagte zu dem schwarzen Mann: »Geh zurück, von wo du gekommen bist.« Der Mann fiel tot um, und Jesus begrub ihn in seinem Grab. Dann begab sich Jesus zu dem anderen Grab und sagte: »Steh mit Gottes Erlaubnis auf, du, der du in diesem Grab bist!« Die Frau stand auf und schüttelte sich den Staub aus ihrem Gesicht. »Ist das deine Frau?«, fragte Jesus. »Ja, Geist Gottes«, antwortete er. »Nimm ihre Hand und geh«, sagte Jesus. Also nahm er sie und ging fort. Dann wurde er schläfrig und sagte zu ihr: »Die Wache an deinem Grab hat mich erschöpft, und ich möchte mich eine Weile ausruhen.« »Tu das«, erwiderte sie. So fiel er, sein Kopf ruhte auf ihrem Oberschenkel, in den Schlaf.

Während er schlief, kam der Sohn des Königs vorbei. Er war schön und sehr imposant und ritt ein prächtiges Pferd. Als sie ihn sah, war sie von blinder Leidenschaft erfüllt, stand auf und ging schnell zu ihm. Auch er verliebte sich in sie, als er sie sah. Als sie sich ihm näherte, sagte sie: »Nimm mich!« Er zog sie hoch, damit sie hinter ihm auf dem Pferd sitzen konnte, und ritt davon.

Als ihr Ehemann aufwachte, schaute er sich um, sah sie aber nicht. Also begab er sich auf die Suche nach ihr. Er verfolgte das Pferd, bis er sie eingeholt hatte. Er wandte sich an den Königssohn und sagte: »Gib mir meine Frau und Cousine zurück.« Sie bestritt jedoch, ihn zu kennen, und sagte: »Ich bin das Sklavenmädchen des Königssohns.« »Nein«, sagte er, »du bist meine Frau und Cousine.« »Ich kenne dich nicht«, erwiderte sie. »Ich bin nur das Sklavenmädchen des Königssohns.« Der Königssohn sagte zu ihm: »Willst du mein Sklavenmädchen ins Verderben stürzen?« Der Mann antwortete: »Ich schwöre bei Gott, dass sie meine Frau ist und dass Jesus, der Sohn der Maria, sie mit Gottes Erlaubnis nach ihrem Tod auferweckt hat.«

Während sie sich stritten, kam Jesus vorbei. Isaak sagte zu ihm: »Geist Gottes, ist das nicht meine Frau, die du mit Gottes Erlaubnis auferweckt hast?« »Ja«, erwiderte Jesus. Die Frau sagte: »Geist Gottes, er lügt, ich bin das Sklavenmädchen des Königssohns.« Der Königssohn fügte hinzu: »Das ist mein Sklavenmädchen.« Jesus fragte die Frau: »Bist du nicht die Frau, die ich mit Gottes Erlaubnis auferweckt habe?« »Nein, Geist Gottes, so wahr Gott mein Zeuge ist«, erwiderte sie. Jesus sagte: »Dann gib uns wieder, was wir dir gegeben haben«, und die Frau fiel tot um.

Jesus sagte: »Wer einen Mann sehen will, den Gott als Ungläubigen sterben ließ, dann auferweckte und als Muslim wiederum sterben ließ, der soll sich den schwarzen Mann vor Augen führen. Wer eine Frau sehen will, die Gott als Gläubige sterben ließ, dann auferweckte und als Ungläubige wiederum sterben ließ, der soll sich diese Frau vor Augen führen.« Der Israelit Isaak schwur bei Gott, dass er nie wieder heiraten würde, und irrte weinend in der Wildnis umher.

Kamal al-Din al-Damiri (gest. 808/1405), *Hayat al-Hayawan al-Kubra*, 1:202–203 (Asín, S. 588–589, Nr. 203; Mansur, Nr. 231; Robson, S. 122–123).

Al-Damiri war der Verfasser eines berühmten Werks über Tiere. Er vermittelte jedoch in erster Linie eine literarisch-ethische Botschaft. Die Erzählung von Jesus und dem Israeliten Isaak weist dem Geist nach Ähnlichkeiten mit den Erzählungen auf, die in den apokryphen Apostelakten enthalten sind. Zum schwarzen Mann siehe z. B. die Philippusakten in James, The *Apocryphal New Testament*, S. 451. Die Geschichte von Isaaks Frau ähnelt in mancher Hinsicht der Geschichte von der Gärtnerstochter (ebd., S. 303). Erneut stellt Jesus eine explizite Lehre an das Ende einer Erzählung, statt sie als Gleichnis über Erlösung und Verdammnis unkommentiert zu lassen.

285

Jesus begegnete Satan, der fünf Esel bei sich führte, die Lasten trugen. Jesus fragte ihn, worum es sich bei diese Lasten handelte, und Satan erwiderte: »Ware, für die ich Käufer suche.« »Was ist diese Ware?«, fragte Jesus. »Eine ist Unterdrückung«, erwiderte Satan. »Wer kauft sie?«, fragte Jesus. »Herrscher«, antwortete er. »Und die zweite [Ware] ist Hochmut.« »Wer kauft sie?«, fragte Jesus. »Die Notablen aus der Provinz.« »Und die dritte [Ware] ist Neid.« »Wer kauft sie?«, fragte Jesus. »Religionsgelehrte,« antwortete er. »Und die vierte [Ware] ist Unehrenhaftigkeit.« »Wer kauft sie?« »Handelsvertreter«, antwortete er. »Und die fünfte [Ware] ist Betrug.« »Wer kauft sie?«, fragte Jesus. »Frauen«, antwortete er.

Kamal al-Din al-Damiri (gest. 808/1405), *Hayat al-Hayawan al-Kubra*, 1:225 (Mansur, Nr. 229). Cf. al-Abshihi, *al-Mustatraf*, 2:215.

Die Frage-und-Antwort-Form, in die dieser Gedankenaustausch zwischen Jesus und Satan gekleidet ist, ist typisch für den Adabstil. Viele Adabanthologien enthalten ähnliche Gedankenaustausche zwischen berühmten Persönlichkeiten, meist zwischen Herrschern und Gelehrten.

286

Jesus kam an einem Schlangenbeschwörer vorbei, der eine Schlange jagte. Die Schlange sagte: »Geist Gottes, sag diesem Mann, dass, wenn er mich nicht in Ruhe lässt, ich ihn in Stücke schneiden werde.« Als dieser zurückkehrte, sah Jesus, dass sich die Schlange im Korb des Schlangenbeschwörers befand. »Hast du mir nicht gesagt, dass du diesen Mann in Stücke schneiden würdest? Wie kam es dazu, dass du da geendet bist, wo du jetzt bist?« »Geist Gottes«, sagte die Schlange, »er hat mir einen Eid geschworen, und dann brach er diesen Eid. Die Bosheit seines Verrats ist für ihn schlimmer als mein Gift.«

Kamal al-Din al-Damiri (gest. 808/1405), *Hayat al-Hayawan al-Kubra*, 1:252 (Mansur, Nr. 230).

Bereits in mehreren Erzählungen hat Jesus natürliche Gegenstände und Tiere befragt. In den Evangelien wird die Schlange als kluges Tier beschrieben. Siehe Matthäus 10:16. Siehe auch Jesus und die Schlange in Erzählung Nr. 116.

287

Als Jesus, der Sohn der Maria, und Johannes, der Sohn des Zacharias, unterwegs waren, sahen sie eine Wildziege, die gerade ihr Junges bekam. Jesus sagte zu Johannes: »Sprich diese Worte: ›Hannah gebar Johannes, und Maria gebar Jesus. Die Erde ruft dich, Kind. Komm heraus, Kind.‹«

Jede gebärende Frau, zu der diese Worte gesprochen werden, wird mit Gottes Erlaubnis sofort entbinden.

Johannes war der erste, der an Jesus glaubte und ihm vertraute. Sie waren Cousins, Söhne von Tanten mütterlicherseits. Johannes war sechs Monate älter als Jesus. Dann wurde Johannes getötet, bevor Jesus in den Himmel erhoben wurde.

Kamal al-Din al-Damiri (gest. 808/1405), *Hayat al-Hayawan al-Kubra*, 2:40 (Mansur, Nr. 232).

Die erste Hälfte dieser Erzählung ähnelt in gewisser Hinsicht der Erzählung von der kalbenden Kuh. Siehe Nr. 103. Die zweite Hälfte besteht aus einem Kommentar des muslimischen Überlieferers dieser Erzählung.

288

Jesus sagte: »Wenn jemand einen Bettler mit leeren Händen wegschickt, werden die Engel sein Haus sieben Tage lang nicht aufsuchen.«

Baha' al-Din Al-Abshihi (gest. 892/1487), *al-Mustatraf*, 1:9.

Der Islam brachte zahlreiche Verfasser literarischer Anthologien hervor. Al-Abshihi war einer der letzten in einer langen Traditionskette. Seine Anthologie war im Spätmittelalter sehr bekannt. Der Form und dem Geist nach ähnelt dieser Ausspruch einem Hadith über den Propheten Mohammed.

289

Jesus sagte: »Ich behandelte den Aussätzigen und den Blinden und heilte sie beide. Ich behandelte den Dummen, und er trieb mich zur Verzweiflung. Dem Dummen begegnet man [am besten] mit Schweigen.«

Baha´ al-Din Al-Abshihi (gest. 892/1487), *al-Mustatraf*, 1:16. Cf. al-Ghazali, *Ayyuha al-Walad*, S. 138 (kürzere Version) (Mansur, Nr. 189).

In diesem Ausspruch äußert Jesus eine jener Weisheiten, die sowohl in der nahöstlichen als auch der hellenistischen Literatur der Antike anzutreffen waren und auch im islamischen Zeitalter noch ihre Gültigkeit behielten. In der islamischen Literatur war der berühmte Essayist Ibn al-Muqaffa´ (gest. circa 139/756) einer der frühesten Verfechter der Auffassung, dass sich Intellektuelle von den Unwissenden distanzieren sollten. Zu einer Parallele in der Bibel siehe Sprichwörter 26:4.

290

Ein Mann sagte zu Jesus: »Belehre mich.« Jesus sagte: »Achte darauf, wo dein Brot herkommt.«

´Abd al-Wahhab al-Sha´rani (gest. 973/1565), *al-Tabaqat al-Kubra*, 1:53 (Asín, S. 593, Nr. 209; Mansur, Nr. 246; Robson, S. 61).

Al-Sha´rani war der berühmteste Sufi-Denker und Historiker des Sufismus seiner Zeit. Er war auch ein sehr produktiver Autor mit vielfältigen Interessen an den verschiedenen islamischen Wissenschaften. In diesen Ausspruch hat möglicherweise auch das allgemeine islamische Gebot Eingang gefunden, sich der Quelle seines Lebensunterhalts zu vergewissern, um unrechtmäßigen Gewinn zu vermeiden.

291

Jesus kam an einem Mann vorbei, der Sättel herstellte und der, als er betete, sagte: »Oh Gott, wenn ich wüsste, wo der Esel, den du reitest, ist, würde ich für ihn einen mit Juwelen besetzten Sattel machen.« Jesus schüttelte ihn und sagte: »Weh dir! Hat Gott der Allmächtige einen Esel?« Gott offenbarte Jesus: »Lass den Mann in Ruhe, denn er hat mich auf die beste ihm mögliche Art verherrlicht.«

<small>´Abd al-Wahhab al-Sha´rani (gest. 973/1565), *Lata´if al-Minan*, S. 51 (Asín, S. 593, Nr. 208; Mansur, Nr. 249; Robson, S. 125–126). Cf. al-Damiri, *Hayat*, 1:229 (Variante).</small>

Die Erzählung von Jesus und dem Mann einfachen Glaubens ähnelt der Form und dem Geist nach sowohl einigen Erzählungen aus den Evangelien als auch einer Reihe von Hadithen über den Propheten Mohammed, in denen Mohammed den einfältigen Gläubigen lächelnd gewähren lässt.

292

Satan stellte Jesus die Frage: »Kann dein Gott es einrichten, dass die Welt auf solche Weise in einem Ei enthalten ist, dass die Welt nicht geschrumpft und das Ei nicht ausgedehnt wird?« Jesus erwiderte: »Weh dir! Gott kann Unfähigkeit nicht zugeschrieben werden. Wer ist mächtiger als er, der die Welt fein und zart und das Ei groß werden lassen kann?«

<small>Mulla Mohammad Baqir Majlisi (gest. 1110/1698), *Bihar*, 4:142. Cf. Qa´im und Legenhausen, *Al-Tawhid*, 13/3, S. 25, Nr. 2.</small>

Majlisi war ein einflussreicher schiitischer Autor, Hadithgelehrter, Universalgelehrter und eine Person des öffentlichen Lebens. Zu Informationen über sein Leben und Werk siehe *EI* 2. Dieser Ausspruch ist vermutlich eine »teuflische« theologische Rätselfrage zur Allmacht und zur Fähigkeit Gottes, Wunder zu bewirken. Nach einer verbreiteten muslimischen Auffassung war Gott in der Tat dazu in der Lage, die natürliche Ordnung umzukehren. Als das größte aller seiner Wunder galt jedoch der Koran.

293

Jesus sagte: »Der Dinar ist die Krankheit der Religion, und der Gelehrte ist der Arzt der Religion. Wenn ihr seht, dass der Arzt die Krankheit auf sich zieht, nehmt euch vor ihm in Acht und wisst, dass er nicht dazu geeignet ist, anderen einen Rat zu erteilen.«

Mulla Mohammad Baqir Majlisi (gest. 1110/1698), *Bihar*, 14:319. Cf. Qa´im und Legenhausen, *Al-Tawhid*, 13/3, S. 37–38, Nr. 50.

Einen ähnlichen Ausspruch gibt es in der syrischen Literatur. Siehe Budge, *The Laughable Stories*, S. 76, Nr. 309.

294

Jesus sagte: »Was nutzt es einem Menschen, wenn er seine Seele für all das, was es in der Welt gibt, verkauft und dann alles, für das er sie verkauft hat, einem anderen vererbt, während er selbst seine Seele ins Verderben gestürzt hat? Selig ist der, der seine Seele rettet, und sie allem, was es in der Welt gibt, vorzieht.«

Mulla Mohammad Baqir Majlisi (gest. 1110/1698), *Bihar*, 14:329. Cf. Qa´im und Legenhausen, *Al-Tawhid*, 13/3, S. 36, Nr. 47.

Eine Umdeutung von Matthäus 16:25–26.

295

Jesus stand auf, um den Israeliten zu predigen. Er sagte: »Oh Israeliten, esst nicht, bevor ihr nicht hungrig seid; und wenn ihr hungrig seid, esst, aber esst euch nicht satt, denn wenn ihr euch satt esst, werden eure Nacken dick und eure Hüften fett werden, und ihr werdet euren Herrn vergessen.«

Mulla Muhammad Baqir Majlisi (gest. 1110/1698), *Bihar*, 66:337. Cf. Qa´im und Legenhausen, *Al-Tawhid*, 13/3, S. 36, Nr. 45.

Ein weiterer Ausspruch, der eine gesunde Ernährung und ihre Verbindung zu einem frommen Leben zum Gegenstand hat. Siehe Nr. 152 und 266.

296

Jesus sagte: »Es gibt keine schlimmere Krankheit des Herzens als Grausamkeit, und der Seele ist nichts unerträglicher als fehlender Hunger. Diese beiden wirken als Zügel [göttlicher] Verbannung und Verlassenheit.«

Mulla Muhammad Baqir Majlisi (gest. 1110/1698), *Bihar*, 66:337. Cf. Qa´im und Legenhausen, *Al-Tawhid*, 13/3, S. 39, Nr. 54.

Ein komplexer Ausspruch, dessen Bedeutung nicht ganz klar ist. Jesus wendet sich in seiner Predigt sowohl gegen Hartherzigkeit als auch gegen einen luxuriösen Lebensstil. Wenn diese beiden Sünden begangen werden, »legt« Gott dem Sünder dadurch »Zügel an«, dass er ihn aus seiner Gegenwart verbannt oder ihn seiner Sünde überlässt.

297

Jesus schickte zwei seiner Gefährten mit einer Botschaft auf den Weg. Der eine von ihnen sah bei seiner Rückkehr aus wie ein ausgetrockneter Wasserschlauch, der andere war bei seiner Rückkehr dick und fett. Jesus fragte den ersten Mann: »Wodurch bist du in diese Verfassung geraten?« Der Mann sagte: »Durch Gottesfurcht.« Dann fragte er den zweiten Mann: »Wodurch bist du in diese Verfassung geraten?« Der Mann erwiderte: »Durch Gottvertrauen.«

Mulla Mohammad Baqir Majlisi (gest. 1110/1698), *Bihar*, 70:400. Cf. Qa´im und Legenhausen, *Al-Tawhid*, 13/3, S. 34, Nr. 38.

Gottesfurcht wie Gottvertrauen sind beides gleichermaßen wünschenswerte Eigenschaften, und die beiden Jünger repräsentieren in der Tat zwei Glaubensformen, die insbesondere nach der sufischen Ethik als komplementäre gelten.

298

Jesus sagte: »Wenn ich es (tatsächlich doch) gesagt hätte, wüsstest du es (ohnehin und bräuchtest mich nicht zu fragen), denn du bist es, der aus mir spricht. Du bist die Zunge, mit der ich in der Überzeugung spreche, dass du mit meiner Form und Substanz vereint bist.«

ʿAbd al-Ghani al-Nabulusi (gest. 1143/1731), exzerpiert in Asín, S. 595, Nr. 215; Mansur, Nr. 250; Robson, S. 93. Das arabische Original konnte nicht zurückverfolgt werden.

Al-Nabulusi, ein weitgereister palästinischer Mystiker, war einer der zentralen Repräsentanten des frühmodernen sufischen Denkens. Er schrieb über viele verschiedene Themen. Der Satz »Wenn ich es (tatsächlich doch) gesagt hätte, wüsstest du es (ohnehin und bräuchtest mich nicht zu fragen)« stammt aus dem Koranvers 5:116. Jesus richtet diesen Satz an Gott. Er bestreitet, jemals Göttlichkeit für sich beansprucht zu haben. Das Ende des Ausspruchs scheint eine sufische Umschreibung der beiden wichtigsten muslimischen Epitheta für Jesus zu sein: Geist Gottes und Wort Gottes.

299

Jesus sagte: »Weh euch, Sklaven dieser Welt! Was nützt dem Blinden das helle Sonnenlicht, das er nicht sehen kann? So nützt es auch dem Gelehrten mit hoher Bildung nichts, wenn er nicht im Einklang mit ihr handelt. Wie viele Früchte es doch gibt, aber nicht alle sind nützlich oder essbar! Wie viele Gelehrte es doch gibt, aber nicht alle machen von ihrem Wissen Gebrauch! Seid auf der Hut vor falschen Gelehrten, die wollene Kleidung tragen und ihre Köpfe bis zum Boden verneigen, euch aber unter ihren Augenbrauen wie Wölfe anstarren. Ihre Worte stehen im Gegensatz zu ihren Taten. Wer erntet Weintrauben von Dornbüschen und Feigen von der Koloquinte? Und so bringen die Worte eines falschen Gelehrten auch nur Falschheit hervor. Denn das Lasttier eilt, wenn es in der Wildnis von seinem Besitzer nicht fest angebunden wird, zu seinem Land und seinesgleichen zurück. Und so verlässt auch das Wissen, wenn es von dem, der es besitzt, nicht in die Tat umgesetzt wird, sein Herz, gibt ihn auf und macht ihn nutzlos. Wie eine Pflanze nur in Wasser und in Erde gedeiht, so kann der Glauben nur in Wissen und Handeln gedeihen. Weh euch, Sklaven dieser Welt! Alles hat ein Zeichen, durch das es erkannt wird, und das Zeugnis für oder gegen es ablegt. Die Religion hat drei Zeichen, durch die sie erkannt wird: Glaube, Wissen und Tat.«

<small>Murtada al-Husayni al-Zabidi (gest. 1205/1791), *Ithaf al-Sada al-Muttaqin*, 1:229–230 (Asín, S. 596, Nr. 216; Mansur, Nr. 251; Robson, S. 94). Cf. Abu Hayyan, *al-Imta'*, 2:123.</small>

Al-Zabidi war ein großer jemenitischer Gelehrter und Verfasser des wahrscheinlich umfangreichsten Wörterbuchs des klassischen Arabisch. Dieser lange Ausspruch setzt sich aus unterschiedlichen Elementen zusammen. Er richtet sich in erster Linie gegen Religionsgelehrte.

300

Es wird überliefert, dass Satan Jesus geschmückt mit Anhängern unterschiedlicher Farbe und Art erschien. Jesus fragte: »Was bedeuten diese Anhänger?« »Das sind die menschlichen Begierden«, erwiderte Satan. »Habe ich mit irgendeiner von ihnen etwas zu tun?«, fragte Jesus. »Vielleicht hast du dich satt gegessen, und wir machten dich zu träge, um zu beten und an Gott zu denken«, erwiderte Satan. »Gibt es noch etwas?«, fragte Jesus. »Nein«, sagte Satan. »Ich schwöre bei Gott, mir niemals meinen Leib mit Essen vollgeschlagen zu haben«, sagte Jesus. »Und ich schwöre bei Gott, niemals wieder einen Muslim zu ermahnen«, erwiderte Satan.

<small>Murtada al-Husayni al-Zabidi (gest. 1205/1791), *Ithaf al-Sada al-Muttaqin*, 7:445 (Asín, S. 574, Nr. 174; Mansur, Nr. 253; Robson, S. 76–77). Cf. al-Ghazali, *Minhaj*, S. 33 (Mansur, Nr. 196) und al-Suhrawardi, *'Awarif*, 3:102 (in beiden Johannes an Stelle von Jesus).</small>

Siehe Nr. 152, 278 und 295.

301

Jesus sagte: »Kinder Adams, setzt in die Welt, was sterben wird, und baut auf, was verfallen wird. Auf diese Weise werden eure Seelen ins Verderben stürzen, und eure Häuser werden verfallen.«

Murtada al-Husayni al-Zabidi (gest. 1205/1791), *Ithaf al-Sada al-Muttaqin*, 8:85 (Asín, S. 597, Nr. 218; Mansur, Nr. 255).

Asín hat entdeckt, dass der erste Satz mit einer Verszeile des asketischen Dichters Abu al-´Atahiya (gest. 211/826) identisch ist.

302

Man fragte Jesus: »Warum baust du dir kein Haus?« Er antwortete: »Ich baue auf dem Weg der Flut.«

Murtada al-Husayni al-Zabidi (gest. 1205/1791), *Ithaf al-Sada al-Muttaqin*, 9:333 (Mansur, Nr. 259).
Siehe Ausspruch Nr. 110.

303

»Wie viele Menschen ermahnen andere doch dazu, an Gott zu denken, vergessen ihn aber selbst! Wie viele Menschen erschrecken andere doch mit Gott, sind aber selbst ihm gegenüber anmaßend! Wie viele Menschen rufen andere dazu auf, sich Gott zuzuwenden, laufen aber selbst vor ihm weg! Wie viele Menschen tragen anderen aus dem Buch Gottes vor, scheren sich aber selbst nicht um dessen Verse!«

Murtada al-Husayni al-Zabidi (gest. 1205/1791), exzerpiert in Ghazali, *Ihya´*, 1:52, wo dieser Ausspruch dem Asketen Ibn al-Sammak zugeschrieben wird. Die Zuschreibung auf Jesus konnte ich nicht zurückverfolgen.

Anmerkungen

1 Zu Jesusbildern in der modernen arabisch-islamischen Literatur siehe: David Pinault, »Images of Christ in Arabic Literature«, *Welt des Islams*, 27 (1987), S. 103–125, Anton Wessels, *Images of Jesus: How Jesus is Perceived and Portrayed in Non-European Cultures* (London: SCM Press, 1990), S. 43–56, Maurice Borrmans, *Jésus et le Musulmans d'aujourd'hui* (Paris: Desclée, 1996). Zur anhaltenden Bedeutung Jesu in der modernen arabisch-islamischen Lehre siehe z. B.: C. E. Padwick, »The Nabi 'Isa and the Skull«, *The Muslim World*, 20 (1930), S. 56–62 u. James Robson, »Stories of Jesus and Mary«, *The Muslim World*, 40 (1950), S. 236–243. Zu einem interessanten Beispiel für die anhaltende Bedeutung, die Jesus für moderne muslimische Gemeinschaften hat, siehe: K. M. O'Connor, »The Islamic Jesus: Messiahhood and Human Divinity in African American Muslim Exegesis«, *Journal of the American Academy of Religion*, 66, Nr. 3 (Herbst 1998), S. 493–532. Mein Dank für den zuletzt genannten Literaturhinweis gilt Dr. G. L. Pattison vom King's College, Cambridge.

2 Zu Zitaten aus dem muslimischen Evangelium im 18. Jahrhundert siehe: Jeremiah Jones, *New and Full Method of Settling the Canonical Authority of the New Testament* (Oxford: J. Clark, 1798) nach Donald Wismer, *The Islamic Jesus: An Annotated Bibliography of Sources in English and French* (New York: Garland, 1977), Nr. 379, S. 141–142. Publikationsdetails zu anderen wichtigen Sammlungen des muslimischen Evangeliums bieten: Wismer, *The Islamic Jesus*, Nr. 441, S. 163 (Margoliouth), ibid., Nr. 79, S. 35 (Asín y Palacios), ibid., Nr. 550, S. 205 (Robson) u. ibid., Nr. 301, S. 112–113 (Hayek). Die zuletzt zitierte Sammlung ist von besonderer Bedeutung. Die Sammlung von Rev. Hanna Mansur, »Aqwal al-Sayyid al-Masih 'ind al-kuttab al-muslimin al-aqdamin« [Die Christusaussprüche bei antiken muslimischen Autoren], *Al-Masarra* (1976 u. f.) bietet gegenüber der Asín-Sammlung wenig Neues. Etwa 96 Jesusaussprüche, die in zwölf klassischen schiitischen Werken, in ethischen Schriften und im Hadith überliefert sind, wurden kürzlich ins Englische übersetzt. Siehe: Mahdi Muntazir Qa'im u. Muhammad Legenhausen, »Jesus Christ Speaks through Shi'i Traditions«, *Al-Tawhid*, 13, Nr. 3 (Herbst 1996), S. 21–40 u. idem, »Jesus Christ in the Mirror of Shi'i Narrations«, *al-Tawhid*, 13, Nr. 4 (Winter 1996), S. 45–56. Die Mehrheit dieser Aussprüche stammt aus einer Quelle, nämlich aus Majlisis *Bihar al-Anwar*. Die einzelnen Aussprüche sind nicht mit Kommentaren versehen; sie werden nur kurz in der Einleitung vorgestellt. Die meisten dieser Aussprüche sind im vorliegenden Buch enthalten.

Bereits 1910 stellte Louis Cheikho fest: »Man könnte einen ganzen Band über diese Jesusaussprüche, wie sie von muslimischen Autoren überliefert werden, schreiben.« Siehe: Cheikho, »Quelques légendes islamiques apocryphes«, *Mélanges de la Faculté orientale, Université Saint-Joseph*, 4 (1910), S. 33–56.

3 Solche Werke schließen die Traditionen des ibn Munabbih und die Sammlungen zur Askese von 'Abdallah ibn al-Mubarak, Ahmad ibn Hanbal, Hannad ibn al-Sariyy und Ibn Abi'l Dunya ein. Bei ihnen handelt es sich um zentrale Autoren des zweiten-dritten/achten-neunten Jahrhunderts.

4 Die für diesen Bereich grundlegenden Bibliografien sind: Wismer, *The Islamic Jesus*, Robert Caspar, »Bibliographie du dialogue islamo-chrétien«, *Islamochristiana*, 1 (1975), S. 125–181 und 2 (1976), S. 187–249. Es gibt auch einige hilfreiche Hinweise in der Bibliografie von Samir Khalil in *Islamochristiana*, 8 (1982), S. 10–12 (Khalil führt nur arabische Texte an). Die zitierte Zeitschrift war auf dem Gebiet der muslimisch-christlichen Beziehungen ein führendes wissenschaftliches Publikationsorgan. Ver-

schiedene Einträge in Wismers Bibliografie beschäftigen sich mit einem oder mehreren Jesusaussprüchen (siehe z.B. die Addenda zu Nr. 79 und 441); der Korpus als Ganzer wird jedoch nicht untersucht. Siehe auch: E. Rudolph, *Dialogues islamochrétiens*, 1950–1993 (Lausanne: Université de Lausanne, 1993).

5 Die Literatur zum vorislamischen arabischen Christentum ist relativ umfangreich. Aktueller Ausgangspunkt für jede historische Untersuchung auf diesem Gebiet ist: Irfan Shahid, *Rome and the Arabs* (Washington, D.C.: Dumbarton Oaks, 1984), idem, *Byzantinium and the Arabs in the Fourth Century* (Washington, D. C.: Dumbarton Oaks, 1989) und idem, *Byzantinium and the Sixth Century* (Washington, D. C.: Dumbarton Oaks, 1995). Shahids Serie wird eine Fortsetzung für das siebte Jahrhundert finden. Speziell zu Jesus im vorislamisch-arabischen Kontext siehe z.B.: F. V. Winnett, »References to Jesus in Pre-Islamic Arabic Inscriptions«, *The Muslim World*, 31 (1941), S. 341–353, G. Ryckmans, »La Mention de Jésus dans les inscriptions arabes préislamiques«, *Analecta Bollandiana*, 67 (1949), S. 62–73 u. Enno Littmann, »Jesus in a Pre-Islamic Arabic Inscription«, *The Muslim World*, 40 (1950), S. 16–18. In der vorislamischen Dichtung stellt ein Gedicht von Umayya ibn Abi al-Salt die bekannteste Bezugnahme auf Jesus dar. Siehe seinen *Diwan*, hg. von A. H. al-Satli (Damaskus, 1974), S. 484–487. Das Gedicht wird in einem Werk zitiert, das auf das vierte/zehnte Jahrhundert zu datieren ist; an seiner Authentizität bestehen allerdings erhebliche Zweifel. Zu frühmuslimischen Einstellungen gegenüber dem Judentum siehe die zweckdienliche Zusammenfassung in Camilla Adang, *Muslim Writers on Judaism and the Hebrew Bible* (Leiden: Brill, 1996), Kap. 1. Dieses Werk enthält auch eine brauchbare Bibliografie.

6 Die in diesem Abschnitt formulierten Auffassungen werden in folgenden Werken vertreten: W. St. Clair Tisdall, *The Original Sources of the Qur'an* (London: SPCK, 1905), E. Sell u. D. S. Margoliouth, »Christ in Mohammedan Literature«, in James Hastings (Hg.), *Dictionary of Christ and the Gospels* (Edinburgh: T. und T. Clark, 1908, S. 882–886, S. M. Zwemer, *The Moslem Christ* (Edinburgh: Oliphant, 1912), D. Sidersky, *Les origines des légendes musulmanes dans le Coran at dans les vies des prophètes* (Paris: Geuthner, 1933), Thomas O'Shaughnessy, *The Koranic Concept of the Word of God* (Rom: Pontificio Istituto Biblico, 1940), Abraham Katsh, *Judaism in Islam: Biblical and Talmudic Backgrounds of the Koran and its Commentaries* (New York: Bloch, 1954), W. M. Watt, »The Christianity Criticized in the Qur'an«, *The Muslim World*, 57 (1967), S. 197–201, Olaf Schumann, *Der Christus der Muslime* (Gütersloh: Mohn, 1975), Kenneth Cragg, *Jesus and the Muslim* (London: Allen and Unwin, 1985) und Jaroslav Pelikan, *Jesus through the Centuries* (New York: Harper Perennial Library, 1987), S. 16–17.

7 Zu Nag Hammadi siehe: James M. Robinson, *The Nag Hammadi Library*, 3. überarbeitete Ausgabe (Leiden: Brill, 1988); zu syrischen, koptischen und äthiopischen Texten siehe: E. A. Wallis Budge, *Legends of Our Lady Mary the Perpetual Virgin and Her Mother Hanna* (London: Oxford University Press, 1933) und idem, *The Wit and Wisdom of the Christian Fathers of Egypt: The Syrian Version of the Apophthegmata Patrum of 'Anan Isho' of Beth 'Abhe* (London: Oxford University Press, 1934). Siehe auch: Bentley Layton, *The Gnostic Scriptures* (New York: Doubleday, 1987), Benedicta Ward, *The Sayings of the Desert Fathers*, überarbeitete Ausgabe (Oxford: Mowbray and Cistercian Publications, 1984) und Majella Franzmann, *Jesus in the Nag Hammadi Writings* (Edinburgh: T. and T. Clark, 1996).

8 Die maßgebendste dieser Schriften ist: E. Hennecke, *New Testament Apocrypha* (London: Lutterworth, 1963–1964). Sie enthält nicht nur die Texte, sondern auch nützliche Einleitungen und Analysen verschiedener Forscher zu den unterschiedlichen Ten-

denzen in der apokryphen Literatur. Siehe auch: W. Schneemelcher, *New Testament Apocrypha*. Englische Ausgabe in der Übersetzung von McL. Wilson (Cambridge: J. Clark, 1991–1992).

9 Siehe z.B.: Claus Schedl, *Muhammad und Jesus* (Wien: Herder, 1978), S. 565–566.
10 Man denke an Arbeiten von Forschern wie Toshhiko Izutsu, Mohammed Arkoun und Angelika Neuwirth.
11 Zu einer ideenreichen Auseinandersetzung mit diesem Thema und den Ursprüngen der muslimischen Rechtsgelehrsamkeit siehe: Norman Clader, *Studies in Early Muslim Jurisprudence* (Oxford: Clarendon, 1993), Kap. 8.
12 Klassisch-islamischen Gelehrten war wohl bekannt, dass die Dichtung, z.B. von al-Nabigha al-Dhubyani ibn Abi al-Salt in einem engen Zusammenhang zum Koran stand. Siehe z.B.: Abu Zayd al-Qurashi (gest. frühes viertes/zehntes Jahrhundert), *Jamharat Ash´ar al-´Arab* (Beirut: Dar Bayrut, 1984), S. 10–25.
13 Dieser Aspekt wird auf elegante Weise untersucht in: Frank Kermode, *The Genesis of Secrecy* (Cambridge, Mass.: Harvard University Press, 1979), S. 162, Nr. 20.
14 Zwar beschäftigen sich zwei kürzlich erschienene einflussreiche Studien – Geoffrey Parrinder, *Jesus in the Qur´an* (London: Faber, 1965) und Kenneth Cragg, *Jesus and the Muslim* (London: Allen and Unwin, 1985) – auf sensible Weise mit dem koranischen Jesus; beide richten ihr Augenmerk jedoch nicht in angemessener Form auf den prophetischen Kontext, in den der koranische Jesus einzubetten ist. Eine suggestive Auseinandersetzung mit den koranischen Propheten findet sich in: Fazlur Rahman, *Major Themes of the Qur´an* (Minneapolis: Bibliotheca islamica, 1980). Siehe auch: *The Qur´an and Its Exegesis* (London: Routledge and Kegan Paul, 1976), S. 99–135.
15 Einen Versuch, diesen Fragen nachzugehen, unternimmt: O'Shaughnessy, *The Koranic Concept of the Word of God*. Bedauerlicherweise schwingt in dieser Untersuchung ein antiislamischer Ton mit. Siehe auch: A. M. Charfi, »Christianity in the Qur´an Commentary of Tabari«, *Islamochristiana*, 6 (1980), S. 105–148 und Schumann, *Der Christus der Muslime*, S. 25–47. Zu frühen kontrovers geführten Diskussionen über dieses Konzept siehe: D. J. Sahas, *John of Damascus on Islam* (Leiden: Brill, 1972), S. 113 ff.
16 Exemplarisch seien genannt: Parrinder, *Jesus in the Qur´an*, S. 22 ff. und G. Anawati, »Isa«, *Encyclopaedia of Islam*, neue Ausgabe, hg. von H. A. R. Gibb et al. (Leiden: Brill, 1960–).
17 Zu einer maßgebenden klassisch-islamischen Studie zur Kreuzigung und zur Frage des *shubbiha lahum* siehe: Tabari, *Tafsir*, 6: 12–13. Zu frühmuslimischen Positionen, die im Kontext von Polemiken formuliert wurden, siehe: Sahas, *John of Damascus*, S. 78 ff. Zu einer relativ neuen Diskussion siehe folgenden Beitrag: Mahmoud Ayyoub, »Towards an Islamic Christology, 2: The Death of Jesus – Reality or Illusion?«, *The Muslim World*, 70, Nr. 2 (1980), der Interpretationen dieses Satzes in einigen klassischen und modernen Korankommentaren zur Diskussion stellt.
18 Zu anderen Passagen siehe: Koran 6:101; 10:68; 17:111; 18:4; 19:88; 21:26; 39:4 und 72:3. Die bekannteste von allen ist Sure 112. Diese Einstellungen spiegeln sich in den frühesten epigrafischen Bezugnahmen auf Jesus im Felsendom in Jerusalem wider. Siehe: Max van Berchem, *Matériaux pour un Corpus inscriptionum arabicarum*, 12 (Kairo, 1927), S. 228–257, bes. 230–231.
19 Insbesondere solche Schriften wie Protoevangelium des Jakobus, das Evangelium des Pseudo-Matthäus und das Thomasevangelium. Siehe: Budge, *Legends of Our Lady Mary* und allgemein: Hennecke, *New Testament Apocrypha*.
20 Siehe die bedeutende Untersuchung des »Todes« Jesu in: Tabari, *Tafsir*, 3:202–205.

21 Siehe: Jane Dammen McAuliffe, *Quranic Christians: An Analysis of Classical and Modern Exegesis* (Cambridge: Cambridge University Press, 1991).
22 Hennecke, *New Testament Apocrypha*, 2:642. Zu einer Kritik an der Einflussforschung siehe auch: Mohammed Arkoun, »The Notion of Revelation: From Ahl al-Kitab to the Societies of the Book«, *Welt des Islams*, 28 (1988), S. 62–89. Zu einer weiter reichenden Kritik siehe: Heikki Raisanen, »The Portrait of Jesus in the Qur´an: Reflections of a Biblical Scholar«, *The Muslim World*, 70, Nr. 2 (1980), S. 122–133 und Marilyn Waldman, »New Approaches to ›Biblical‹ Materials in the Qur´an«, *The Muslim World*, 75, Nr. 1 (1985), S. 1–16.
23 Der bedeutendste klassische Einzeltext, der sich mit frühislamischer Gelehrsamkeit befasst, ist: Al-Khatib al-Baghdadi (gest. 463/1071), *Taqyid al- ´Ilm*, der von Yusuf al- ´Ishsh (Damaskus, 1949) herausgegeben und eine bedeutende, jedoch kaum rezipierte Einleitung enthält. Zu einigen neueren Beirägen zum frühen Islam siehe z.b.: John Wansbrough, *Qur´anic Studies* (London: Oxford University Press, 1977), Patricia Crone und Michael Cook, *Hagarism: The Making of the Islamic World* (Cambridge: Cambridge University Press, 1977), Harald Motzki, »The *Musannaf* of ´Abd al-Razzaq al-San´ani as a Source of Authentic *Ahadith* of the First Century A. H.«, *Journal of Near Eastern Studies* (1991), S. 1–21, Albrecht Noth, *The Early Arabic Historical Tradition: A Source-Critical Study*, ins Amerikanische übersetzt von Michael Bonner (Princeton: Darwin Press, 1994), Gregor Schoeler, »Writing and Publishing: On the Use and Function of Writing in the First Centuries of Islam«, *Arabica*, 44 (1997), S. 423–435, Michael Cook, »The Opponents of the Writing of Tradition in Early Islam«, *Arabica*, 44 (1997), S. 437–530, Wael B. Hallaq, *A History of Islamic Legal Theories* (Cambridge: Cambridge University Press, 1997), Kap. 1. Viele dieser Studien enthalten umfangreiche Bibliografien zum frühen Islam und zu dem, was man über den »primitiven Islam« in Erfahrung bringen kann und was nicht.
24 Ein Bericht, der etwa auf das Jahr 720 A. D. zu datieren sein soll, also auf eine Zeit, in der Rechtsgelehrte nach Nordafrika geschickt worden sein sollen, um die Prohibition gegen das Weintrinken einzuführen (Ibn ´Idhari, *Al-Bayan al-Mughrib* [Leiden, 1948], 1:48, enthält ein ungewöhnliches Beispiel für die fehlende rechtliche Einheitlichkeit. Unter den Wissenschaftlern, die sich mit dem frühen Islam beschäftigen, gibt es jedoch eine bemerkenswerte Tendenz, die »Primitivität« früher gesetzlicher und administrativer Bestimmungen überzubetonen. Als Gegengewicht dazu sollte man beispielsweise die kürzlich erschienenen bedeutenden Studien von Geoffrey Khan, »The Pre-Islamic Background of Muslim Legal Formularies«, *Aram*, 6 (1994), S. 193–224 konsultieren.
25 Siehe dazu die kurze Auseinandersetzung mit dieser Frage in: Gerd-R. Puin, »Observations on Early Qur´an Manuscripts in San´a´«, in Stefan Wild, Hg., *The Qur´an as Text* (Leiden: Brill, 1996), S. 107–111. Ich verstehe jedoch, dass Puin bald eine neue Hypothese zur Geschichte des Korantextes zur Diskussion stellen will.
26 Zum göttlichen Hadith (*hadith qudsi*) siehe: William A. Graham, *Divine Word and Prophetic Word in Early Islam* (Den Haag: Mouton, 1977). Zur Überlieferung jüdischer und christlicher Traditionen im Kontext des frühen Islams siehe: M. J. Kister, »*Haddithu ´an Bani Isra´ila wa la haraja*: A Study of an Early Tradition«, in Kister, *Studies in Jahiliyya and Early Islam* (London: Variorum Reprints, 1980). Dieser Artikel kritisiert u.a. die in W. M. Watt, »The Early Development of the Muslim Attitude to the Bible«, *Transactions of the Glasgow University Oriental Studies*, 16 (1957) formulierten Ansichten. J. Sadan, »Some literary Problems concerning Judaism and Jewry in Medieval Arabic Sources«, in M. Sharon, Hg., *Studies in Honour of Professor David Ayalon* (Leiden: Brill, 1986), S. 353–398, bes. 370 ff. Zu frühen Debatten über

Jesus zwischen Christen und Muslimen siehe: Robert Hoyland, *Seeing Islam as Others Saw It: A Survey and Evaluation of Christian, Jewish, and Zoroastrian Writings on Early Islam* (Princeton: N. J.: Darwin Press, 1997), S. 160–167, bes. S. 166.

27 Siehe: Cheikho, »Quelques légendes islamiques apocryphes«.

28 Der Vorwurf, heilige Texte zu verfälschen, war natürlich auch von den Christen gegen die Juden erhoben worden. Siehe z.B.: Jaroslav Pelikan, *Jesus through the Centuries*, S. 26.

29 Zu Forschungsfortschritten auf diesem Gebiet siehe: Ignaz Goldziher, »Über Bibelcitate in Muhammedanischen Schriften«, *Zeitschrift für die Alttestamentliche Wissenschaft*, 13 (1893), S. 315–321, Cheikho, »Quelques légendes islamiques apocryphes«; A. S. Tritton, »The Bible Text of Theodore Abu Qurra«, *Journal of Theological Studies*, 34 (1933), S. 52–54, Alfred Guillaume, »The Version of the Gospels Used in Medina circa 700 A. D.«, *Al-Andalus*, 15 (1950), S. 289–296, R. G. Khoury, »Quelques réflexions sur les citations de la Bible dans les premières générations islamiques du premier et du deuxième siècle de l'Hégire«, *Bulletin d'Etudes Orientales*, 29 (1977), S. 269–278, Sidney H. Griffith, »The Gospel in Arabic: An Enquiry into Its Appearance in the First Abbasid Century«, *Oriens Christianus*, 69 (1985), S. 126–167 und idem, »The Monks of Palestine and the Growth of Christian Literature in Arabic«, *The Muslim World*, 78 (1988), S. 1–28. Siehe auch: Camilla Adang, *Muslim Writers*, Kap. 1 und 4 und Sadan, »Some Literary Problems concerning Judaism and Jewry«.

30 Siehe z.B.: Aziz al-Azmeh, *Muslim Kingship* (London: Tauris, 1997), Kap. 4.

31 Siehe: T. Khalidi, »The Role of Jesus in Intra-Muslim Polemics of the First Two Islamic Centuries«, in S. K. Samir und J. S. Nielsen, Hg., *Christian Arabic Apologetics during the Abbasid Period 750–1258* (Leiden: Brill, 1994), S. 146–156 und Anmerkungen 24 und 25; Khalil 'Athamina, »Al-Qasas: Its Emergence, Religious Origin and Its Socio-Political Impact on Early Muslim Society«, *Studia Islamica*, 76 (1992), S. 53–74, David Thomas, »The Miracles of Jesus in Early Islamic Polemics«, *Journal of Semitic Studies*, 39 (1994), S. 39 (1994), S. 221–243. Über Religionsgelehrte und Asketen kann man viel lernen von: M. G. S. Hodgson, *The Venture of Islam* (Chicago: University of Chicago Press, 1974), Bd. 1, S. 359–409, bes. die Ausführungen zu Jesus und den Sufis, S. 398.

32 Siehe: Arthur Jeffrey, »The Descent of Jesus in Muhammadan Eschatology«, in S. E. Johnson, Hg., *The Joy of Study: Papers on New Testament and Related Subjects Presented to Honor Frederick Clifton Grant* (New York: Macmillian, 1951), S. 107–126, W. Madelung, »Mahdi«, *Encyclopaedia of Islam*; Al-Azmeh, *Muslim Kingship*, S. 201–202 und Fritz Meier, »Eine Auferstehung Mohammeds bei Suyuti« in *Bausteine II*, Beiruter Texte und Studien, 53b (Istanbul, 1992), S. 797–835.

33 Siehe z.B.: Khalidi, »The Role of Jesus in Intra-Muslim Polemics« und T. Nagel, »Kisas al-Anbiya'«, *Encyclopaedia of Islam*.

34 Eine gute Einführung in diese Literatur gibt: W. M. Thackston, *The Tales of the Prophets of al-Kisa'i* (Boston: Twayne, 1978).

35 Die Prophetenlehre wird in sufischen Schriften weiterentwickelt. Zur Beschäftigung mit den Ansichten von Ibn 'Arabi (gest. 638/1240) siehe z.B.: Caesar E. Farah, »The Prose Literature of Sufism«, in M. J. L. Young et al., Hg., *Religion, Learning and Science in the 'Abbasid Period* (Cambridge: Cambridge University Press, 1990), S. 72–74.

36 Beispiele für einige dieser herausgeberischen Aktivitäten gibt z.B.: R. G. Khoury, *Les Légendes prophétiques dans l'Islam* (Wiesbaden: Otto Harrassowitz, 1978), S. 27 (geografische Identifikationen), S. 238 (Vorhersage der Ankunft Mohammeds), S. 240 (Sätze aus dem Koran in Gebeten von Propheten) und S. 248 (Parallelen zu Mohammed bei Jesaja).

37 Zu al-Kisa'i siehe: Thackston, *The Tales of the Prophets of al-Kisa'i*.

38 Abu Ishaq Ahmad al-Tha'labi, *Kitab Qisas al-Anbiya* (Kairo, 1306/1889). Der Stil ist nicht, wie Thackston vermutet, »direkt aus dem Korankommentar mitsamt dem exzerpierten und in chronologischer Reihenfolge angeordneten legendarischem Material« abzuleiten (*The Tales of the Prophets of al-Kisa'i*, S. XVI): Vielmehr soll der Gedanke an die *majalis*, der in dem alternativen Titel des Werkes (´*Ara´is al-Majalis*) angesprochen wird, an die sufischen *majalis dhikr,* Andachtsstunden und Frömmigkeitsübungen, erinnern. Stil und Struktur erinnern an Abu Hayyan al-Tawhidi, *Al-Imta´ wa´l Mu´anasa,* ein Werk, das auf ähnliche Weise Sufismus und Adab kombiniert.
39 Siehe: Hennecke, *New Testament Apocrypha,* 1:62ff.
40 Khalidi, »The Role of Jesus in Intra-Muslim Polemics«.
41 Zu einem allgemeinen Stadtporträt siehe: H. Djait, *Al-Kufa: Naissance de la ville islamique* (Paris: Maisonneuve, 1986) und Tarif Khalidi, *Arabic Hictorical Thought in the Classical Period* (Cambridge: Cambridge University Press, 1994), S. 50, Nr. 56.
42 Bereits im neunten Jahrhundert kommentierte der christliche Autor Stephan von Ramla, dass Mohammeds Lehre Jesus seiner göttlichen Kräfte beraubt. Siehe: Hoyland, *Seeing Islam as Others Saw It,* S. 230. Zu Jesus und die Stunde des Jüngsten Gerichts siehe: Ibn al-Mubarak, *Zuhd,* S. 77 und Ibn Hanbal, *Zuhd,* S. 97. Schließlich sollten Sunniten und Schiiten in der Frage, ob Mahdi, der muslimische Messias, einen höheren Rang als Jesus hatte (die schiitische Ansicht) oder Jesus einen höheren Rang als Mahdi hatte (sunnitische Ansicht), unterschiedliche Auffassungen vertreten. Im Sommer 1997 wurden anlässlich des Geburtstages des Mahdi große Banner in den überwiegend schiitischen Vororten Beiruts gehisst. Diese Banner »beglückwünschten die erwartungsvollen Gläubigen zum Beginn des Lichts der Erlösung über dem Erscheinen des Mahdi und des Propheten Jesus, Sohn der Maria.«
43 In der gesamten arabisch-islamischen literarischen Tradition wurde, was näher zu erörtern ist, am häufigsten auf das Matthäusevangelium Bezug genommen. Eine Bestätigung findet diese Beobachtung durch den Index der Rückverweise auf die Evangelien, den M. Asín y Palacios im Anhang seiner Sammlung »Logia et agrapha domini Jesu apud moslemicos scriptores, asceticos praesertim, usitata«, *Patrologia Orientalis,* 13 (1919), S. 335–431 und 19 (1926, S. 531–624 präsentiert. Es ist aber auch möglich, dass, als nach dem neunten Jahrhundert A. D. die Evangelien in muslimischen polemical Kreisen immer mehr bekannt wurden, die Passage in Matthäus 23: 34, in der Jesus davon spricht »Propheten, Weise und Schriftgelehrte« zu senden; »ihr aber werdet einige von ihnen töten, ja sogar kreuzigen, andere in euren Synagogen auspeitschen und von Stadt zu Stadt verfolgen.« von muslimischen Apologeten als ein schlagender Beweis für Mohammeds Ankunft, seine Drangsal und seine Hidschra betrachteten: Dagegen vertritt Parrinder (*Jesus in the Qur´an,* S. 95) die Auffassung, dass das Johannesevangelium die engsten Parallelen zum Koran aufweist. Siehe auch: Claus Schedl, »Die 114 Suren des Koran und die 114 Logien Jesu im Thomas-Evangelium«, *Der Islam,* 64, Nr. 2 (1987), S. 261–264. Ich möchte allerdings hervorheben, dass das muslimische Evangelium in den religiösen Auseinandersetzungen zwischen Christen und Muslimen keine Rolle spielte. Seltsamerweise haben christliche Apologeten, die aus diesem Evangelium hätten zitieren können, um zu demonstrieren, dass die Muslime die authentischen Jesusaussprüche »pervertiert« haben, gerade dies nicht getan.
44 Ibn Hanbal, *Kitab al-Zuhd,* Nr. 319 und vergleiche Ausspruch 59 in diesem Band.
45 Siehe Ausspruch Nr. 51 in diesem Band.
46 Siehe Ausspruch Nr. 30 in diesem Band.
47 Solche Zuschreibungen sind soweit wie möglich in den Kommentaren zu jedem Ausspruch und jeder Erzählung angegeben.

48 Siehe: Khalidi, »The Role of Jesus in Intra-Muslim Polemics«.
49 Zu der Murji'a diehe: Khalil 'Athamina, »The Early Murji'a: Some Notes«, *Journal of Seminitlc Studies*, 35, Nr. 1 (1990), S. 109–130. 'Athamina vertritt die Auffassung, dass die Bewegung sowohl einen quietistischen als auch einen aktivistischen Flügel hatte. Seiner Interpretation der Ziele, die der aktivistische Flügel verfolgt hat, ist jedoch schwerlich zuzustimmen.
50 Zu diesen und anderen Beispielen siehe: Khalidi, »The Role of Jesus in Intra-Muslim Polemics«, Nr. 12.
51 Zu diesen und anderen Beispielen siehe: ibid, Nr. 13.
52 Zu diesen und anderen Hinweisen siehe: ibid., Nr. 17.
53 Zu diesen und anderen Hinweisen siehe: ibid., Nr. 18.
54 Die Aussprüche sind zu einem überwiegenden Teil ohne *isnad* überliefert. Daher ist es unmöglich, ihre Quellen zurückzuverfolgen. Erstmals untersucht wurden sie von: G. Lecomte, »Les Citations de l'Ancien et du Nouveau Testament dans l'oeuvre d'Ibn Qutayba«, *Arabica*, 5 (1958), S. 34–46. Siehe auch: André Ferré, »L'Historien al-Ya'qubi et les évangiles«, *Islamochristiana*, 3 (1977), S. 65–83 und idem, »La Vie de Jésus d'après les Annales de Tabari«, *Islamochristiana*, 5 (1979), S. 7–29.
55 Der Ausspruch über die Welt als »Brücke« (siehe Ibn Qutayba, *'Uyun al-Akhbar*, 2:268; auch *'Uyun*, 3:21) wurde hinsichtlich seiner verschiedenen Quellen u.a. kommentiert von: Joachim Jeremias, *Unknown sayings of Jesus* (London: SPCK, ²1964), S. 111–118 und Harald Sahlin, »Die Welt ist eine Brücke«, *Zeitschrift für Neutestamentliche Wissenschaft*, 47 (1956), S. 286–287. Jeremias setzt ihn in Beziehung zu einem Ausspruch in Ghazalis Werk über die Vergänglichkeit der Welt und auch zum Thomasevangelium. Sahlin, dem nicht bewusst war, dass dieser Ausspruch bereits bei Qutayba anzutreffen ist, führt ihn auf die *Disciplina clericalis* von Petrus Alfonsi, der in der Zeit um 1106 A. D. sein Werk verfasste, zurück.
56 Zu Ibn al-Muqaffa', siehe: M. Kurd 'Ali, Hg., *Rasa'il al-Bulagha'* (Kairo ³1946), S. 112–116 und S. 146–172. Zur Weisheitsliteratur siehe insbesondere: Dimitri Gutas, *Greek Wisdom Literature in Arabic Translation: A Study of the Graeco-Arabic Gnomologia* (New Haven, Conn.: American Oriental Society, 1975. Siehe auch das nützlich, aber weniger exakte Werk von: I. Alon, *Socrates in Mediaeval Arabic Literature* (Leiden: Brill, 1991).
57 Ibn Qutayba, *'Uyun al-Akhbar* (Kairo, 1925–1930), S: 370. Siehe auch Ausspruch Nr. 100 in diesem Band.
58 Zur Bedeutung der Stadt Kufa für die Schi'a siehe: E. Kohlberg, *Belief and Law in Imami Shi'ism* (London: Variorum Reprints, 1991), S. XVI, 57–58 und 65. Zu Vergleichen zwischen der Erhebung Jesu und der Verborgenheit der Imame siehe: Nawbakhti, *Firaq al-Shi'a* (Istanbul, 1931), S. 68. Zum Kind Imam und zum Kind Jesus siehe Nawbakhti, *Firaq*, S.76. Zu anderen Ähnlichkeiten siehe Ibn Babuya al-Qummi, *'Ilal al-Shara'i'* (Teheran, 1377/1957–1958), 1:196, 216 und Al-Shaykh al-Mufid, *Al-Ikhtisas* (Teheran 1379/1959–1960), S. 56. Zu den Ismailiten siehe: Nawbakhti, *Firaq*, S. 63 und Anmerkung 63. Siehe ferner: M. Momen, *An Introduction to Shi'i Islam* (New Haven, Conn.: Yale University Press, 1986), S. 42–43, 52 und 57, David Pinault, *The Shi'ites: Ritual and Popular Piety in a Muslim Community* (London: Tauris, 1992), S. 55 und Kohlberg, *Belief and Law*, S. XVI und 59. Zu einer Sammlung von Jesusaussprüchen in einigen klassischen schiitischen Werken siehe: Mahdi Muntazir Qu'im und Muhammad Legenhausen, »Jesus Christ Speaks through Sh'i Traditions«, *al-Tawhid*, 13, Nr. 3 (Herbst 1996), S. 21–40 und idem, »Jesus Christ in the Mirror of Shi'i Narrations«, *Al-Twahid*, 13, Nr. 4 (Winter 1996), S. 45–56.
59 Siehe z.B.: Ausspruch Nr. 100 und Matthäus 12:35.

60 Ibn Qutayba, ʿUyun al-Akhbar, 4:123 und Ibn Babuya, ʿIlal, 2:184. Siehe auch die Aussprüche 103 und 153.
61 Ibn Qutayba, ʿUyun, 1:327 und Ausspruch Nr. 91.
62 Zu dieser Frage sollten an erster Stelle zwei Studien konsultiert werden: Louis Massignon, »L'Homme parfait en islam et son originalité éschatologique«, Eranos-Jahrbuch, 15 (1947), S. 287–314 und Hodgson, The Venture of Islam, Bd. 1, S. 398–402. Zu einer möglichen Beziehung zwischen dem Tragen von Kleidern aus Wolle (suf), den Ursprüngen des Sufismus und der Nachahmung Christi siehe: Louis Massignon in Wismer, The Islamic Jesus, Nr. 448. Die beste Studie über Jesus in der sufischen Tradition, die zahlreiche Zitate aus den Quellen enthält, ist: Annemarie Schimmel, Jesus und Maria in der islamischen Mystik (München: Kösel, 1996).
63 Einige der frühesten und erstaunlich genauen Übersetzungen von Passagen aus dem Alten und dem Neuen Testament finden sich in: Abu Hatim al-Razi (gest. ca. 933 A. D.), Aʿlam al-Nubuwwah (Teheran, 1977). Abu Hatim war ein ismailitischer Missionar. Siehe auch: Sulayman Murad, »A Twelfth-Century Biography of Jesus«, Islam and Muslim Relations, 7, Nr. 1 (1996), S. 39–45.
64 Abu Hayyan al-Tawhidi, Al-Basaʾir waʾl Dhakhaʾir (Tripolis, 1978), 7, Paragrafen 243 und 489. Siehe auch Aussprüche 169 und 168.
65 Siehe: A. d'Souza, »Jesus in Ibn ʿArabiʾs Fusus al-Hikam«, Islamochristiana, 8 (1982), S. 185–200. Siehe auch: Y. Marquet, »Les Ihwan al-Safa et le christianisme«, Islamochristiana, 8 (1982), S. 129–158.
66 Mein Kollege Basim Musallam legte mir die Vorstellung nahe, dass Jesus in der islamischen Tradition als ganzer eine Stellung einnahm, die jener nicht unähnlich war, die ʿAli im sunnitischen Islam einnahm: beide, Jesus wie ʿAli waren Gestalten von herausragender geistiger Größe, aber beiden mussten vor der übermäßigen Bewunderung ihrer Anhänger »gerettet« werden. Siehe diesbezüglich den Hadith über die Propheten in: Baladhuri, Ansab al-Ashraf, 2:121.
67 Nach Peter Brown hat der Kampf gegen Satan die das frühe Christentum kennzeichnende Stimmung geprägt. Siehe: Brown, The World of Late Antiquity (London: Thames and Hudson, 1978), S. 53–56.
68 Ghazali, Ihyaʾ ʿUlum al-Din, 3:28. Siehe auch Ausspruch 119 und die ausführlichen Kommentare zur Welt als »Brücke« (3:112) und den »drei Krankheiten des Wohlstands« (3:178). Ghazali scheint unter den Prophetenaussprüchen die Jesusaussprüche für besondere Kommentare genutzt zu haben.
69 Zu Jesus und dem Schwein siehe: Ibn Abiʾl Dunya, Kitab al-Samt, S. 573 und Ausspruch 128 in diesem Band. Zu Mohammed und dem Bild in der Kaʿba siehe: Azraqi, Akhbar Makka, S. 111.

Literaturverzeichnis der arabischen Quellen

Al-Abi, Abu Sa'd Mansur b. al-Husayn (gest. 421/1030), *Nathr al-Durr*, hg. von Muhammad 'Ali Qarna et al. Kairo: al-Hay'a al-Misriyya al-'Amma, 1981–1991.

Al-Abshihi, Baha' al-Din Muhammad b. Ahmad (gest. 892/1487), *Al-Mustatraf fi kulli Fannin Mustazraf*. Kairo: al-Matba'a al-'Amira al-'Uthmaniyya, A. H. 1306.

Abu al-Faraj al-Baghdadi, Qudama b. Ja'far (gest. 337/948), *Kitab Naqd al-Nathr* [zugeschrieben], hg. von Taha Husayn und 'Abd al-Hamid al-'Abbadi. Kairo: Dar al-Kutub al-Misriyya, 1933.

Abu Hayyan al-Tawhidi, 'Ali b. Muhammad al-Baghdadi (gest. nach 400/1010), *Risala fi al-Sadaqa wa al-Sadiq*. Istanbul: Matba'at al-Jawa'ib, A. H. 1301.

- *Al-Imta' wa al-Mu'anasa*, hg. von Ahmad Amin und Ahmad al-Zayn. Kairo: Lajnat al-Ta'lif wa al-Tarjama wa al-Nashr, 1942.
- *Al-Basa'ir wa al-Dhakha'ir*, Bd. 1–3, hg. von Ibrahim al-Kaylani. Damaskus: Maktabat Atlas, 1965–1977.
- *Al-Basa'ir wa al-Dhakha'ir*, Bd. 7, hg. von Wadad al-Qadi. Libyen: al-Dar al-'Arabiyya li-l-Kitab, 1978.

Abu Nu'aym al-Isbahani, Ahmad b. 'Abdallah (gest. 430/1038), *Hilyat al-Awliya' wa Tabaqat al-Asfiya'*. Kairo: Matba'at al Sa'ada, 1932–1938.

Abu Rifa'a al-Fasawi, 'Umara b. Wathima al-Farisi (gest. 289/902), *Les Légendes prophétiques dans l'Islam*, hg. von Raif G. Khuri: Wiesbaden: Harrassovitz, 1978.

Abu Talib al-Makki, Muhammad b. 'Ali (gest. 386/996), *Qut al-Qulub fi Mu'amalat alMahbub*. Kairo: al-Matba'a al-Maymaniyya, A. H. 1310.

Al-'Amiri, Abu al-Hasan Muhammad b. Yusuf al-Naysaburi (gest. 381/992), *Al-Sa'ada wa al-Is'ad*, hg. von Mujtaba Minowi. Wiesbaden: Franz Steiner, 1957–1958.

Al-Antaki, Dawud b. 'Umar al-Darir (gest. 1008/1599), *Tazyin al-Aswaq bi-Tafsil Ashwaq al-'Ushshaq*, hg. von Muhammad al-Tanji. Beirut: 'Alam al-Kutub, 1993.

Al-Baladhuri, Ahmad b. Yahya (gest. 279/892), *Ansab al-Ashraf*, Bd 2., hg. von M. B. al-Mahmudi. Beirut: Mu'assasat al-A'zami, 1974.

Al-Balawi, Abu al-Hajjaj Yusuf b. Muhammad (gest. 604/1207), *Kitab Alif Ba'*. Kairo: Jam'iyyat al-Ma'arif, A. H. 1287.

Al-Damiri, Kamal al-Din Muhammad b. Musa (gest. 808/1405), *Hayat al-Hayawan al-Kubra*. Kairo: Matba'a al-Maymaniyya, A. H. 1305.

Al-Ghazali, Abu Hamid Muhammad b. Muhammad (gest. 505/1111), *Al-Tibr al-Masbuk fi Nasihat al-Muluk*. Kairo: Matba'at al-Adab wa al-Mu'ayyad, A. H. 1317.

- *Minhaj al-'Abidin*. Kairo: al-Matba'a al-Husayniyya, A. H. 1322.
- *Ihya' 'Ulum al-Din*. Kairo: Mustafa al-Babi al-Halabi, 1939.
- *Ayyuha al-Walad*, hg. von 'Ali al-Qaradaghi. Beirut: Dar al-Basha'ir al-Islamiyya, 1985.
- *Mukashafat al-Qulub al-Muqarrib ila Hadrat 'Allam al-Ghuyub*. Kairo: Matba'at Muhammad 'Atif, undatiert.

Al-Hakim al-Tirmidhi, Abu 'Abdallah Muhammad b. 'Ali (gest. 285/898), *Al-Salat wa Maqasidiha*, hg. von Husni Zaydan. Kairo: Dar al-Kitab al-'Arabi, 1965.

Ibn 'Abd al-Barr al-Qurtubi, Abu 'Umar Yusuf (gest. 463/1071), *Jami' Bayan al-'Ilm wa Fadlihi*. Medina: al-Maktaba al-'Ilmiyya, undatiert.

- *Mukhtasar Jami' Bayan al-'Ilm wa Fadlihi*. Kairo: Matba'at al-Mawsu'at, A. H. 1320.
- *Bahjat al-Majalis*, hg. von M. M. al-Khawli. Kairo: Dar al-Katib al-'Arabi, undatiert.

Ibn 'Abd al-Hakam, 'Abd al-Rahman b. 'Abdallah al-Misri (gest. 257/870), *Futuh Misr wa Akhbaruha*, hg. von Charles Torrey. Leiden: E. J. Brill, 1920.

Ibn ʿAbd Rabbihi, Ahman b. Muhammad al-Qurtubi (gest. 328/940), *Al-ʿIqd al-Farid*. Kairo: Lajnat al-Taʾlif wa al-Tarjama wa al-Nashr, 1940–1953.

Ibn Abi al-Dunya, Abu Bakr ʿAbdallah b. Muhammad (gest. 281/894), *Kitab al-Ashraf*, hg. von Walid Qassab. Doha (Qatar): Dar al-Thaqafa, 1993.

- *Al-Ikhwan*, hg. von Mustafa ʿAta. Beirut: Dar al-Kutub al-ʿIlmiyya, 1988.
- *Kitab al-Samt wa Adab al-Lisan*, hg. von Najm Khalaf. Beirut: Dar al-Gharb al-Islami, 1986.
- *Mawsuʿat Rasaʾil Ibn Abi al-Dunya*, hg. von Mustafa ʿAta. Beirut: Muʾassasat al-Kutub al-Thaqafiyya, 1993.

Ibn Abi al-Hadid, ʿAbd al-Hamid b. Hibatullah (gest. 655/1257), *Sharh Nahj al-Balagha*, hg. von M. A. F. Ibrahim. Kairo: ʿIsa al-Babi al-Halabi, 1959–1964.

Ibn ʿAqil, Abu al-Wafaʾ ʿAli al-Baghdadi (gest. 513/1119), *Kitab al-Funun*, hg. von George Maqdisi. Beirut: Dar al-Mashriq, 1970.

Ibn ʿArabi, Abu ʿAbdallah Muhyi al-Din Muhammad b. ʿAli (gest. 638/1240), *Al-Futuhat al-Makkiyya*. Kairo, A. H. 1305.

- *Muhadarat al-Abrar wa Musamarat al-Akhyar fi al-Adabiyyat wa al-Nawadir wa al-Akhbar*. Kairo: Matbaʿat al-Saʿada, 1906.

Ibn ʿAsakir, Abu al-Qasim ʿAli b. al-Hasan (gest. 571/1175), *Tarikh Madinat Dimashq*, Bd. 1, hg. von Salah al-Din al-Munajjid. Damaskus: al-Majmaʿ al-ʿIlmi al-ʿArabi, 1954.

- *Sirat al-Sayyid al-Masih*, hg. von Sulayman Murad. Amman: Dar al-Shuruq, 1996.

Ibn Babuya al-Qummi, Abu Jaʿfar Muhammad b. ʿAli (gest. 381/991), *ʿIlal al-Sharaʾiʿ*, hg. von Fadlallah Tabatabaʾi. Teheran, A. H. 1377.

Ibn Hamdun, Abu al-Maʿali Muhammad b. al-Hasan (gest. 562/1166), *Al-Tadhkira al-Hamduniyya*, hg. von Ihsan ʿAbbas. Beirut: Maʿhad al-Inmaʾ al-ʿArabi, 1983.

Ibn Hanbal, Abu ʿAbdallah Ahmad b. Muhammad al-Shaybani (gest. 241/855), *Kitab al-Zuhd*, hg. Muhammad Zaghlul. Beirut: Dar al-Kitab al-ʿArabi, 1988.

- *Kitab al-Waraʿ*, hg. von Muhammad Zaghlul. Beirut: Dar al-Kitab al-ʿArabi, 1988.

Ibn al-Hanbali, Abu al-Faraj ʿAbd al-Rahman b. Najm (gest. 634/1236), *Al-Istisʿad bi-man Laqaytuhu min Salihi al-ʿIbad fi al-Bilad*, in *Shadharat min Kutubin Mafquda*, hg. von Ihsan ʿAbbas. Beirut: Dar al-Gharb al-Islami, 1988, S. 175–205.

Ibn Hisham, ʿAbd al-Malik (gest. 218/833), *Kitab al-Tijan fi Muluk Himyar*, hg. von F. Krenkow. Hyderabad, Indien: Daʾirat al-Maʿrif, 1928.

- *Al-Sira al-Nabawiyya*, hg. von M. al-Saqqa et al. Kairo: Mustafa al-Babi al-Halabi, 1936.

Ibn al-Jawzi, Abu al-Faraj ʿAbd al-Rahman b. ʿAli (gest. 597/1201), *Al-Adhkiyaʾ*, hg. von Usama al-Rifaʿi. Damaskus: Maktabat al-Ghazali, 1976.

- *Dhamm al-Hawa*, hg. von Mustafa ʿAbd al-Wahid. Kairo: Dar al-Kutub al-Haditha, 1962.

Ibn Maja, Muhammad b. Yazid (gest. 274/887), *Al-Sunan*, hg. von M. F. ʿAbd al-Baqi. Kairo: Dar Ihyaʾ al-Kutub al-ʿArabiyya, 1952.

Ibn al-Mubarak, ʿAbdallah al-Marwazi (gest. 181/797), *Kitab al-Zuhd wa al-Raqaʾiq*, hg. von Habib al-Rahman al-Aʿzami. Beirut: Dar al-Kutub al-ʿIlmiyya, undatiert.

Ibn Munabbih, Hammam (gest. 131/748), *Sahifat Hammam b. Munabbih*, hg. von Muhammad Hamidullah. Damaskus: al-Majmaʿ al-ʿIlmi al-ʿArabi, 1953.

Ibn Qudama al-Maqdisi, Abu Muhammad ʿAbdallah b. Ahmad (gest. 620/1223), *Kitab al-Tawwabin*, hg.von George Maqdisi. Damaskus: al-Maʿhad al-Faransi li-l-Dirasat al-ʿArabiyya, 1961.

Ibn Qutayba, Abu Muhammad ʿAbdallah b. Muslim (gest. 271/884), *Kitab ʿUyun al-Akhbar*. Kairo: Dar al-Kitab al-Misriyya, 1925–1930.

Ibn al-Qutiyya, Abu Bakr Muhammad b. ʿUmar al-Qurtubi (gest. 367/977), *Tarikh Iftitah al-Andalus*, hg. von Ibrahim al-Abyari. Kairo: Dar al-Kitab al-Misri und Dar al-Kitab al-Lubnani, 1989.

Ibn Saʿd, Muhammad (gest. 230/845), *Al-Tabaqat al-Kubra*. Beirut: Dar Sadir, undatiert.

Ibn al-Salah, Abu ʿAmr ʿUthman b. ʿAbd al-Rahman (gest. 643/1245), *Fatawa wa Masaʾil Ibn al-Salah*, hg. von ʿAbd al-Muʿti Qalʿaji. Beirut: Dar al-Maʿrifa, 1986.

Ibn al-Sariyy, Hannad (gest. 243/857), *Kitab al-Zuhd*, hg. ʿAbd al-Rahman al-Firyawaʾi. Kuweit: Dar al-Khulafaʾli-l Kitab al-Islami, 1985.

Ibn Sida, Abu al-Hasan ʿAli b. Ismaʿil al-Andalusi (gest. 458/1066), *Kitab al-Mukhassas*. Bulaq (Kairo): Al-Matbaʿa al-Kubra al-Amiriyya, A. H. 1316.

Ibn Wasil, Jamal al-Din Muhammad b. Salim (gest. 697/1298), *Mufarrij al-Kurub fi Akhbar Bani Ayyub*, hg. von Jamal al-Din al-Shayyal. Kairo: Jamiʿat Fuʾad al-Awwal, 1953.

Ikhwan al-Safaʾ (gest. viertes/zehntes Jahrhundert), *Rasaʾil Ikhwan al-Safaʾ wa Khillan al-Wafaʾ*, hg. von Khayr al-Din al-Zirikli. Kairo: Al-Matbaʿa al-ʿArabiyya, 1928.

Al-Jahiz, Abu ʿUthman ʿAmr b. Bahr (gest. 255/868), *Al Bayan wa al-Tabyin*, hg. von ʿAbd al-Salam Harun. Kairo: Matbaʿat Lajnat al-Talʾlif wa al-Tarjama wa al-Nashr, 1949.

- *Kitab Kitman al-Sirr wa Hifz al-Lisan*, in *Rasaʾil al-Jahiz*, hg. von ʿAbd al-Salam Harun. Beirut: Dar al-Jil, 1991, Bd. 1, S. 139–172.

- *Al-Mahasin wa al-Addad*. Kairo: Matbaʿat al Futuh, A. H. 1332.

Al-Kalabadhi, Abu Bakr Muhammad b. Ishaq (gest. 380/990), *Al-Taʿarruf li-Madhhab Ahl al-Tasawwuf*, hg. von Arthur John Arberry. Kairo: Matbaʿat al-Saʿada, 1933.

Al-Kulayni, Abu Jaʿfar Muhammad b. Yaʿqub (gest. 329/941), *Al-Usul min al-Kafi*, hg. von ʿAli Akbar al-Ghaffari. Beirut: Dar al-Adwaʾ, 1985.

Majlisi, Mulla Muhammad Baqir (gest. 1110/1698), *Bihar al-Anwar*. Teheran: Dar al-Kutub al-Islamiyya, undatiert (1957?).

Al-Mawardi, Abu al-Hasan ʿAli b. Muhammad al-Basri (gest. 450/1058), *Al-Ahkam al-Sultaniyya*. Kairo: Matbaʿat al-Watan, A. H. 1298.

- *Adab al-Dunya wa al-Din*, hg. von Mustafa al-Saqqa. Kairo: Mustafa al-Babi al-Halabi, 1955.

Miskawayh, Abu ʿAli Ahmad b. Muhammad (gest. 421/1030), *Al-Hikma al-Khalida*, hg. von ʿAbd al-Rahman Badawi. Kairo: Maktabat al-Nahda al-Misriyya, 1952.

Al-Mubarrad, Abu al-ʿAbbas Muhammad b. Yazid (gest. 285/898), *Al-Fadil*, hg. von ʿAbd al-ʿAziz al-Maymani. Kairo: Dar al-Kutub al-Misriyya, 1956.

- *Al-Kamil*, hg. von M. Abuʾl Fadl Ibrahim und A. Shahata. Kairo: Dar Nahdat Misr, undatiert (1970?).

Al-Mubashshir b. Fatik, Abuʾl Wafaʾ (schrieb 445/1053), *Mukhtar al-Hikam wa Mahasin al-Kalim*, hg. von ʿAbd al-Rahman Badawi. Beirut: Al-Muʿassasa al-ʿArabiyya liʾl Dirasat waʾl Nashr, 1980.

Muslim b. al-Hajjaj (gest. 261/875), *Sahih Muslim*. Beirut: Dar al-Maʿrifa, 1972.

Al-Qurashi, Abu Zayd Muhammad b. Abiʾl Khattab (gest. circa 171/787), *Jamharat Ashʿar al-ʿArab*. Beirut: Dar Beirut, 1984.

Al-Qushayri, Abu al-Qasim (gest. 465/1073), *Al-Risala al-Qushayriyya fi ʿIlm al-Tasawwuf*. Kairo: Mustafa al-Babi al-Halabi, A. H. 1318 (1900).

Al-Raghib al-Isfahani, Abu al-Qasim al-Husayn b. Muhammad (gest. frühes fünftes/ elftes Jahrhundert), *Muhadarat al-Udabaʾ*. Beirut: Maktabat al-Hayat, undatiert.

Al-Samarqandi, Abu al-Layth Nasr b. Muhammad (gest. 373/983), *Tanbih al-Ghafilin*. Kairo: al-Matbaʿa al-Yusufiyya, undatiert.

Al-Shaʿrani, ʿAbd al-Wahhab b. Ahmad al-Misri (gest. 973/1565), *Al-Tabaqat al-Kubra*. Kairo, A. H. 1286.

- *Lataʾif al-Minan wa al-Akhlaq*. Kairo: Dar al-Tibaʿa, A. H. 1288.

Sibt Ibn al-Jawzi, Shams al-Din Yusuf b. Quzughli (gest. 654/1256), *Mir'at al-Zaman*. Hyderabad, Indien: Da'irat al-Ma'arif al-Uthmanniyya, undatiert.

Al-Suhrawardi, Shihab al-Din 'Umar (gest. 632/1234), *'Awarif al-Ma'arif* in den Rändern von al-Ghazali, *Ihya' 'Ulum al-Din*. Kairo: Al-Matba'a al-Maymaniyya, A. H. 1306.

Al-Tabari, Muhammad b. Jarir (gest. 310/923), *Tafsir al-Qur'an*. Kairo: Al-Matba'a al-Maymaniyya, 1903.

Al-Turtushi, Muhammad b. al-Walid b. Abi Randaqa (gest. 520/1126), *Siraj al-Muluk*, hg. von J. al-Bayati. London: Riyad al-Rayyis, 1990.

Al-Waqidi, Muhammad b. 'Umar (gest. 207/823), *Al-Maghazi*, hg. von J. Marsden Jones. London: Oxford University Press, 1966.

Warram b. Abi Firas, Abu al-Husayn (gest. 606/1208), *Majmu' at Warram: Tanbih al-Khawatir wa Nuzhat al-Nawazir*, hg. von Muhammad Akhundi. Teheran: Dar al-Kutub al-Sultaniyya, undatiert.

Al-Zabidi, Muhammad Murtada b. Muhammad al-Husayni (gest. 1205/1791), *Ithaf al-Sada al-Muttaqin bi-Sharh Asrar Ihya' 'Ulum al-Din*. Kairo: Al-Matba'a al-Maymaniyya, A. H. 1311.

Al-Zamakhshari, Mahmud b. 'Umar (gest. 538/1144), *Rabi' al-Abrar*, hg. von Salim al-Nu'aymi. Bagdad: Matba'at al-'Ani, undatiert.

Al-Zubayr b. Bakkar (gest. 256/870), *Jamharat Nasab Quraysh*, Bd. 1, hg. M. M. Shakir. Kairo, 1962.

Danksagungen

Ich war in der glücklichen Situation, von vielen Menschen Rat und Unterstützung bei der Ausarbeitung dieses Werkes erhalten zu haben. Die Idee zu diesem Buch kam mir zum ersten Mal während eines Gesprächs, das ich mit meinem Freund Samir Sayigh, einem Kunstkritiker und Kalligrafen, in Beirut führte. Er ermutigte mich, Jesusaussprüche und -erzählungen aus der arabisch-islamischen Literatur zu sammeln und zu übersetzen. Jahre vergingen, in denen ich wenig mehr tat, als bei der Lektüre arabischer Texte auf Jesusaussprüche und -erzählungen zu achten. Diese Aussprüche und Erzählungen wurden auf Papierzettel notiert und in einer Mappe aufbewahrt, die mit der Zeit vergilbte. Die Schwerpunkte der Untersuchung entwickelte ich im Rahmen mehrerer Lehrveranstaltungen in Beirut und anderswo. Ich bin sehr dankbar für das Interesse und die scharfsinnigen Bemerkungen vieler Menschen, die meinen Vorträgen zu diesem Thema beiwohnten. Dennoch wurden zunächst nur wenige Arbeitsfortschritte erzielt. Denn ein anderes Buchprojekt kam dazwischen, und erst nachdem dieses endlich abgeschlossen war, erfuhr das Jesusbuch wieder meine Aufmerksamkeit.

In Umkehrung der üblichen Familienordnung beförderte mein Sohn Muhammad ʿAli insofern die Karriere seines Vaters, als er mir in vielen Stunden bei der Übersetzung half. Darüber hinaus hat er mich unermüdlich dazu angespornt, das Werk abzuschließen. Einer meiner ehemaligen Studenten an der Amerikanischen Universität von Beirut, Sulayman Murad, kam mir immer dann zur Hilfe, wenn verschiedene Versionen der Aussprüche so verwickelt erschienen, dass ich fürchtete, sie nie in die richtige chronologische Reihenfolge einordnen zu können. Mit vorbildlicher Genauigkeit und in sehr kurzer Zeit renummerierte und reorganisierte Sulayman die Texte. Ich war hoch erfreut darüber, dass er selbst eine Sammlung von Jesusaussprüchen aus der bedeutenden Geschichte von Damaskus herausgab, die Ibn ʿAsakir verfasst hat, und die so rechtzeitig erschien, dass ich sie für mein eigenes Buchs verwenden konnte.

Viele der Vorarbeiten für diese Sammlung habe ich in Cambridge, zunächst zwischen 1992 und 1993, dann zwischen 1996 und 1998, neu gewichtet. Mein Kollege am King's College, Keith Hopkins, hat eine frühe Version des Werks gelesen und zahlreiche, sehr zweckdienliche Verbesserungsvorschläge gemacht. Ein anderer Kollege und alter Freund, Basim Musallam, hat sich wie immer in grenzenloser Selbstlosigkeit Zeit für Kommentare und Ratschläge genommen. Edward Said hat die Veröffentlichung des Buches wesentlich befördert. Für seine Zusage, es in seiner

Reihe »Convergences« aufzunehmen, und für sein stetes Interesse am Fortschreiten der Arbeit bin ich ihm von Herzen dankbar. Mein Dank für Rat, Geduld und vorzügliche Editionsarbeiten gilt Lindsay Waters, Maria Ascher und Kim Steere der Harvard University Press. Ein großzügiges Forschungsstipendium von der Diana Tamari Sabbagh Foundation bot mir die Möglichkeit, mich ein ganzes Jahr dem Jesusbuch zu widmen. Vor allem zwei Menschen haben ein besonders großes Interesse an dieser Arbeit gezeigt und mich ermutigt, sie zum Abschluss zu bringen: Basil Aql und Hasib Sabbagh. Diese beiden palästinensischen Patrioten und Philantropen wäre lieber anonym geblieben. In der Zeit vor der Veröffentlichung des Buches habe ich ihre Geduld auf eine harte Probe gestellt. Ich kann nicht versprechen, dass sich das Warten gelohnt hat. Aber sie schließe ich herzlich in meine Danksagung ein.